정의 수업

삶에서 무엇을 지켜낼 것인가

라이언 홀리데이 지음 | 이경희 옮김

정의 수업

Right Thing, Right Now

다산
초당

정의롭지 못한 것은 신성모독이다. 자연은 이성적인 존재를 만들어 서로를 위하고 서로에게 좋은 영향을 끼치게 했다. 누구에게도 해를 입히지 않도록 했다. 그러한 자연의 뜻을 어기는 것은 신들 중에서도 가장 먼저 존재한 신에 대한 신성모독이다.

—마르쿠스 아우렐리우스

품격 있는 삶으로 이끄는
네 가지 미덕

아주 오래전 헤라클레스는 운명의 갈림길에 섰다. 언덕에 있는 고요한 갈림길, 울퉁불퉁한 소나무 그늘이 드리워진 그 갈림길에서 그리스 신화의 이 위대한 영웅은 처음으로 자기 운명을 마주했다. 그 일이 정확히 언제, 어디에서 일어났는지는 아무도 모른다. 다만 소크라테스의 이야기를 통해 그 운명의 순간을 전해 들을 수 있을 뿐이다.

'헤라클레스의 선택' 혹은 '갈림길의 헤라클레스'라 불리는 이 이야기는 다양한 예술 작품으로 재탄생했다. 르네상스 시대의 화가들은 이 선택의 순간을 포착해 아름다운 그림을 남겼고 바흐의 칸타타에서는 헤라클레스의 약동하는 힘과 건장한 근육

그리고 괴로운 심정까지 느낄 수 있다.

헤라가 지시한 열두 가지 과업을 달성하여 불멸의 명성을 얻고 세상을 바꾸기 전에, 헤라클레스는 바로 그 운명의 갈림길에서 위기에 직면했다. 그 누구도 마주한 적이 없었던, 인생을 송두리째 바꿔놓을 순간이었다.

헤라클레스는 어느 쪽으로 향했을까? 어느 길로 가려고 애썼을까? 이것이 이 이야기의 핵심이다. 당시 헤라클레스는 혼자였고, 알려지지도 않았으며, 아무런 확신도 없었다. 수많은 사람이 그렇듯 헤라클레스도 자기가 어디로 가고 있는지를 몰랐다.

갈림길 중 한쪽 길에는 아름다운 여신이 한 명 누워 있었다. 화려한 옷과 장신구로 치장한 그 여신은 상상할 수 있는 온갖 방법을 이용하여 헤라클레스를 유혹했다. 자기를 따르기만 하면 결핍도 불행도 공포나 고통도 절대 맛볼 일 없이 인생의 모든 욕구가 충족될 것이라고 헤라클레스에게 속삭였다.

다른 쪽 길에는 길고 새하얀 옷을 입은 여신이 서 있었다. 근엄해 보이는 그 여신은 차분한 목소리로 말을 걸었다. 이 여신은 헤라클레스에게 고된 노력의 결과로 얻을 보상 외에는 아무것도 약속하지 않았다. 자신을 따라 이 길을 선택한다면 아주 길고도 긴 여정이 되리라고 말했다. 이 여정에 오르면 때로는 자기를 희생해야 할 것이며 때로는 두려운 순간에 마주칠 것이라고도 했다. 하지만 그것이야말로 신에게 어울리는 길이었다. 그 여정을 선택한다면 헤라클레스는 자신에게 걸맞은 운명의 인물이 될 수 있었다.

전설에 지나지 않을 이 이야기가 지금 우리에게 왜 중요할까? 바로 우리의 이야기이기도 하기 때문이다. 이 이야기는 우리가 마주하는 딜레마, 우리 앞에 놓인 갈림길에 관한 이야기다. 헤라클레스는 악덕과 미덕, 쉬운 길과 어려운 길, 많은 이가 드나든 잘 다져진 길과 먼저 지나간 사람이 별로 없어 험난한 길 중에서 한 가지를 선택해야 했다. 그리고 우리는 모두 이러한 선택을 해야만 하는 순간에 놓인다.

아주 잠시 망설인 뒤 헤라클레스는 모든 것을 바꿀 선택을 내렸다. 그가 선택한 것은 미덕이었다. 아마 누군가에게는 '미덕'이 구닥다리처럼 보일지도 모른다. 하지만 고대 그리스어로 아레테(arete)라고 하는 미덕은 단순하면서도 시대를 초월한 가치로 육체와 정신을 아우르는 도덕적 탁월성을 뜻한다.

고대 세계에서 미덕은 용기, 절제, 정의, 지혜라는 네 가지 요소로 이루어져 있었다. 고대 로마의 '철인왕' 마르쿠스 아우렐리우스는 이 네 요소를 "선(善)의 시금석"이라고 불렀다. 기독교와 대부분의 서양철학에서는 이 네 가지 미덕을 보편적인 이상으로 꼽으며, 불교와 힌두교를 비롯한 거의 모든 철학 학파에서도 역시 가치 있게 여긴다. 영국의 소설가이자 중세학자인 C. S. 루이스는 용기, 절제, 정의, 지혜가 기본 미덕으로 불리는 까닭이 '경첩'을 뜻하는 라틴어 카르도(cardo)에서 유래했기 때문이라고 설명했다. 다시 말해 이 네 가지 미덕은 좋은 삶으로 향하는 문을 여닫는 중추적 덕목이라는 말이다. 이 네 가지 미덕을 주제로 한 시리즈를 네 권의 책에 담았다. 이 책은 그 시리즈에서 세 번째 '정의'에 관한 책이다. 이 시리즈의 목적은 단 하나, 당신의 선택을 돕는 일이다.

용기, 기개, 인내, 기백, 명예, 희생…
절제, 자제, 중용, 평정, 균형…
정의, 공정, 봉사, 동료애, 선량, 친절…
지혜, 지식, 교육, 진리, 성찰, 평화…

이러한 미덕은 올바른 삶, 명예로운 삶, 영광스러운 삶, 탁월한 삶으로 가는 열쇠다. 미국의 소설가 존 스타인벡은 미덕이란 "그것을 지닌 자에게 즐거움과 바람직함을 안겨주며, 그가 스스로 자랑스러워하고 기뻐할 수 있는 행동을 하도록 이끄는 것이다"라고 말했는데, 그야말로 완벽한 정의다. 여기서 '그'는 모든 인류를 의미한다. 고대 로마에서 미덕을 뜻하는 라틴어 비르투스(virtus)에는 여성형이 없었다. 미덕은 남성적이거나 여성적인 가치가 아니라 그냥 미덕이었다.

지금도 여전히 그렇다. 남자인지 여자인지는 중요하지 않다. 강한 육체를 타고난 사람이든 극도로 수줍어하는 사람이든 뛰어난 천재든 지능이 평균적인 사람이든 상관없다. 미덕은 누구나 따라야 할 보편적 원칙이기 때문이다.

네 가지 미덕은 서로 연결되어 있고 불가분의 관계기는 하나, 그래도 각자 뚜렷이 구분된다. 예컨대 정의를 실천하려면 언제나 용기를 내야 한다. 무엇을 고르는 것이 가치 있는 선택인지 판단할 지혜가 없다면 절제할 수도 없다. 또한 정의를 실천하지 않는다면 용기가 무슨 소용이며, 우리가 절제하지 못한다면 지혜는 또 무슨 소용이겠는가?

동, 서, 남, 북에 해당하는 네 가지 미덕은 나침반과 같다. 나침반의 네 점을 기본 방위라고 부르는 데는 다 이유가 있다. 그네 가지 미덕은 우리를 안내하여 우리가 지금 어디에 있는지, 그리고 무엇이 진실인지를 보여준다.

아리스토텔레스는 미덕을 일종의 기술이라고 생각했다. 직업에 능통해지고 솜씨가 능란해지려고 노력하듯이 미덕도 능숙해지도록 끊임없이 갈고닦아야 한다고 했다. "건물을 지어야 건축가가 되고, 하프를 켜야 하프 연주자가 된다. 마찬가지로 올바르게 행동해야 정의로운 사람이 되고, 온건하게 행동해야 온건한 사람이 되며, 용감하게 행동해야 용기 있는 사람이 된다"라고 그는 썼다. 미덕은 우리가 선택하고 실행하는 것이다.

미덕을 선택하고 실행하는 일은 한 번으로 끝나지 않는다. 헤라클레스도 그 운명의 갈림길을 단 한 번만 마주친 것이 아니었다. 우리도 끊임없이, 반복적으로 매일 도전에 직면할 것이다. 그때 우리는 어떤 선택을 해야 할까? 이기적으로 행동하는 것과 이타적으로 행동하는 것, 용감하게 나서는 것과 겁먹고 물러서는 것, 강한 사람이 되는 것과 나약한 사람이 되는 것, 지혜롭게 사는 것과 어리석게 사는 것, 좋은 습관을 기르는 것과 나쁜 습관을 들이는 것, 용기 내서 나아가는 것과 비겁하게 물러나는 것, 아무것도 모르는 채 행복하게 지내는 것과 새로운 생각에 도전적으로 맞서는 것 사이에서 말이다.

분명한 것은 우리의 선택이 우리가 성장할 것인지 성장을 포기할 것인지를 결정한다는 점이다. 쉬운 길을 택할 것인가, 올바른 길을 택할 것인가? 삶은 우리의 선택을 기다린다.

작은 선의로 시작되는
올바른 삶에 관하여

선한 사람은 가장 빛나는 미덕인 정의를 통해 선하다는 칭호를
얻는다.

– 키케로

정의가 없다면 무슨 일이 일어날까? 정의가 사라진 자리에
서는 불의가 판을 친다. 용기, 절제, 지혜와 같은 덕목은 모두 가
치 없는 일이 된다. 악을 추구하는 데 용기가 필요할까? 완전히
이기적으로 행동하는 순간에 절제력이 공존한다고 할 수 있을
까? 현명함을 추구하지 않는데 훌륭한 사람이 될 수 있을까?

우리의 삶 속에서 정의와 같은 특성을 지닌 것은 없다. 고대

철학자들은 신중함이 대담함을 누그러뜨리고, 즐거움이 지나친 자제력을 느슨하게 해주지만 정의는 그 자체의 힘을 상쇄할 미덕이 전혀 없다는 점에 주목했다. 이것이 바로 정의이며 정의라는 덕목의 핵심이다. 올바른 것이란 우리가 올바른 일을 행하지 않는다면 전혀 존재하지 않는다.

그런데 오늘날에는 정의를 특정한 의미로만 받아들인다. '정의'라는 단어를 듣고 사람들이 처음 떠올리는 생각은 '품위'나 '의무'가 아니라 '법률제도', '변호사', '정치'와 같은 단어일 것이다. '올바른 도리란 무엇인가'보다는 '합법인지 아닌지'에 더 관심이 많고, '어떻게 나의 권리를 지킬 것인지'를 위해 훨씬 더 자주 투쟁한다. 그렇게 현대사회에서 정의는 우리 삶과 멀찍이 멀어져 있다.

정의는 단순히 시민과 국가 사이에서 벌어지는 일을 의미하지 않는다. 법률 용어를 떠올릴 필요가 없다. 정의는 바로 우리 눈앞에 있다. 중대한 책임을 져야 하는 순간들 뿐 아니라 사소한 순간들까지 모두 정의로운 행동과 관련이 있다. 예를 들어 낯선 사람을 대하는 태도, 사업을 운영하는 방식, 크고 작은 의무에 임하는 방법, 주변 사람들에게 미치는 영향력 모두 정의가 발휘되는 순간이다.

영국의 소설가 C. S. 루이스는 정의에 대해 이렇게 말했다. "정의는 법정에서 통용되는 뜻 이상의 의미가 있습니다. 지금 '공정함'이라고 부르는 모든 것을 옛날에는 '정의'라고 불렀습니다. 여기에는 정직함, 공평함, 성실함, 신뢰 등 삶의 모든 부분이 포함됩니다." 이처럼 정의는 매우 간단한 개념이지만 사실 비할 데 없이 훌륭한 덕목이다.

많은 사람이 '정의란 무엇인가?' 또는 '누구의 편에 서야 정의로운 것인가?'라는 문제로 토론하는 것을 좋아한다. 누군가가 속아서 휘말린 일인지 아니면 알면서도 일부러 한 일인지, 법적으로 처벌받아야 할 일인지 법을 교묘하게 피해간 일인지 등 어릴 때부터 우리는 공정함을 판단하는 정의의 심판자가 되어 논쟁하곤 했다. 그런데 이 논쟁에는 함정이 있다. 우리는 여러 가설에 대해 격론을 벌이는 일을 좋아하기 때문에 일반적인 규칙에서 살짝 벗어난 예외를 끊임없이 찾아낸다. 그러면 누구도 완벽하게 입증하지 못하는 도덕적 딜레마에서 헤매게 된다.

현대철학은 이런 복잡한 딜레마들로 난해하게 얽혀 있다. 예를 들어 당신이 브레이크가 고장 난 기차를 몰고 있는데, 한 쪽은 다섯 명이 누워 있고 한 쪽에는 한 명이 누워 있는 갈림길을 만났을 때 어느 방향으로 기차를 틀 것인지를 논하는 유명한 '트롤리 딜레마' 상황을 떠올려 보라. 우리는 쉽게 답을 내리지 못한다.

모든 사람은 큰 부담을 느끼지 못할 정도의 윤리적 결정을 수없이 내리며 삶 속에서 언제든 이런 결정을 곱씹을 무한한 기회가 있다. 그렇지만 대개 이런 논쟁은 정의롭게 행동하는 것보다는 정의에 추상적으로 접근하는 것에 그칠 때가 많다.

논쟁을 멈추기 전까지는 정의를 행동으로 옮길 수 없다. 어쩌면 우리는 정의를 행동으로 옮길 수 없도록 논쟁을 이어가고 있는 건지도 모른다.

올바른 일의 기준

스토아철학의 네 가지 기본 미덕을 다룬 시리즈의 첫 번째 책 『브레이브』에서 나는 '용기'는 위험한 자리로 기꺼이 나아가려는 의지라고 했고, 두 번째 책 『절제 수업』에서는 '절제'를 그 위험한 자리에서 버틸 수 있게 하는 능력이라고 했다. '정의'는 그 위험한 자리에서 공정함을 지키는 태도다. 선과 악, 옳은 것과 그른 것, 윤리와 비윤리, 공정함과 부당함을 구분하고 자신만의 신념을 세우는 일이다.

무엇을 하고, 무엇을 하지 않을 것인가? 무엇을 해야 하고, 어떻게 할 것인가? 또 누구를 위해 할 것이며, 그 사람들을 위해 무엇을 기꺼이 베풀 것인가? 여러 세대와 다양한 문화를 지나오며 이런 질문을 대하는 사람들의 가치관은 어느 정도 상충하는 면도 있을 것이다. 그럼에도 변하지 않는 영원하고 보편적인 가치관은 분명 존재한다. 다시 말해 올바른 일에 대한 기준은 놀라울 정도로 일치한다. 이 책에서 만나게 될 여러 위대한 인물은 성별, 배경, 전쟁, 평화, 강자, 약자, 지도자, 가난한 자, 사회운동가, 노예제 폐지론자, 외교관, 의사 등으로 환경이나 지위나 여건이 모두 다르지만 이들이 인생에서 추구한 양심과 덕망은 모두 일치한다.

인간이 추구하는 가치관은 수세기에 걸쳐 변했지만, 변하지 않는 부분도 있다. 이를테면 약속을 지키는 사람을 존경하지만, 거짓말쟁이와 사기꾼을 싫어한다. 또 공동선을 위해 희생한 사람의 업적을 기리지만, 다른 사람을 희생시켜 부귀영화를 탐하는 사람을 혐오한다. 어느 누구도 이기심을 칭송하지 않는다. 사악함과 탐욕, 무관심을 경멸한다. 심리학자들의 여러 연구를 통해 인간이 아주 어릴 때부터 이런 감정을 느끼고 이해한다는 게 밝혀졌다. 이런 근거는 정의에 대한 갈망이 어릴 때부터 우리의 내면에 자리 잡고 있다는 많은 증거가 된다.

'올바른 일'은 복잡해 보이지만 꽤 간단한 일이다. 동양의 유교부터 서양의 기독교에 이르는 종교 말씀과, 플라톤에서 홉스와 칸트에 이르는 철학 사상은 모두 같은 가르침을 전한다. 기원전 1세기부터 전해지는 이야기를 살펴보자. 한 의심 많은 사람이 유대교의 랍비 힐렐에게 유대교의 경전, 토라(Torah)를 자신이 한 발로 서 있는 동안 요약할 수 있느냐고 물었다. 힐렐은 이렇게 한 문장으로 요약했다. "네 자신에게 해로운 것을 이웃에게 행하지 말라. 이것이 토라의 전부이며 나머지는 모두 해설이다." 경전의 가르침은 단순했다. 타인을 배려하고, 타인에게 대접받고 싶은 대로 타인을 대접하라고 한다. 형편이 좋지 못하거나 인정받지 못할 때도, 보상이 없거나 희생을 치러야 할 때도 말이다.

고대 그리스의 비극 작가 에우리피데스는 이렇게 말했다. "진리의 말은 단순하다. 정의는 현란한 설명이 필요 없다. 그 요점이 명백하기 때문이다. 하지만 부당한 주장은 속으로 병들어 있어 그것을 치유해 줄 궤변이 필요하다." 진리의 말은 복잡하지 않다. 특히 정의가 존재하지 않고 불의가 고개를 들 때는 본능적으로 알아차린다.

1906년에 하이먼 리코버라는 소년은 러시아의 유대인 대학살을 피해 가족과 함께 미국으로 이주했다. 그 후 리코버는 미국 해군사관학교를 다니며 고대 그리스·로마의 철학에 심취했다. 미국의 28대 대통령 우드로 윌슨부터 40대 대통령 로널드 레이건에 이르기까지 13명의 대통령을 거치며 쌓은 오랜 경력을 통해 리코버는 미국 해군 대장의 지위까지 오르며 세상에서 가장 영향력 있는 인물 중 한 명이 되었다. 또한 리코버는 미국 해군 함정과 잠수함에 원자력 추진체계를 정착시키는 기술을 고안하여, 궁극적으로는 엄청난 파괴력이 있는 무기와 함께 십수 억 달러의 기계 장치 그리고 수만 명의 군인과 근로자들을 책임지는 프로그램을 주도했다. 배 위에서 일어나는 작은 사고조차 파괴적인 결과를 가져올 수 있던 당시에는 세계 종말을 초래할 핵무기 충돌의 위협이 늘 존재했다. 그런 시기에 세계대전을 치르며 60년을 보낸 리코버는 세상에서 가장 훌륭하고 총명한 장교들에게 영향력을 미치는 인물이었다.

리코버는 미래의 지도자들에게 "세상의 운명이 자신의 어깨에 달려 있는 것처럼 행동해야 한다"고 말하곤 했다. 그의 경력에 비추어 보자면 공자의 말을 의역해 표현한 이 말은 그의 삶을 지탱해 준 격언이었을 것이다. 하지만 그는 짜증을 내기도 하고, 교통체증을 피하려 샛길을 찾아다니고, 동료나 부하, 배우자, 아들, 부모, 그리고 이웃과 부대끼며 살아가는 보통 사람이기도 했다.

리코버가 강연이나 짧은 연설에서 반복하여 말한 것은 옳고 그름을 분별하는 능력, 의무감, 도덕심을 지키는 삶의 위대함이었다. 그는 이렇게 설명한 적이 있었다. "법을 어겼느냐와 상관없이, 그냥 잘못된 일이기 때문에 그것이 잘못된 행동이라고 생각하는 사람에게 삶은 중요한 의미를 지닌다. 이런 도덕규범 속에서 사람들은 행동할 근거를 스스로 갖는다."

리코버가 말한 '이런 도덕규범'이 바로 이 책에서 다루는 내용이다. 법률용어를 설명하거나 정답이 없는 문제를 해결하기 위한 신랄한 논박은 이 책에서 찾기 힘들 것이다. 옳고 그름에 대한 생물학적이거나 형이상학적인 근거를 파헤치지도 않을 것이다. 대신 우리는 삶의 심오한 도덕적 딜레마를 살펴볼 것이다. 책의 내용은 추상적 개념에 발목을 붙잡히기 위한 것이 아니라, 도덕적 딜레마를 겪은 인간이 그 난관을 헤치고 나아가기 위한 것이다.

이 책의 목표는 정의를 훨씬 단순하고 현실적으로 이해하고 습관이나 기술, 즉 삶의 방식으로 여긴 고대 철학자들의 가르침을 따르고자 한다. 정의란 명사가 아니라 동사여야 하기 때문이다. 정의는 우리가 간직하는 것이 아니라 행하는 것이고, 인간의 탁월성 중 하나이자 목적을 표현하는 방식이며, 계속 실천해야 하는 행동이기 때문이다.

당장 내일을 알 수 없는 불확실한 세상, 악이 제대로 처벌받지 않고 고개를 드는 어두운 세상에서 정의는 한 줄기 빛과 같다. 이것이 바로 우리가 추구하려는 의무다. 정의를 나침반의 북쪽, 북극성으로 삼아 삶에 고정한다면 이를 통해 앞으로 나아갈 수 있다.

하이먼 리코버는 업무를 끝낼 때 부하들에게 까다로운 지시를 내리지도 않았고 일을 어떻게 처리하기를 원한다고 전달하지도 않았다. 그 대신 훨씬 높은 수준의 명확하고 실질적인 말을 남기곤 했다. "옳은 일을 행하라!"

리코버의 말을 똑같이 인용하며 이 서문을 끝맺으려고 한다. 우리는 옳은 일을 행할 수 있다. 자신을 위해, 타인을 위해, 세상을 향해. 그렇다면 어떻게 행할 수 있을까? 이제 그 해답을 찾으러 책 속으로 여정을 함께 떠나보자.

차례

1부

냉소와 이기심을 넘어서

: 개인의 정의

2부

책임의 무게를 지탱하려면

: 타인을 위한 정의

3부

사랑과 연민으로 나아가는 길

: 세상을 향한 정의

1부

냉소와 이기심을 넘어서

: 개인의 정의

한 사람의 미덕은 뛰어난 노력이 아니라 일상의 행동으로 평가
된다.

– 블레즈 파스칼

정의를 추구하는 삶은 우리와 동떨어진 곳에서 시작되는
것이 아니다. 각자가 머물러 사는 곳에서, 바로 내가 시작하는
일이다. 정의를 추구하는 삶은 스스로 '어떤 존재가 될 것인가'
를 결정하면서 시작된다. 청렴, 정직, 품위, 덕망과 같은 진부하
다고 여기는 가치관을 추구하기로 결심하면서 시작된다.

이런 가치관은 말한 대로 행동하고, 올바르게 업무를 수행
하고, 사람들을 잘 대우하는 태도에서 그대로 드러난다. 스토아
학파는 우리가 통제할 수 있는 것에 집중하는 일이 삶의 주된
과제라고 했다. 극악무도하고 잔악한 행위나 불의와 불공평이
세상을 지배할 수도 있지만 그 지배를 받지 않기로 우리가 통제
할 수도 있다. 우리는 '청렴하고 품위 있는' 사람이 되기를 선택
할 수 있다.

어떤 법의 규제하에 있거나, 어떤 문화 속에 살더라도, 혹은
어떤 처벌이든 모면할 수 있는 위치에 있더라도 엄격하고 올바

른 규범을 지키기로 스스로 택할 수 있다. 그런 삶이 오히려 자유를 구속한다고 하는 이들도 있다. 하지만 사실은 그 반대이다. 그런 규범을 지킴으로써 우리는 자유로워지고, 삶의 의미가 생기며, 무엇보다 긍정적인 변화를 이루게 된다.

우리는 이런 신념을 말이 아닌 행동으로 전한다. 엄격하고 올바른 규범을 지키는 모든 행동은 어둠 속을 비추는 손전등과 같다. 그리고 그런 행동을 위한 모든 결정은 우리의 동료와 아이들과 미래세대가 들을 수 있는 하나의 성명서와도 같다.

나로부터 시작되는 선의

아마도 세계 역사상 가장 위태로운 순간이었을 것이다. 미국 국민의 존경과 사랑을 받아오던 프랭클린 루스벨트 대통령이 갑작스럽게 사망했다. 제2차 세계대전은 두 전선에서 더욱 격렬해졌다. 유럽 전선에서는 살육이 여전히 이어졌고 끔찍한 소각로와 가스실이라는 죽음의 수용소가 계속 가동되었다. 태평양 전선에서는 섬을 차례로 점령하려는 오랜 전투가 이어지면서 노르망디상륙작전이 무색해 보일 정도로 무서운 침략이 날마다 더 가까워지고 있었다. 그 무렵, 비밀에 가려져 있던 무서운 핵 시대가 막 시작되었다. 또 수백 년 동안 미룬 인종차별 문제에 대한 판단도 더는 피할 수 없었다. 승리를 거둔 강대국들 사이에는 냉전의 먹구름이 곧 닥칠 것처럼 보였다.

수백만 명의 목숨이 위태로웠던 때, 불확실하고 힘든 시대가 될 것 같은 조짐을 보이고 있던 그 시기에 한 남자가 자신의 운명을 맞닥뜨리고 있었다. 미주리주의 한 작은 도시의 농부. 매우 두껍고 볼록한 렌즈의 안경을 쓰고 있어서 눈이 퉁방울처럼 둥그렇게 불거진 키 작은 남자. 대학을 나오지 않은 실패한 양복점 주인. 삶에서 거의 모든 일에 실패를 맛보고 정치에 입문하여 미국의 가장 부패한 주에서 상원의원까지 했던 사람. 갑작스럽게 고인이 되어버린 프랭클린 루스벨트가 브리핑을 거의 거치지 않고 선출했던 부통령. 운명의 순간은 바로 그 사람, 해리 S. 트루먼과 맞닥뜨렸다.

대통령이 사망한 충격은 곧 두려움으로 바뀌었다. 미국 국민과 해외로 파견된 군인들뿐 아니라 트루먼 자신도 마찬가지였다. 루스벨트의 후임자가 된 트루먼은 기자들에게 이렇게 말했다. "여러분 중 지푸라기 한 무더기에 깔려본 적 있는 분이 계신지 모르겠습니다. 어제 무슨 일이 벌어졌는지 들었을 때, 마치 달과 별과 아무튼 모든 행성이 저를 덮치는 것 같았습니다." 트루먼에게 그 사건은 큰 도전이었다. 그가 영부인 엘리너 루스벨트에게 "제가 부인을 위해 무엇을 해드려야 할까요?"라고 물었을 때 슬픔에 젖어 있던 그 미망인이 고개를 저으며 위로를 건넬 정도로 말이다. "아니요, 제가 도와드릴 건 없으신가요? 앞으로 골치 아플 일이 많으실 거예요."

그러나 모두가 절망한 것은 아니었다. 워싱턴에서 가장 영향력 있고 경험 많은 사람 중에 트루먼을 잘 아는 이들은 전혀 우려하지 않았다. 한 달에 35달러를 받으며 어머니를 부양하던 소년 트루먼을 만난 적이 있었던 미주리 철도회사 감독관은 당시의 그를 "모든 면에서 괜찮은 녀석"이었다고 평했다.

그리하여 믿기 힘든 시도라 할 수 있는 일이 시작되었다. 평범해 보이는 사람이 세상의 주목을 받았을 뿐 아니라 초인적인 책임을 갖는 지위까지 올랐다. 평범한 사람이 그런 지위에서 엄청난 과업을 이뤄낼 수 있었을까? 그 혼란스러운 시대에 온전히 품위를 유지하고 중요한 일을 해낼 인물임을 보여줄 수 있었을까? 해리 트루먼은 그렇게 할 수 있었다. 그는 품위를 유지하면서 엄청난 과업을 이뤄낸 중요한 인물임을 확실히 증명했다.

이런 시도는 워싱턴에서 시작된 것이 아니었다. 전쟁 때문에 시작된 것도 아니었다. 트루먼의 시도는 수년 전에 그가 미덕을 공부함으로써 이미 진행 중이었다. 그가 가장 깊이 있게 탐구했던 인물은 마르쿠스 아우렐리우스 안토니누스였다. 트루먼은 아우렐리우스 황제의 『명상록』에 대해 이렇게 설명했다. "마르쿠스가 직접 쓴 『명상록』에서 가장 훌륭한 네 가지 미덕은 용기, 절제, 정의, 지혜이다. 이 네 가지 미덕을 함양할 수 있다면, 인간은 행복하고 성공적인 삶을 살아갈 수 있다."

트루먼은 이런 철학과 부모님의 가르침을 토대로 자신이 지켜야 할 행동 규범을 세웠을 것이다. 그리고 그 규범은 그가 숱한 굴곡진 순간에도 흔들리지 않고 삶을 살아가게 해주었다.

트루먼은 낡고 해지도록 읽은 『명상록』에서 이런 구절을 강조했다. "옳은 일이 아니면 행동으로 옮기지 말라. 진실이 아니면 말로 옮기지 말라. (…) 첫째, 아무런 목적이 없거나 분별없는 행동을 하지 말라. 둘째, 자신의 행동이 공동체에 도움을 주는 일인지 확인하라."

그는 항상 시간을 잘 지켰고 정직했으며 성실히 일했다. 아내를 두고 바람을 피우지 않았고 세금도 또박또박 잘 냈다. 트루먼은 관심을 받거나 과시하는 일도 좋아하지 않았다. 오히려 겸손하고 이웃을 도와주는 일을 좋아했다. 그는 자신의 역할을 다하는 사람이었다. 트루먼은 자신을 이렇게 돌아보곤 했다. "나는 명망과 도덕과 올바른 삶은 그 자체가 보상이라고 늘 믿어왔다." 명망과 도덕과 올바른 삶을 그 자체로 보상이라고 생각했던 트루먼의 신념은 오랜 세월 동안 그에게 최고의 보상을 해주었다.

처음부터 그의 삶이 빛났던 것은 아니다. 고등학교를 졸업한 후, 트루먼은 한 신문사의 우편물실에서 허드렛일을 했다. 또한 약국 계산원, 철도회사의 시간 계측원, 은행원, 농부 등 여러 직업을 전전했다. 시력이 좋지 않아서 미국 육군사관학교에서 입학을 거절당한 일도 있었다. 또 그는 평생의 사랑이었던 베스 월리스에게 그의 가족이 좋아하지 않는다는 이유로 교제를 여러 번 거부당하기도 했다. 그렇게 트루먼은 분투하면서 간신히 삶을 이어갔다. 그리고 자신의 능력을 증명할 기회를 기다렸다.

그가 백악관에 입성하기 27년 전에 첫 기회가 찾아왔다. 제 1차 세계대전에 미국 원정군의 일원으로 프랑스의 브레스트로 간 그는 그때 처음으로 고국을 떠났다. 그곳에서 트루먼은 포병 부대의 하나인 D포병대의 중대장이 되었다. 트루먼이 전쟁에 참전하지 않아도 되는 그럴듯한 조건들은 많았다. 우선 입영 연령을 훨씬 넘은 서른세 살이었고 미주리주 방위군에서 이미 복무를 마친 상태였다. 또한 시력도 매우 안 좋았다. 게다가 누이와 어머니의 유일한 생계부양자였으므로 아무도 그가 징병에 응할 것이라고는 예상하지 못했다. 그러나 트루먼은 다른 누군가가 그를 대신하여 군복무를 하는 것이 부당하다고 생각했다. 스토아학파의 가르침대로 '공동체의 유익'을 위해서 말이다.

그때부터였다. 트루먼이 스스로 엄격하게 실천해 오던 행동 규범이 다른 사람들 앞에서 처음으로 발휘되기 시작했다. 트루먼은 고향으로 보내는 편지에 이렇게 쓴 적도 있었다. "알다시피 정의를 실현하려면 끔찍한 폭군 같은 기질도 필요했었소." 트루먼이 부하들의 훈련을 맡았을 때 위반자에게는 엄격하면서도 공정한 처벌을 가해야 했던 일을 떠올리며 보낸 편지였다. 그러나 또한 트루먼은 전쟁이 치열했을 때 부하들을 하룻밤 더 쉬게 하려고 군법회의에 회부될 위험을 감수한 지도자였다.

전쟁이 끝난 후 양복점을 운영하기 시작했을 때, 한동안 이 사업이 잘 굴러가서 그는 드디어 불운이 끝난 듯한 희망을 느꼈다. 그러나 곧 양복점 운영은 또 하나의 실패한 사업이 되었고 많은 빚만 남겼다. 빚은 트루먼이 15년 후 정치 경력에 뛰어들 때까지 계속 갚아 나가야 했을 만큼 컸다. 그리고 그 빚 때문에 트루먼은 정계에 입문하게 되었다.

"입에 풀칠이라도 해야 하지 않겠나?" 군대 친구였던 짐 펜더개스트에게 트루먼이 머리를 조아리며 부탁했을 때 한 말이었다. 짐은 캔자스시티에서 가장 영향력 있는 정치계 거물의 조카였다. 미주리주의 모든 기관과 후원을 장악한 정치계 거물인 톰 펜더개스트는 자신이 아끼는 조카의 친구를 흔쾌히 지지해 주었다. 그의 도움으로 트루먼은 1922년에 잭슨 카운티 법원 판사로 선출되었다.

부패한 정치인에 관한 소설을 쓴다면 트루먼의 실제 삶은 가장 냉소적인 독자들한테까지도 공감을 얻을 수 있는 환경일 것이다. 트루먼은 그 상황 속에서도 선한 사람이 되고자 했고 나라를 위해 희생했다. 1912년에 미주리주에서 트루먼은 아버지가 도로 감독관이었을 때 지역 정치에 잠시 관여한 것을 본 적이 있었다. 도로 감독관 자리는 사실상 정치 과정의 한 부분으로 받아들여졌다. 그런 위치에서 트루먼의 아버지는 파산 상태였음에도 이웃을 속이고 사리사욕을 채우라는 유혹을 거부했다. 이 일로 고통을 받았던 트루먼의 아버지는 2년 후 가족에게 빚만 안겨준 채 세상을 떠났고 빚은 트루먼이 계속 짊어지고 가야 할 유산이 되었다. 사업에 실패해 절망에 빠진 트루먼은 아버지가 맡은 적이 있었던 직책 중 일부를 맡으면서 그 지역에서 가장 부패하고 부유한 거물을 통해 정계로 진출하게 되었다. 마침내 트루먼에게 돈을 벌 기회가 온 것이다. 자신이 특별한 사람임을 아내에게 증명하고 세상에 자리를 잡을 기회였다.

그러나 톰 펜더개스트의 말을 빌리면, 트루먼은 자신이 "세상에서 최고의 고집불통"임을 보여주었다. 미주리주 잭슨 카운티의 법원 청사 건설에 착수한 트루먼은 자기 돈을 들여 수천 킬로미터를 운전하며 건물 부지와 건축가들을 물색하러 다녔다. 건설이 시작되었을 때 트루먼은 매일 건설 현장으로 달려가 감독했고 도둑질이나 사기 등 부당한 행위를 절대 허용하지 않았다.

미주리주의 정당 조직에서 파견한 건설업체는 공사를 입찰에 부치고 싶다는 트루먼의 말에 큰 충격을 받았다. 트루먼은 지역 업체들보다 다른 주에서 온, 더 유능한 업체를 선호하는 듯 보였다. 그는 이렇게 명시했다. "가장 낮은 입찰가를 제시하면 계약할 수 있을 겁니다." 훗날 트루먼은 공직에 있었을 때 마음만 먹었다면 무려 150만 달러를 횡령할 수 있었을 것이라고 회고했다. 그는 그렇게 공금을 몇 배나 절약했다.

해리 트루먼의 전기를 저술한 데이비드 맥컬로프는 그에 대해 이렇게 썼다. "해리가 600만 달러 이상에 달하는 도로 공사를 발주한 후 얼마 지나지 않아 1929년 4월 30일에 법원에서는 해리에게 양품점 부채 약 8945달러를 갚으라는 판결을 내렸다. 그사이에 해리의 어머니는 또 한 번 농장을 저당으로 돈을 빌릴 수밖에 없었다. 그런데 이때 공사 예정지에 어머니의 농장 중 11에이커가 편입되어 있었다. 하지만 해리는 자신의 원칙에 따라 어머니의 농장을 보상 대상에서 제외해야 한다고 생각했다."

트루먼은 아내 베스에게 이런 편지를 쓰기도 했다. "잭슨 카운티에서 일한 사람 중 나 빼고는 모두 부자가 된 것 같소. 내가 이토록 가난해지는 것이 당신과 우리 딸 마거릿에게는 고생스럽겠지만 나는 발 뻗고 잠을 푹 잘 정도로 마음 편한 일이오." 트루먼은 재정상의 실패는 시인했으나 "존경할 만한 평판, 훌륭한 명성이라는 빼앗길 수 없는 소중한 가치를 딸에게 남기려고 노력했다"고 자랑스럽게 말했다.

가족에게 좌절감을 줄 정도로 결벽에 가까운 청렴성 덕분에 트루먼은 마침내 지역 수준을 넘어 미주리주의 상원의원으로 선출되었다. 그를 정계에 입문시킨 톰 펜더개스트는 의회에 자신이 영향을 미칠 수 있는 인물이 생긴 것이 나쁠 리는 없었지만, 자신과 가까운 곳에서 고분고분하게 말을 들어줄 사람을 더 원했다. 물론 트루먼에게 비윤리적인 행동을 요청하지 못한다는 사실도 이미 잘 알고 있었다.

그러나 워싱턴의 사람들은 그런 사실을 몰랐다. 그 동료들은 트루먼이 시골 출신이라는 이유로 무시하지는 않았으나 "펜더개스트의 상원의원"이라고 언급하며 트루먼이 매수되었다고 짐작했다. 그때 트루먼이 할 수 있었던 일은 마르쿠스 아우렐리우스를 떠올리며, 그중에서도 자신이 '진실! 진실! 진실!'이라는 메모를 남긴 『명상록』의 다음 구절을 되새기는 일이었다.

> 사람들이 당신을 모욕할 때면 그들의 불쌍한 영혼에 다가가 그들이 어떤 부류의 사람인지를 꿰뚫어 보라. 그러면 당신이 그들에게서 인정받기 위해 힘을 들이고 애쓸 필요가 전혀 없음을 발견하게 될 것이다. 그러나 본래 그들도 친구이기 때문에 당신은 그들에게 호의적인 태도를 보여야 한다.

상원의원으로서 대중에게 큰 인상을 남기지는 못한 트루먼은 무명으로 고생했다. 그러다 1941년에 전쟁조사위원회 의장 직으로 일하며 예산 낭비와 부패 실태를 조사하면서 과거에 부패나 뇌물의 유혹을 물리쳤던 경험이 십분 발휘되기 시작했다. 그는 그런 부조리가 어떤 식으로 돌아가는지 잘 알았고, 어두운 비밀까지도 파악하고 있었다. 더욱이 극빈자를 돕기 위해 추진된 뉴딜정책 자금에 정치인과 언론이 시행한 위선적인 정밀 조사를 지켜봤던 트루먼은, 그 집단이 흔쾌히 받아들인 방위산업체의 예산 낭비를 용인할 생각이 없었다.

1943년에 미국의 시사 주간지 《타임》의 인물 소개란에 따르면 "'트루먼 위원회'로 알려진 기관이 정부의 장관, 군사정보 기관장, 장군, 제독, 대기업이나 중소기업 사업가, 노동조합 간부 등을 당황하게 했다." 이 일로 결국 미국 납세자들은 약 150

억 달러의 세금을 절약하게 되었고 두 명의 준장을 비롯한 부패한 장교들은 구속되었다.

트루먼은 아내에게 이런 편지를 보낸 적도 있었다. "난 상원의원으로서 명성을 얻기를 바라고 있소. 내가 오래 산다면 돈으로 성공하는 일이 특별하게 여겨지지 않을지도 모르오. 그런데 내 바람대로 산다면 당신은 많이 참고 견뎌야 할지도 모르겠소. 난 영향력을 팔아치우지 않을 것이고, 내 길이 옳다면 기꺼이 비난받을 각오도 되어 있소."

오늘날 광범위한 선거 자금법 등의 여러 법규를 생각하면, 그의 결심은 사소해 보일 것이다. 부정부패가 명백히 잘못이고 부끄러운 일이라는 사실 때문에 트루먼의 정직한 정치적 삶이 얼마나 놀랍고 고독했는지는 쉽게 놓치고 만다. 그저 청렴결백하게 살려고 노력하는 것과 도둑의 소굴에서 그렇게 살려고 노력하는 것은 완전히 다르다. 한 나라의 대통령이 누이에게 보내는 편지에 우편 요금을 꼭 지불하겠다고 적는 고집이 왜 중요한가를 사람들은 깊게 생각하지 않는다. 공적인 일이 아니라 사적인 일이기 때문이다. 그러나 이 점이 중요하다. 아무리 사적인 일이라도 이처럼 도덕적인 기준을 구분하는 사람이 있고, 그렇게 하지 않는 사람이 있다. 또한 이런 도덕규범을 준수하는 사람도, 그렇게 하지 않는 사람이 있다.

1945년 4월에 프랭클린 루스벨트는 휴가를 보내던 중에 뇌출혈로 쓰러져 평범한 사람이었던 트루먼이 갑작스럽게 대통령이 되었다. 그전까지는 돈이나 악명 높은 부패의 유혹도 트루먼의 품격을 훼손하지 못했다. 혹시 완전한 권력은 마침내 그의 품격을 훼손하지 않았을까? 그러나 완전한 권력도 트루먼의 자제력에 악영향을 미치지 못했다.

대통령에 취임하기 전부터 트루먼은 시간을 엄수하는 사람이었다. 이런 습관은 학창 시절부터 이미 몸에 배어 있었다. 이제는 모두가 불평 없이 기다리는 대통령이 되었지만 그의 지각은 여전히 상상할 수 없는 일이었다. "트루먼 대통령이 점심 식사하러 나가며 오후 2시에 돌아오겠다고 하면, 2시 5분도 아니고 1시 15분도 아닌 정확히 오후 2시에 돌아왔습니다"라고 한 비서관이 이야기했다.

'결단의 책상'이라 불리는 백악관의 대통령 전용 책상 위에는 네 개의 시계가 있었다. 그리고 집무실 안에는 시계가 두 개 더 있었고 대통령의 손목에도 시계 하나가 있었다. 군대에서 단련되어 걸음마저 시간이 정확했던 트루먼은 항상 1분에 120걸음을 걸었다. 호텔 직원과 기자들은 트루먼의 일과에 시계를 맞출 수 있었다. 그들은 트루먼이 뉴욕에 방문할 때마다 이렇게 말하곤 했다. "아, 트루먼 대통령이 오전 7시 29분에 엘리베이터에서 내리겠군요." 물론 트루먼은 어김없이 그 시각에 엘리베이터에서 내렸다.

트루먼은 이런 인물이었다. 대통령에 취임하고 얼마 지나지 않아 트루먼은 루스벨트의 오랜 보좌관이자 친구인 해리 홉킨스와 일상적인 대화를 나눈 적이 있었다. 해리 홉킨스가 러시아로 파견되어 긴급 임무를 수행한 이후였다. "나는 당신이 한 일에 큰 책임이 있소. 그래서 그 일에 대해 당신에게 감사를 드리고 싶소." 트루먼의 말을 듣고 매우 놀란 홉킨스는 대통령 집무실을 나오면서 공보비서관에게 이렇게 말했다. "음, 살면서 한 번도 겪어보지 못한 일이 방금 내게 일어났네. 대통령이 조금 전에 내게 '감사드린다'라고 하다니 말일세."

그런가 하면 트루먼은 이런 인물이기도 했다. 그는 관영사업으로 해외에 파견된 장관에게 그 장관의 딸이 병원에서 수술받았으며 최근의 건강 상태가 어떠한지를 챙겨 전해주었다. 또한 캘리포니아의 한 대학생과 간략한 대화를 나눈 후, 그 학생에게 편지를 보내달라고 청한 뒤 학생의 성적을 알려달라고 학장에게 요청하는 등 세심한 관심을 보이기도 했다. 그리고 D포병대 참전 용사의 아이가 자동차 사고로 죽었을 때 트루먼은 베를린 공수작전 중인데도 백악관에서 그에게 위로 전문을 보냈다. 또 12년 동안 정계에서 물러나 있던 후버 전 대통령을 백악관에 다시 돌아오도록 청하여 후버가 눈물을 흘리는 일도 있었다. 트루먼은 후버에게 유럽에 식량과 물자를 전달하는 역할을 맡겼다. 그건 제1차 세계대전 후와 1927년의 대홍수 동안에 이뤄냈던 후버의 전문 분야였다. 이런 트루먼의 인간적인 호의와 이해심을 대중이 처음 얼핏 알게 된 것은 그의 대통령 취임 선서 후 불과 6일이 지났을 때였다. 그때 트루먼은 징역 선고를 받고 기피 인물로 전락한 톰 펜더개스트의 장례식에 참석한 일이 있었는데, 이를 두고 논란이 일자 트루먼은 이렇게 반문했다. "어떤 사람이 비난받을까 봐 친구의 장례식에 가지 않으려고 하겠소?"

삶에서 가장 힘들었을 시기에 다른 사람에게 마음을 쓰고 세심하게 살피는 능력을 갖추려면 특별한 인물이 되어야 한다. 30일이라는 기간 동안 소련은 폴란드에서 내정간섭을 하면서 일본과의 전쟁에 돌입하고 있었고, 연합국들은 앞으로의 세계 전쟁을 막기 위해 국제연합(UN)을 결성하고 있었으며, 미국에서는 군사적 목적으로 사용될 우라늄을 처음으로 운송하고 있었다. 윈스턴 처칠은 트루먼과 회담을 한 직후에 그에 대해 이렇게 말했다. "트루먼은 강한 결단력을 지닌 사람이다. 그는 불확실한 상황에 신경 쓰지 않고 단호하게 결단을 내릴 사람이다." 그건 좋은 일이었다. 몇 개월 후, 제2차 세계대전으로 유럽의 경제가 무너졌으나 베를린 공수작전이 수행되며 트루먼독트린이 시행되었기 때문이다.

물론 그 시기에 트루먼이 내린 가장 중요한 결정은 히로시마와 나가사키에 원자폭탄을 투여한 일이었다. 이 결정에 대한 논쟁은 결정 직후에도 격렬했고 지금도 끊이지 않고 있다. 그러나 간과된 점은 그 결정을 내리기 전에는 논쟁이 거의 일어나지 않았다는 사실이다. 핵 시대의 첫 핵폭발이 일어나기 불과 몇 개월 전 트루먼은 핵폭탄이 존재했는지조차 알지 못했다. 핵폭탄 제조는 군사 프로젝트였고 주로 군사적 결정이었기 때문이다. 이후에 한 장군은 당시의 트루먼을 이렇게 평했다. "승낙 기회가 전혀 없었던 터보건 썰매를 탄 작은 소년 같았다. 그가 할 수 있는 말은 거절뿐이었다." 하지만 트루먼은 그런 평보다 더욱 복잡한 심경이었다. 트루먼은 첫 핵폭탄 실험이 있던 바로 그날 언급했듯 "몇 세기에 걸쳐 기계가 도덕보다 앞선" 세상을 한탄하고 그런 일이 존재하지 않을 미래를 희망했다.

당시의 상황을 보면, 트루먼은 무자비하고 거의 이해할 수 없는 사악한 적과 싸워야 했다. 1945년 7월 30일에 미국 해군의 함선, USS 인디애나폴리스가 최초의 핵폭탄을 조립할 부품을 싣고 티니언섬으로 향했다. 그러나 그 섬에 도착하기 불과 나흘 전에 함선은 일본군의 잠수함에 침몰당했다. 그때 함선에 있던 1000명이 넘는 군인들이 사망했는데, 대부분은 바다 위에 떠 있다가 상어의 공격을 받아 목숨을 잃었다.

트루먼은 원자폭탄을 투여하기로 결정했다. 그는 평생 이 결정이 올바른 요청이라고 믿었다. 수백만 명의 아버지와 어머니가 선출한 대통령으로서 미국인의 생명을 보호하는 일이 최우선이라고 확신했기 때문이다. 1945년 8월 6일과 9일, 20만 명 이상의 일본인들 목숨을 앗아간 원자폭탄의 참상은 인류 역사 속에 영원히 새겨질 비극이 되었다. 하지만 그 끔찍한 참사는 트루먼이 앞으로 핵무기를 사용할 수 있는 권력을 어떤 환경에서든 군사 통제권에 넘겨줄 수 없다고 판단하는 중대한 결과로 이끌었다. 불확실한 상황 속에 확고한 결정을 내린 트루먼은 핵무기를 문민통제할 것을 주장했다. 다행스럽게도 그런 통제는 계속 이어졌고 핵무기는 지금껏 다시 사용되지 않고 있다.

트루먼은 백악관 집무실 책상 위에 "모든 책임은 내가 진다"라는 말을 새긴 팻말을 올려두었다. 상투적인 이야기로 들릴지 모르겠지만, 그는 그 말을 국정운영의 원칙으로 삼으며 실천으로 옮겼다. 그는 어려운 결정을 내렸을 뿐 아니라 그 결정에 책임도 졌다.

핵무기의 사용은 옳은 일이었을까? 이 문제는 여전히 논쟁 중이다. 그러나 마셜플랜에 문제를 제기하는 사람은 없다. 독일이 1945년 5월에 항복했지만 유럽의 문제는 그걸로 끝나지 않았다. 영국을 비롯한 유럽 전역은 6년 동안의 전쟁으로 인해 황폐해졌다. 약 4000만 명의 사람이 난민이 되었고 한 세대의 아이들은 고아가 되었다. 유럽 전역에서 직업은 고사하고 따뜻하게 지낼 곳과 먹을 식량도 없었다. 전쟁이 수백만 명의 목숨을 앗아가면서 인도주의의 파국으로 치달았다면 그 뒤에 닥칠 고통은 더 헤아릴 수 없이 끔찍했을 것이다.

황폐화된 유럽을 위해 대책을 마련하기로 한 트루먼과 그의 자문관들은 유럽에 경제적인 원조를 시행하자는 결단을 내렸다. 트루먼은 원조 자금으로 150억이나 160억 달러가 필요하다고 의회에 전했다. 하원의장인 샘 레이번이 반대하자 트루먼은 그 금액이 '트루먼 위원회'가 몇 년 전에 예산을 절약했던 금액과 거의 똑같다는 사실을 상기시켜 주었다. 트루먼은 레이번에게 이렇게 말했다. "이제 우리는 그 돈이 필요하오. 그 자금으로 세계를 구할 수 있소."

트루먼 정부가 추진하던 유럽에 대한 경제원조계획은 왜 트루먼의 이름을 따서 명명하지 않고 마셜플랜으로 불렸던 것일까? 그 이유는 트루먼 정부가 정치적인 수완을 발휘했기 때문이기도 했지만 한편으로는 트루먼의 겸손 때문이기도 했다. 트루먼은 그 계획을 처음 제안한 조지 마셜 장군에게 이렇게 말했다. "마셜 장군, 난 당신의 이름을 올려 역사에 남길 계획을 만들고 싶소. 난 이미 결심했으니 아무것도 따지지 마시오. 내가 최고 사령관이란 것을 명심하길 바라오." 그리하여 역사가 아서 토인비가 "우리 시대의 주목할 만한 업적"이라고 칭한 대외원조계획 마셜플랜은, 다른 사람에게 공을 돌리는 '겸손'이라는 소박한 행동으로 마무리 지어졌다.

노예제도가 폐지된 바로 그다음 세대였던 트루먼은 노예주에서 자랐기 때문에 어릴 때부터 주입된 인종적 편견을 성인이 될 때까지 계속 간직해 왔다. 트루먼의 양측 조부모들은 노예를 소유했고 그의 부모는 남북전쟁을 매우 생생하게, 그리고 매우 편파적으로 기억했다. 그래서 트루먼의 어머니는 백악관에 있는 아들을 방문했을 때 링컨 침실에서 머물기를 거부했다.

트루먼은 인종차별주의자에 의해 인종차별주의자로 길러진 사람이었다. 그는 10여 개 정도의 사교 모임에 회원으로 가입했는데 1922년에는 KKK라 불리는 백인우월주의 비밀결사 단체 큐클럭스클랜(Ku Klux Klan) 조직에 우연히 가입한 적이 있었다. 그러나 트루먼은 1948년에 미국의 군대에서 인종차별을 철폐한 사람이 되었다. 이는 트루먼 대통령이 일방적으로 할 수 있었던 몇 안 되는 일 중 하나였다.

그다음에는 미국 연방 정부 내에서 차별을 금지시키고 인종, 종교, 국적에 관계없이 수천 개 직업에 대한 규제를 일거에 완화했다. 1948년에는 트루먼이 텍사스주에서 최초로 통합 정치 집회를 열었고, 이후에는 흑인 인권 단체인 유색인종지위향상협회(NAACP) 행사에 참석하여 링컨 기념관 계단에서 연설한 최초의 대통령이 되었다. 그러나 그 일이 있기 수년 전부터 트루먼은 자신의 이웃과 친족에 맞서 인종차별 문제에 싸워왔다. 그는 인종차별주의자에게 이렇게 전했다. "나는 형제애를 믿습니다. 백인의 형제애만이 아니라 법 앞의 모든 형제애를 믿습니다. 또한 미국의 헌법과 독립선언문을 믿습니다. 흑인들에게 그들의 권리를 부여할 때 우리는 비로소 진정한 민주주의라는 이상에 따라 행동하게 되는 것입니다."

트루먼의 측근들은 그의 행보가 거의 "정치적 자살 행위"라고 말했다. 1948년 남부 주의 많은 민주당 세력이 트루먼의 시민권 정책 때문에 필라델피아의 민주당 전당 대회에서 나가버렸다. 그들의 뜻을 확인한 트루먼은 일부 지지 세력을 잃었다고 시인하면서도 당당히 응답했다. "그런 사람들의 지원 없이도 언제나 잘 지낼 수 있소."

트루먼은 왜 이런 일을 감행했을까? 미국 헌법과 독립선언문에서 강조하는 인간의 존엄성을 믿었기 때문이다. 트루먼이 링컨 기념관에서 했던 연설 중에서 "내가 말한 모든 미국인이란, 말 그대로 모든 미국인입니다"라는 말은 16년 후 마틴 루서 킹의 꿈에 대한 연설의 전조가 되었다.

그러나 당시에 들려오던 주된 소식은 여전히 끔찍했다. 제2차 세계대전에 참전했던 흑인 참전 용사가 조지아주 먼로에서 끔찍한 린치를 당한 사건이 벌어졌다. 극도로 잔인하고 폭력적인 그 사건으로 트루먼은 어린 시절에 뿌리내렸던 인종적 편견을 바로잡게 되었다. 또 하나의 린치 사례로, 사우스캐롤라이나에서 예비역 병장 아이작 우더드가 버스를 세워서 하차했다가 지역 경찰서장을 비롯한 백인 경관들에게 구타당해 두 눈의 시력을 잃은 사건도 있었다. 그 사연을 들었을 때 트루먼은 이렇게 말했다. "그 정도로 끔찍한 줄은 몰랐네. 대책을 세워야겠군!" 그래서 트루먼은 대책을 세웠다. 얼마 지나지 않아 트루먼이 만든 대통령민권위원회는 미국에서 큰 변화를 이끌어냈다.

1950년에 트루먼은 존 라이스 병장의 가족이 아이오와주 수시티에서 아들을 묻을 곳을 찾는 데 어려움을 겪고 있다는 이야기를 들었다. 태평양의 전쟁 영웅이었던 라이스는 한국전쟁에 참전했다가 인천상륙작전 직전에 사망했다. 그는 '푸른 하늘 위를 걷는 자'라는 이름으로 통하는 북미 원주민이기도 했다. 존 라이스 가족이 겪은 부당함에 격분한 트루먼은 라이스가 알링턴 국립묘지에 묻히도록 길을 열어주었다. 그는 존 라이스의 가족에게 비행기를 보내주고 존 라이스의 장례식을 군장으로 치르게 했다. 이와 관련한 공식 성명도 발표했다. "대통령께서는 국가적 차원에서 표하는 순국열사에 대한 감사가 인종, 피부색, 신념 등으로 제한되어서는 안 된다고 생각합니다."

해리 트루먼은 프랭클린 루스벨트나 에이브러햄 링컨과 공통점이 거의 없었다. 트루먼은 이들처럼 인상적인 명연설을 거의 남기지 않았기 때문에 아무도 그를 역사의 위인으로 여기지 않았다. 트루먼은 키가 작았고 잘생기지도 않았다. 그는 계급이나 권력이나 사회적 호의를 밖으로 드러내지도 않았다. 트루먼이 내린 결정들은 어떤 응집력 있는 이념의 산물이 아니었다. 그 결정들의 근거는 미래를 향한 원대한 전망보다 훨씬 간단하고 접근하기 쉬운 것, 그래서 더욱 인간적인 것에 있었다. 그것이란 바로 우리가 타인을 대하는 방식이자, 자신의 양심과 자긍심이 바라는 대로 다른 사람에게 행한 행동이었다.

얼마나 많은 정치인이 정직하고 친절할까? 또 얼마나 많은 정치인이 도덕규범을 따르며 살고, 다른 사람들을 먼저 배려할까? 명문 아이비리그 출신이며 트루먼 행정부의 국무장관이었던 딘 애치슨은 이렇게 말했다. "트루먼이 평범한 사람이었다는 말은 몇 번이고 들었습니다. 그런 평가에 무슨 의미가 들어 있든 간에 나는 그를 지금까지 살았던 사람들 가운데 가장 비범한 인물이라고 생각합니다."

트루먼이 그런 비범한 이였다는 사실은 그가 퇴임 후 어떤 존재였는지를 통해 더욱 잘 드러날 것이다. 트루먼은 드와이트 D. 아이젠하워에게 자리를 넘겨주는 현실에 직면해 있었다. 트루먼은 누구도 상관할 바가 아니라고 판단해 아이젠하워가 전쟁 중에 아내를 두고 바람을 피운 증거를 직접 없애주었다. 그리고 아이젠하워가 대통령직을 원한다면 재선에 불출마하겠다고 제안하기도 했다. 아이젠하워는 트루먼에게 오랫동안 높은 평가를 받아왔으나 대통령 선거를 앞둔 당시에는 은혜를 모르는 정적이 되어 있었다.

양측이 서로 인신공격을 치열하게 퍼부었던 선거 운동이 끝나고, 대통령 취임식 날은 다소 긴장감이 돌았다. 아이젠하워는 압도적인 승리를 거두었으나 상대를 넓은 도량으로 대하지는 못했다. 그는 트루먼이 백악관에서 차를 함께 마시자고 정중하게 초대했을 때 호텔에 있는 자신을 억지로 데리고 와야 할 거라며 무시했다. 끝까지 버티던 아이젠하워는 선례에 따라 마지못해 현직 대통령을 찾아가기로 했다. 하지만 차에서 내리지 않고 기다려 트루먼이 마중 나올 수밖에 없는 상황을 연출했는데, 트루먼은 전혀 개의치 않고 그렇게 했다.

그때 아이젠하워는 미국 국회의사당 계단에서 군인으로 해외에 파견된 아들이 대통령 취임식에 참석한다는 소식을 듣고 충격을 받았다. "난 누가 내 아들 존에게 한국에서 워싱턴으로

오도록 명령했는지 궁금하오"라고 아이젠하워가 따졌다. 그러자 트루먼은 "난 누가 나를 곤란하게 만들려고 하는지가 궁금하오"라고 대답했다. 이런 사려 깊은 놀라운 일을 조용히 계획했던 트루먼이 덧붙였다. "미국의 대통령이 당신의 아들에게 아버지의 대통령 취임 선서를 지켜보도록 명령했소. 이런 명령으로 누군가가 당신을 곤란하게 만들려고 한다는 생각이 들면 대통령이 완전히 책임을 질 것이오."

며칠 후, 아이젠하워는 트루먼에게 "아들을 한국에서 귀국하도록 명령한 당신의 사려 깊음에 감사드리며 (…) 당신의 그런 행동을 아들이나 내가 알지 못하도록 한 점에 더욱 특별히 감사드립니다"라는 서한을 보냈다. 그러고 나서 아이젠하워는 그 후 6년 동안 트루먼의 삶에 간섭하지 않음으로써 그 깊은 배려에 보답했다.

거의 10년 만에 처음으로 빨간 신호등에 멈춰 선 트루먼은 워싱턴을 떠나 미주리주의 인디펜던스로 돌아갔다. 기자들이 퇴임한 첫날에 무엇을 했느냐고 묻자 그는 이렇게 대답했다. "짐을 들고 다락방으로 올라갔소." 트루먼은 자신이 살았던 삶으로, 대통령이 되기 전의 사람으로, 다시 말해 평범한 사람으로 손쉽게 되돌아갔다. 얼마 지나지 않아 그는 도로변에서 목격되었다. 갓길에 차를 세워두고 한 농부가 돼지들을 도로에서 벗어나도록 모는 걸 돕고 있었다.

퇴임한 트루먼은 무직 상태였지만 대부분의 전직 대통령들처럼 안정적이고 부유해질 수 있는 수익성 높은 기회에 둘러싸였다. 그러나 트루먼은 그 기회를 모두 거절하며 이렇게 말했다. "그런 짓을 하느니 차라리 빈민 구호소에서 죽는 게 낫겠소."

트루먼은 대통령 집무실에서 다른 이들에게 명예 훈장을 수여하는 것보다 명예 훈장을 받는 것이 낫겠다고 여러 번 말한 적이 있었다. 트루먼은 87세가 되었을 때 의회에서 주려는 명예 훈장을 미리 거절했다. 그는 이렇게 서한을 보냈다. "나는 명예 훈장이나 다른 어떠한 상을 받을 만한 일을 했다고 생각하지 않소. 그렇다고 여러분이 주려는 상을 고마워하지 않는다는 뜻은 아니오. 오히려 내게 전해준 친절한 말들과 내게 상을 주려는 제안에 감사할 따름이오." 트루먼은 명예 훈장이 전쟁 영웅을 위한 상이라고 여겼으나 원칙은 그의 손을 들어주지 않았다. 미국 의회는 1984년에 고인이 된 트루먼에게 의회 명예 훈장을 추서했다.

트루먼은 그런 정의를 추구하는 사람이었다. 정의는 우리가 다른 사람들에게 요구하는 것이 아니라 우리가 자신에게 요구해야 하는 일이다. 정의는 우리가 논하는 것이 아니라 하나의 삶의 방식이다. 그렇기에 정의는 추상적이거나 거창한 것이 아니다. 정의는 항상 우리 삶 근처에 있으며 개개인이 쉽게 실현할 수 있는 미덕이다. 그렇다면 정의를 추구하기 위해서는 어디서부터 어떻게 시작해야 할까?

정의는

자신이 지키는 도덕규범이다.

사람을 대하는 방식이다.

우리가 지키는 약속이다.

말에 담긴 진실함이다.

친구에게 베푸는 충실함과 관대함이다.

받아들이는 또는 거절하는 기회다.

소중히 여기는 것들이다.

타인을 위해 만들어 내는 중대한 변화다.

정의가 늘 대중적일 수는 없다. 또한 늘 인정받지도 않을 것이다. 어렵지만 필요한 결정을 내린 지도자들 대다수가 흔히 그렇듯 트루먼도 역사상 가장 인기 없는 대통령 중 한 사람으로 집무실을 떠났다. 그러나 도덕과 명예가 늘 그렇듯 트루먼의 행동은 세월이 지날수록 빛이 났다. 우리가 올바른 일을 계속한다면, 결국 올바른 일은 우리를 지켜준다. 그리고 분명히 세상도 우리를 지켜준다.

약속에도 무게가 있다

기원전 256년, 고대 로마의 장군 마르쿠스 아틸리우스 레굴루스는 카르타고와의 전쟁에서 처음에는 카르타고인을 궁지에 몰아넣었다. 그러나 승리를 거두지는 못했다. 스파르타인의 도움으로 사기가 오른 카르타고인은 튀니스 전투에서 극적으로 역전해 로마를 패배시켰다. 불과 몇 달 전만 해도 카르타고에 가혹한 항복 조건을 제시하던 레굴루스는 이제 전쟁 포로가 되고 말았다.

레굴루스는 로마와 거의 1500킬로미터 떨어진 카르타고에서 포로 생활을 하며 괴로운 나날을 보냈다. 가족과 떨어진 그는 노예가 되어 누더기를 걸친 채 절망감과 무력감에 사로잡혀 살았다. 그렇게 모든 것을 잃어버린 것처럼 보였으나 상황은 금방 바뀌었다. 또다시 로마와 전투를 벌인 카르타고가 이번에는 로마에 크게 패한 것이다. 평화를 원했던 카르타고는 협상을 위해 포로였던 레굴루스를 로마로 돌려보냈다.

카르타고를 떠난 레굴루스는 바닷바람을 맞으며 고향으로 향했고 여러 해가 지난 후, 마침내 그 전쟁 영웅은 집에 돌아가게 되었다. 거의 죽을 뻔한 고비에서 살아난 그는 이제 곧 가족의 품으로 돌아가 적의 손아귀에서 멀리 벗어날 수 있었다.

그런데 로마에 도착한 레굴루스는 원로원에 카르타고의 협상 조건을 설명한 후 이렇게 조언했다. "카르타고의 협상 제안을 거절하시오." 레굴루스는 또 덧붙였다. "카르타고는 약해졌소. 그렇지 않다면 나를 이렇게 보내지 않았을 것이오. 계속 싸우시오. 그러면 로마가 반드시 승리할 수 있소." 로마인들은 레굴루스의 조언을 따랐다.

레굴루스는 다시 짐을 꾸렸다. 포로로서 카르타고로 돌아가려는 그의 행동에 친구들은 깜짝 놀랐다. "이렇게 무사히 돌아왔는데 왜 돌아가려고 하는가?" 친구들의 물음에 레굴루스는 이렇게 대답했다. "나는 돌아가기로 그들과 약속했네." 레굴루스는 평화 협상을 위해 자신의 명예를 걸고 임시로 풀려났을 뿐이라고 설명했다. "난 맹세를 어기지 않을 거네. 적에게 한 맹세라도 말일세."

레굴루스는 약속을 지켰다. 그것도 적과의 약속을 굳게 지켰다. 우리는 어떨까? 우리는 방금 합의한 일에서 손을 빼려고 한다. 약속을 지킬 필요가 없도록 발뺌할 궁리를 한다. 더 좋은 일, 더 이익이 되는 일이 생겼기 때문에, 이 약속으로 얼마나 힘들지 분명해졌기 때문에, 약속을 지키는 일을 누가 알아주는 것도 아니라고 생각하기 때문에.

맞는 말이다. 약속을 지키려면 희생이 따르기도 한다. 하고 싶지 않은 약속을 하다가 곤란해질 수 있다. 이미 약속을 한 후에 생긴 더 좋은 기회를 거절해야 할 수 있다. 약속을 고수하다가 시세보다 더 안 좋은 것을 갖게 될 수도 있다.

그러나 약속을 어겨도 희생은 따른다. 약속을 어긴 사람의 덕망만 나빠지는 게 아니다. 타인을 속이거나 신뢰를 깰 때마다 공공의 신뢰가 훼손된다. 사람들이 서로 신뢰하지 못하는 사회가 되는 것이다. 그 반대를 생각해 보면 이런 사실이 분명해진다. 약속을 지킬 때마다 은행에 돈을 예금하듯, 세상을 하나로 연결한 밧줄에 한 가닥을 더하듯, 신뢰를 하나씩 쌓아갈 수 있다.

건강이 나빠지면서 삶의 여정이 끝나갈 무렵, 해리 트루먼은 공식적인 인터뷰나 출연을 취소하기 시작했다. "오늘 오전 그곳에 못 나가서 정말 미안하오." 트루먼은 일정을 변경해야 했던 일을 기자에게 사과했다. "괜찮습니다, 대통령님. 편찮으시지 않습니까?" 그 말에 트루먼은 눈물을 글썽이며 이렇게 대답했다. "그렇더라도 내 의무에 부응하고 싶었소."

우리가 존경하는 사람 중에 의무를 다하지 않으려는 사람이 있을까? 또 그런 사람 중에 약속을 지키지 않는 사람이 있을까? 그들은 자신과 약속을 지킨다. 그것이 절제력이다. 그들은 타인과 약속을 지킨다. 그것이 정의이기 때문이다.

어떤 사람이 어떤 일에 기한을 맞추겠다고 하거나, 프로젝트를 승인받으려면 이런저런 비용이 많이 들 것이라고 하거나, 혹은 필요할 때 도와주겠다고 한다면 그 말은 완전히 믿을 수 있어야 한다. 우리는 상대의 확언에 따라 계획을 세우고, 상대의 약속에 따라 돈을 쓰며, 상대와 업무 합의가 이루어지고 곧바로 그 일에 착수하기 시작한다. 한 사람의 말이 '보증수표'라고 할 때 그 뜻은 실제로 보증수표를 의미한다. 말 그대로 보증금이나 하나의 계약서와 같은 무게를 지닌다. 악수나 구두로 하는 약속의 무게도 결코 가볍지 않다.

1960년대에 젊은 시인 다이앤 디 프리마는 그 유명한 비트 세대의 대표 예술가였다. 영화로도 만들어진 비트 세대는 기성세대의 주류 가치관을 거부하며 약물 복용과 여러 사상과 낭만을 추구하는 예술가 그룹이었다. 작가인 잭 케루악과 시인 앨런 긴즈버그도 비트 세대의 대표적인 인물이었다. 그런데 이런 비트 세대끼리 만나는 모임에서 디 프리마는 자신의 아이를 돌봐주는 보모와의 약속을 지키기 위해 일찍 귀가하곤 했다.

모임에 참여한 일부 작가들은 디 프리마의 행동을 우습게 여겼다. 이들은 문학적이고 예술적인 삶이 현실적인 삶보다 우선시되어야 한다고 확신했기 때문이다. 디 프리마가 또다시 일찍 귀가하려던 때, 히피 문화의 창시자로 알려진 작가 잭 케루

악이 모두의 앞에서 이렇게 말했다. "아이를 돌봐주는 보모와의 약속까지 신경 쓰고 산다면 당신은 작가가 될 수 없소." 그러나 디 프리마는 그 자리를 박차고 일어나 집으로 돌아갔다. 좋은 부모와 좋은 작가가 되는 일에는 본질적으로 '완전히 같은 규칙'이 필요하다고 여겼기 때문이다. 디 프리마는 직장에서든 가정에서든 약속할 때마다 그 약속을 지켰다. 이렇듯 약속은 사람에 따라, 상황에 따라 다르게 적용되는 것이 아니다.

물론 약속을 지키는 일은 항상 어렵다. 아프지 않고 건강을 지키겠다는 약속, 죽음이 둘 사이를 갈라놓을 때까지 서로 아끼고 사랑하겠다는 맹약에 대해 생각해 보라. 사람들은 그런 약속을 지킬까? 이제 우리는 어떤 일이 있어도 스스로 한 약속을 지키는 사람이 되어야 한다. 그런데 친구의 이사를 돕겠다고 약속했는데 그 친구와 사이가 틀어졌다면, 우리는 그 약속을 지킬수 있을까? 싫어하는 사람에게 돈을 갚기로 한 약속은 지킬 수 있을까? 비용이 매우 많이 드는 약속이나 다른 사람들을 정말 화나게 할 것 같아 지키기 두려워지는 약속은 어떨까? 어떤 약속은 그걸 지키다가 소송에 휘말릴 수 있다. 위협이 될 수도 있고 불확실한 상황이 닥칠 수도 있다.

약속에 대해 미심쩍어하는 것은 당연하다. 내심 저절로 해결될 거라 기대하거나 유예 기간 혹은 약속의 적용 범위를 조정할 수도 있다. 그러나 말로 자유롭게 주고받는 약속, 선의로 이루어진 계약은 반드시 지켜야 한다. 상대를 믿는다고 말했다면 그 약속은 금과 같다. 중요한 일이 아닌 듯 보여도, 어렵거나 고통스러운 일이 될지라도 말이다. 삶을 살아가면서 많은 일들을 후회할 수 있다. 그러나 약속을 지키는 사람으로 살아가면 후회하지 않을 것이다. 입으로 한 약속을 행동으로 정직하게 맹세하는 사람이었기 때문이다.

03

내부 고발자의 용기

미국의 통신사 월드컴의 내부감사인 신시아 쿠퍼는 역사상 가장 큰 회계 부정 사건이었던 월드컴의 회계 부정을 세상에 폭로했다. 미국의 전략분석가이자 평화운동가인 대니얼 엘즈버그는 미국의 베트남전 개입을 위해 사건을 조작한 미국방부의 비밀문서를 폭로했다. 기업 테라노스의 직원인 타일러 슐츠는 희대의 사기 기업 테라노스의 파산에 일조했다. 중국의 의사 리원량은 중국에서 발생하고 숨기려고 했던 치명적인 코로나19 바이러스의 위험성을 처음 폭로했다.

조직의 부정과 비리를 폭로한 이런 사람들은 모두 '내부 고발자'로 알려지게 되었다. 이들이 한 행동은 더욱 간단하고 기본적인 일이다. 그들은 진실을 말했다. 그들은 중요한 사실을 목격하고 세상에 알렸다.

미국 공군의 고위공무원이자 공학자였던 어니스트 피츠제럴드는 펜타곤에서 민간 업체들로부터 납품받은 500달러짜리 망치와 7000달러짜리 커피메이커 등 군의 재정 남용을 폭로했다. 피츠제럴드는 자신과 같은 폭로자들이 '내부 고발자'라고 불리는 것을 좋아하지 않았다. 오히려 '진실을 말하는 사람'이라고 불리기를 선호했다. 또한 그런 사람을 직원으로서 해야 할 일을 하지 않고 국민으로서 해야 할 일을 하는 자로 생각해 주기를 바랐다. 아내 넬도 피츠제럴드의 행동에 찬성했다. 의회에 나가 증언하기 전날 밤, 피츠제럴드가 상관으로부터 모른 척하라는 압력을 받았을 때 아내는 그에게 이렇게 말했다. "난 내가 존경하지 않는 남자와 함께 살겠다는 생각을 해본 적이 없어요. 그 남자가 의회에 나가 거짓말을 한다면 내가 존경하지 않는 사람일 테지요."

내부 고발은 진실을 밝히는 적극적인 방식으로, 신변이나 직업의 위태로움을 감수하고 폭로하는 행위이다. 이런 행위는 어떤 비리나 사기를 밝힐 때, 또한 세상이 알지 못하는 어떤 사악한 행위의 목격자이거나 희생자가 되었을 때 필요하다. 내부 고발자의 그런 용기는 당연히 인정받을 만한 일이지만 현실은 그렇지 않다. 내부 고발자들은 진실을 밝힌 후 높게 평가되고 존경받을 때도 있지만 대개는 의심이나 압력을 받거나 비판이나 맹비난을 듣는다. 또한 내부 고발자들의 동기에도 문제가 제기된다. 그들의 사생활은 보호받지 못하고 낱낱이 파헤쳐진다. 공동선을 위한 행동은 쉬운 일이 아니다.

어니스트 피츠제럴드는 진실을 밝힌 행동에 대한 보상을 받았을까? 아니, 피츠제럴드는 공군에서 가장 미움 받는 사람이 되었다. 비밀리에 녹음된 기록에 따르면, 닉슨이 측근들에게 "그 망할 자식을 없애버려!"라고 말했고 피츠제럴드는 해고되었다. 이런 사례를 통해 정직함은 급진적이면서 심지어 위험한 행동이란 사실을 알 수 있다. 아마도 세상에서 가장 드문 일 중 하나일 것이다.

우리 주변에 진정으로 정직한 사람은 얼마나 많을까? 상황이 곤란할 때도 진실을 말하는 사람이 있을까? 자기 입장을 투명하게 밝히는 사람이 있을까? 애매모호한 말로 얼버무리지 않는 사람이 있을까? 그리고 우리는 그런 진실을 말하는 사람이 될 수 있을까? 러시아의 반체제 작가인 알렉산드르 솔제니친은 이렇게 설명했다. "평범하고 용감한 사람은 거짓에 참여하지 않고 거짓된 행위를 지지하지 않는다. 거짓이 세상에 도래하고 세상에 만연하도록 두어라. 그러나 나를 통해서는 아니다."

어떤 정치인은 사소한 문제를 중요한 것처럼 큰소리를 치고 과장한다. 또 그들은 사실과 양심을 거스르는 태도로 주변 사람들을 안심시킨다. 예컨대 히틀러는 한 명의 정적을 제거하기 위해 오래전부터 장군들을 위협하여 그의 말도 안 되는 거짓말을 받아들이게 했다.

항상 이런 극적인 일들만 있는 것은 아니다. 우리는 자신의 목표를 지나치게 낙관적으로 전망한다. 예를 들어 우리는 이력서를 부풀리거나, 불쾌한 대답을 해야 할 때 빙빙 돌려 말하기도 하고 힘든 일을 일부러 건너뛰기도 한다. '그런 척'만 하는 것과 '노골적인 사기'는 큰 차이가 나는 듯 보이지만 생각보다 별 차이가 없다.

진실을 말하지 않는 이유도 다양하다. "정말 그들의 지원이 필요했어." "뭐, 더 나쁜 짓을 하는 사람들도 있는걸." 또 사실을 확인하지 않는다. 아무런 말도 할 필요가 없거나, 아무것도 할 필요가 없다고 여긴다. 항상 이유는 있다.

사기꾼들에게 새 옷이라고 속아 나체로 돌아다니는 왕과 그런 왕에게 솔직하게 말을 하지 않은 아첨꾼에 관해『벌거벗은 임금님』이라는 옛 우화가 있다. 실제로 로마 황제 하드리아누스는 그런 아첨꾼으로 가득한 궁정에서 나라를 다스렸기에 하드리아누스 황제는 마르쿠스 아우렐리우스라는 어린 소년이 지닌 많은 잠재력을 알아보았다. 아우렐리우스는 일찍부터 철학에 끌렸고 늘 자신의 견해를 권력자에게도 솔직히 말했다. 하드리아누스는 그런 아우렐리우스에게 '가장 진실한 사람'을 뜻하는 베리시무스라는 별명을 붙여주었다.

이후 황제가 된 마르쿠스 아우렐리우스는 정책을 펼치면서 솔직하지 않은 사람을 경멸했다. 특히 그는 "솔직하게 말하자면"이라고 주의를 끌며 발언했던 사람을 경멸했다. 무심코 내뱉는 그런 말은 오히려 대부분의 시간 동안 정직하게 행동하지 않는다는 의미였다. 정직함에는 서두가 필요 없다. 마르쿠스는 이렇게 말했다. "정직한 사람은 악취가 나는 사람과 마찬가지로 지나가기만 해도 알 수 있다."

정직한 사람은 약속을 지킨다. 그들은 전문 용어 뒤에 숨지 않고, 아첨하지도 않는다. 어떤 일이 지체되거나 문제가 생길 것 같으면 상대에게 솔직히 말할 것이다. 또 걱정이 된다면 말로 표현할 것이다. 예를 들어 이들은 고갯짓만 하지 않고 "그러게 내가 뭐랬어"라며 솔직한 관심을 보였을 것이다. 그들은 상대에게 좋은 반응을 얻으리라고 기대하며 자신을 속이는 일은 하지 않을 것이다.

그들은 상대를 곤란하게 하지 않는다. 상대에게 진실을 말하는 것과 상대를 맹비난하는 것은 분명히 다르다. 또 자신의 의견을 제시하는 것과 다른 사람의 삶이나 행동 방식에 참견하며 청하지도 않은 말을 던지는 것은 엄연히 다르다. 마르쿠스 아우렐리우스는 이렇게 스스로 일깨웠다. "보이는 대로 진실을 말하라. 그러나 위선 없이 상냥하고 겸손하게 말하라." 진실은 그 자체로 충분히 사람의 마음을 아프게 할 수 있다. 상처를 주려고 애쓸 필요가 없다.

그렇지만 정직한 사람이 항상 신뢰나 인정을 받는 것은 아니다. 내부 고발자의 이야기로 다시 돌아가 보자. 종종 이들은 관심을 받으려 한다거나 유명해지려 한다는 비난을 받는다. 이는 터무니없는 말이다. 처음엔 그들은 밝혀낸 사실을 공개하지 않으려고 노력한다. 때로는 몇 년이 걸리더라도 내부적으로 모든 공식·비공식적인 수단을 동원한다. 또 그들은 상관에게 상당한 존중도 보여주며, 외부에 비리를 공개하는 대신 내부에서 해결하려고 한다. 이러한 모든 선의의 노력이 거부되었을 때 언론이나 법조계의 관심을 구하는 것이다.

궁극적으로 보면 내부 고발자는 해야 할 일을 한 사람들이다. 그들은 옳은 일이라고 생각하기 때문에 피하지도 않았다. 그들은 시대를 초월한 충고를 따른 것이다. 서기 2세기에 고대 로마의 풍자시인 유베날리스는 로마의 정치인 폰티쿠스에게 이렇게 충고했다.

> 좋은 군인, 좋은 수호자, 청렴한 재판관이 되시오. 의심스럽고 불확실한 사건의 증인으로 소환될 때, 폭군 팔라리스가 당신에게 놋쇠 황소를 갖고 와서 거짓말을 하도록 명령하고 위증을 지시하더라도, 명예보다 목숨을 더 소중하게 여기거나 살기 위해 살아갈 이유를 잃는 것을 경멸하시오.

문제가 크거나 작거나, 공적이거나 사적이거나, 편리하거나 불편하거나, 보상받거나 처벌받거나 상관없이 우리에게는 언제나 진실을 말할 의무가 있다. 그것이 거짓의 세상에서 진리의 수호자가 되는 길이다. 거짓이 세상에 만연하게 두어도 '나를 통해서는 아니다'라고 말해야 한다. 진실을 말하는 것은 우리가 해야 할 옳은 일이다. 또한 회계사로서, 공무원으로서, 안내원으로서, 배우자로서, 그리고 무엇보다 인간으로서 우리가 해야 할 사명이다.

04

자존감과 책임감의
상관관계

어니스트 헤밍웨이와 F. 스콧 피츠제럴드를 발굴한 편집자 맥스웰 퍼킨스는 십 대였을 때 뉴햄프셔에서 친구와 물놀이를 한 적이 있었다. 이들은 작고 깊은 못에서 헤엄치며 놀았는데, 갑자기 친구 톰이 물에 빠져 허우적대기 시작했다. 겁에 질린 톰은 퍼킨스의 목을 잡고 물 밑으로 필사적으로 끌어당겼다. 수영은 잘했으나 겁이 많고 소심했던 열일곱 살의 퍼킨스는 톰의 절박한 손길을 뿌리치고 물가로 향했다. 그러나 곧이어 퍼킨스는 뭔가에 이끌리듯 톰을 향해 다시 헤엄쳐 갔다. 물속으로 들어가 친구를 제대로 잡고 물가에 닿았다. 친구를 데리고 뭍으로 나온 퍼킨스는 톰의 기도를 확보하여 친구의 생명을 구했다.

구사일생한 아이들이 흔히 그렇듯 두 사람도 그 무서운 순간에 대해 다시는 말하지 않겠다고 맹세했다. 그러나 그 사건으로 맥스웰 퍼킨스는 영원히 바뀌었다. 퍼킨스는 이후 한 친구에게 이렇게 말했다. "그때 나는 결심 하나를 했다네. 책임을 절대 회피하지 않겠다는 결심이었지."

책임을 회피하는 이유는 힘들거나 위험이 따르기 때문이다. 또는 자신만을 챙기기에도 매우 힘이 들기 때문이다. 아니면 다른 사람이 책임을 지는 게 낫겠다고 여기기 때문이다. 그러나 모두가 이런 행동을 하면 세상은 어떻게 될까? 퍼킨스의 삶을 바꾼 결심을 아무도 하지 않는다면 어떻게 될까? 세상은 더욱 혼돈에 빠질 것이다.

다른 사람의 삶을 책임지기 전에 우선 자신을 책임지는 결심을 해야 한다. 미국의 작가 조앤 디디온이 남긴 유명한 말처럼, "스스로의 삶에 책임지려는 의지는 사람으로서의 품격이고 자아존중감의 원천"이다. 행동에 대한 가장 기본적인 결정, 즉 우리가 어떤 사람이 될 것인가의 결정은 절제의 문제일 뿐 아니라 정의의 문제이기도 하다.

불편한 문제가 발생했을 때 스스로 처리하는가, 다른 사람이 처리해 주기를 바라는가? 우리는 신뢰받을 수 있는 사람인가, 그렇지 않은가? 중요한 일을 수행하는 사람인가, 소소한 일만 하려는 사람인가? 자신이 한 행동의 결과에 관심이 있는가, 아니면 자신의 이익에만 관심이 있는가? 또 자신뿐 아니라 더 많은 사람에게 좋은 영향을 주기로 선택하는 사람인가? 그런 영향은 세상에 잔물결처럼 퍼져 나간다. 그러면 삶의 의미가 명확해질 뿐 아니라 사명감도 더욱 커지게 된다.

우리의 행동은 중요하고, 자신 또한 중요하다. 자기 자신을 책임져야 한다는 것을 두고 누군가는 자기중심적이라고 여길 수 있지만 대다수 사람이 선택하는 미성숙한 생각보다는 확실히 좋다. 이를테면 어떤 이들은 자신에게 다가올 위험은 매우 적으며, 지금 상태로 계속 머물 수 있다고 생각해 자신을 책임지는 일을 대수롭지 않게 여긴다.

미국의 해군 제독 하이먼 리코버는 이렇게 말한 적이 있었다. "'나는 책임이 없다'라는 말은 일을 제대로 수행하지 않았다는 불평에 우리 사회가 보이는 일반적인 반응이 되었다. 이런 반응은 의미상의 오류이다. 일반적으로 보면 그 말은 '나는 법적 책임을 질 수 없다'라는 의미다. 그러나 누군가가 책임이 없다고 한다면 '그는 책임을 지지 않는 길을 선택함으로써 책임감이 없는 사람이 되었다'라는 뜻으로 바로잡아야 한다."

세상에는 여러 유형의 사람으로 가득하다. 어떤 일을 하겠다고 한 자신의 장담에 신경 쓰지 않는 사람, 누군가가 지켜보고 있다고 생각할 때나 자신이 곤란할 때만 정직한 사람, 앞으로 시간이 무한하고 여러 삶을 살아갈 수 있다고 생각하면서 재능을 낭비하는 사람, 자신의 결정이 다른 사람에게 어떤 영향을 미치는지 고민하며 눈치 보는 사람, 자신이나 타인을 위해 아무것도 할 수 없는 나약한 사람, 다른 사람이 자신을 대신해 나서 겠지 생각하며 한발 물러서는 사람 등이 있다.

누구나 한 번쯤은 이런 사람으로 지낸 경험이 있을 것이다. 아직 경험이 부족하거나 기대를 받은 일이 거의 없었기 때문일 것이다. 또는 아직까지 그런 행동이 성숙하지 못하다고 충고하는 주변 사람이 없었거나, 삶의 시험대에 오른 적이 없었기 때문이다.

맥스웰 퍼킨스는 십 대였을 때 친구를 구한 후, 문학사에서 가장 훌륭한 편집자 중 한 사람이 되었다. 퍼킨스는 뛰어난 사람들이 잠재력을 발휘하고 그들이 놀라운 천재성을 표현할 수 있도록 최선을 다해 도왔다. 또한 그들이 제멋대로 행동했어도 포용하고 책임 있게 대했다.

책임지는 일에 대한 은유는 퍼킨스가 1920년대 중반에 편집한 스콧 피츠제럴드의 「조정자(The Adjuster)」라는 단편소설에서 살펴볼 수 있다. 이야기는 루엘라 햄플이라는 부유한 젊은 여성을 중심으로 전개된다. 루엘라는 갓난아이를 키우는 일에 넌더리를 내며 무관심하게 굴고, 하인들이 아주 간단한 일을 맡길 때도 당황하는 사람이다. 또한 이혼하면 삶을 다시 시작하여 즐겁게 지낼 수 있으리라는 환상을 갖고 있다. 그러던 루엘라에게 비극이 이어진다. 힘든 현실과 책임이라는 무게도 얹혀진다. 이 모든 상황이 혼란스러운 루엘라는 수수께끼 같은 한 의사에게 도움을 청한다. 그 의사는 루엘라에게 앞을 향해 나아가고 어른답게 처신해야 한다는 조언을 해준다.

상담실에서 의사는 루엘라에게 이렇게 말했다. "삶이라는 무대에서 우리는 아이들에게 연극을 준비하는 일을 도와달라고 하지 않으며 관객석에 앉아 있으라고 합니다. 그러나 그 아이들이 자란 후에도 여전히 관객석에 앉는다면, 누군가는 그들을 위해 두 배로 일해야 합니다. 그들이 세상의 아름다운 빛을 즐길 수 있도록 말입니다." 의사의 말에 루엘라는 "하지만 저는 그 아름다운 빛을 원해요. 그게 인생 아니겠어요? 따뜻하고 편안한 상황이 오길 바라는 게 잘못일 리 없어요"라고 항변했다.

의사는 이렇게 말하며 루엘라를 안심시켰다 "상황은 계속 따뜻하고 편안해질 겁니다." "어떻게요?" 루엘라의 질문에 의사는 "그건 바로 당신에게 달려 있습니다"라고 대답했다. 그런 다음 의사는 어리둥절해하는 루엘라에게 우리가 살면서 목표로 삼아야 할 정의의 의미를 이렇게 전한다. "당신이 중심이 될 차례입니다. 오랫동안 당신이 받은 것을 타인에게 주어야 합니다. 당신은 아이들을 보호해야 하고, 남편에게 평온을 주어야 하며, 노인에게는 자선을 베풀어야 합니다. 당신을 위해 일하는 사람에게 신뢰를 줄 수 있어야 합니다. 문제를 드러내기보다는 조금 더 감추어야 합니다. 그리고 보통 사람보다 조금 더 인내심이 있어야 합니다. 당신에게 주어진 책임의 몫을 최소한으로 가져가지 말고 조금 더 가져가야 합니다. 세상의 아름다운 빛은 바로 당신의 어깨에 달려 있습니다."

대부분의 사람은 책임을 질 필요가 없으면 굉장히 좋을 거라 여긴다. 삶을 무너뜨리려고 하는 일에서 벗어나려고 한다면, 그 관객석에 계속 머물거나 아이가 되려고 한다면, '나는 책임이 없다'라고 말한다면 굉장히 좋을 거라고 생각한다. 그러나 그 일이 좋을 수는 없다. 그건 거짓이다.

의사는 이렇게 말한다. "이제 당신이 불을 지필 차례입니다." 우리는 책임을 지는 사람으로 거듭날 수 있다. 책임이라는 짐을 지면 특권도 생긴다. 이런 책임에는 삶의 의미와 목적이 따르기 때문이다. 삶이 베푸는 강렬한 온기가 따르기 때문이다. 책임을 거부하지 않으리라는 굳은 다짐이 중요한 이유다.

05

심판원은 어디에 있을까

미국 보스턴의 펜웨이 파크에서, 야구선수 프랭크 로빈슨은 배트를 휘두른 순간 공이 야구장의 좌측 담장을 넘어갈 거라 생각했다. 지나치게 확신에 찬 로빈슨은 평소의 달리기 속도에 비해 절반밖에 안 되는 속도로 1루를 향해 달렸다. 외야 좌측 펜스로 공이 계속 치솟는 광경을 보면서 홈런이라고 생각한 것이다. 그런데 갑자기 기대에 못 미치는 위치에서 공이 힘을 잃고 떨어졌다. 그리고 게시판이 있는 콘크리트 담장에 부딪힌 뒤 대기하고 있던 좌익수 쪽으로 튀어 갔다.

로빈슨은 평소 빠른 주자였기에 그가 서둘렀다면 그 타구는 2루타나 3루타로 기록될 수도 있었지만, 이번에는 1루타로 만족해야 했다. 한 번의 실수는 쉽게 잊혔으나 로빈슨의 21년 경력에서 약 1만 타석 중 하나는 실수로 남게 되었다.

결국 로빈슨의 팀이 압승을 거두었기 때문에 누구도 이 행동을 문제 삼지 않았다. 그런데 로빈슨은 매니저의 사무실로 찾아가 책상 위에 200달러를 털썩 내려놓았다. 스스로 벌금을 낸 것이다. 규정을 깬 적이 없으나 최선을 다하지 못했다는 이유였다. 로빈슨은 공을 치면 전력을 다해 달려야 한다는 야구 문화의 중요한 신조를 어겼고, 자신이 실패함으로써 팀에도 손해를 끼쳤다고 생각했다. 로빈슨은 누군가가 무슨 말을 꺼낼 때까지 기다릴 생각이 없었다. 그는 팀이 우승한 사실에도 신경 쓰지 않았고, 팀이 그 일에 어떤 조치를 취할지 따지지도 않았다. 로빈슨은 규정을 어겼으니 그 대가를 치를 생각이었고, 그래서 벌금을 냈다.

어떤 일에는 타당한 이유가 있다는 사실이 문제가 되지 않는다. 좋은 결과로 이어졌다고 하더라도 마찬가지다. 우리는 스스로에 대해 높은 평가 기준을, 어쩌면 우리가 속한 조직보다 더 높은 평가 기준을 정해야 한다. 그리고 그 기준에 미치지 못하여 초래한 결과도 기꺼이 받아들일 용기가 있어야 하며, 아무도 알아채지 못할 때도 높은 평가 기준에 따라야 한다.

결국 그런 사람만이 최우수 선수가 된다. 로빈슨은 내셔널리그와 아메리칸리그라는 양대 리그뿐 아니라 월드 시리즈에서도 최우수 선수(MVP)에 올랐다. 스스로 본보기가 됨으로써 운동선수로서뿐 아니라 이후 감독으로서도 팀을 단결시켰다.

팀에는 구성원이 위기를 모면하게 해주는 기준이 있고, 팀원은 스스로 지켜야 할 기준이 있다. 스포츠에도 법률과 공론은 중요하다. 규칙을 시행하는 규칙집과 심판원과 연맹 없이는 아무도 경기를 할 수 없다. 이런 중요한 제도가 경쟁의 장을 공평하게 하고, 세상을 공정하게 만드는 데 필수적인 역할을 한다. 그러나 그 전에 무엇보다 중요한 것은 자신을 통제할 수 있는 정의, 바로 우리 스스로를 엄중하게 평가할 기준이 있어야 한다는 점이다.

모든 사람이 자신에게 그런 기준을 세우는 것은 아니다. 골프선수 패트릭 리드의 논란이 된 경기를 예로 살펴보자. 리드는 분명 성공한 골프선수다. 그러나 속임수를 썼고 규칙을 위반했다는 비난이 그를 따라다녔다. 골프 경기에서 골프공이 경기가 불가능한 위치에 떨어졌을 때, 경기가 가능한 위치에 공을 새로 놓는 것을 '드롭'이라고 한다. 이 과정에서 논란이 빚어진 것이다. 그는 이렇게 해명했다. "정확한 드롭이라고 생각했는데 부정확한 드롭이었던 것으로 판명된다면, 그건 규칙 위반이니 그에 따른 벌칙을 받습니다. 그런 일은 늘 일어나죠. 속임수는 의도적으로 이익을 보려는 행동이고요."

'속임수'와 '규칙 위반'을 구분 지으려고 한다면 이미 패배한 게 아닐까? 속임수로 성공에 도움을 받는다면 그 성공에 보람을 느낄 수 있을까? 정직함과 책임감은 수치스러운 행동을 하지 못하게 막아준다. 정직하고자 한다면 비밀을 간직하지 않는다. 숨기고 싶어도 그럴 수 없게 된다. 정직한 행동으로 프랭크 로빈슨이 더욱 좋은 사람이 되었듯이 정직은 우리를 아주 좋은 사람이 되게 한다.

스페인에서 2012년에 열린, 들판을 달리는 크로스컨트리 경기 대회에서 케냐 선수 아벨 키프로프 무타이는 경주의 마지막 코스를 혼동하여 결승선에서 몇 미터 안 되는 지점에서 멈췄다. 그때 바짝 뒤따르던 스페인 선수 이반 페르난데스 아나야는 그 순간을 우승할 기회로 삼을 수도 있었다. 하지만 그는 무타이에게 손짓하며 앞을 가리키다가 결국은 그 경쟁자를 앞으로 밀어주었다. 페르난데스는 자신이 우승할 기회를 스스로 버렸으나 어떤 의미에서는 두 사람이 모두 우승자였다.

고대 그리스에 크리시포스라는 스토아학파 철학자가 있었는데, 그도 달리기 선수였다. 크리시포스도 경기에서든 삶에서든 이기려고 하는 건 당연한 일이라고 생각했다. 그러나 한편으로 도의심 없고 규칙을 지키지 않는 승리는 무의미하다고 여겼다. 크리시포스는 일이나 정치에서 성공한 성과뿐 아니라 챔피언에게 주어지는 명예에 대해 이렇게 조언했다. "살면서 유익한 것을 추구하는 행동은 나쁘지 않다. 그러나 타인의 것을 빼앗으면서 그런 삶을 추구하는 행동은 옳지 않다."

내 물건값을 계산하지 않았다고 계산원에게 알려주거나 반대로 내가 고객에게 실수로 금액을 많이 청구했다고 말해주거나, 또는 내게 유리한 방향으로 오판했다고 심판원에게 밝히는 일 등 손해를 보면서까지 내 잘못을 바로잡으려는 행동은 실천하기가 쉽지 않다. 이런 일은 자신을 제외하고는 아무도 모를 것이지만 내가 알고 있다는 점이 중요하다. 우리는 거울 속에 비친 자기 모습을 마음 편하게 바라볼 수 있어야 한다.

자기 잘못을 밝히지 않고 그냥 넘어가더라도 큰 문제가 발생하지 않는다. 오히려 잘못을 밝히면 오히려 손해일 때도 많다. 그러나 그때는 가치 있는 것을 전혀 얻지 못한다.

그래서 이런 행동을 위대하다고 평가한다. 이를테면 타인을 너그럽게 봐주고 자신에게는 훨씬 더 엄격하게 구는 일, 이해관계의 충돌을 밝히고 자제하는 일, 자신에게 유리한 오판을 심판원에게 바로잡으라고 알려주고 감독이 청하지 않아도 벌금을 내는 일 말이다.

이런 행동을 하면 변호사는 미친 짓이라며 미래의 법적 책임에 대해 생각해 보라고 말할 것이고, 회계사는 어리둥절해할 것이며, 팬들은 분노할 것이다. 우리의 배우자나 친구는 당황할 것이고, 경쟁자들은 군침을 흘릴 것이다. 우리는 이런 행동 때문에 손해를 볼 수도 있다. 하지만 중요한 것을 잃지는 않을 것이다. 우리는 정말 중요한 것, 바로 올바른 길을 얻는다.

06

우월함의 조건

훌륭한 소설가가 되기 전, 워커 퍼시는 고군분투하는 의과 대학생이었다. 1940년에 퍼시는 컬럼비아대학교에서 평균 성적을 올리기 위해 삼촌에게 조언을 구하는 편지를 썼다. 당시 삼촌 윌리엄 알렉산더 퍼시는 임종을 앞두고 있었다.

부유하고 성공한 집안에서 장남으로 태어난 워커 퍼시는 편지를 쓰면서도 삼촌에게 잔소리를 듣고 창피를 당하리라 예상했다. 잘해야 격려를 좀 받거나 가정교사를 구할 돈을 받지 않을까 기대했을 것이다. 그러나 삼촌 윌은 퍼시의 성적에 대해서는 조금도 신경 쓰지 않는다고 했다. 삼촌은 퍼시와 그의 동생들을 양자로 삼았고, 그들에게 마르쿠스 아우렐리우스를 비롯한 스토아학파 철학자들의 글을 소개해 준 사람이었다.

윌리엄 퍼시 또한 세계적 명문대로 손꼽히는 하버드대학교 졸업생이었지만 답장에서 학위보다 더 중요한 것이 있음을 알려주고자 했다. "삶에서 명예와 성공을 얻는 일은 인격을 함양하고 올바른 삶을 실천하는 일보다 중요하지 않단다."

마르쿠스 아우렐리우스도 이런 비슷한 상황에 직면했다. 마르쿠스는 젊고 재능이 넘쳤으며 나이가 어릴 때 중요한 일을 맡았다. 마르쿠스는 다른 나라를 정복해 나가며 알렉산드로스대왕과 어깨를 나란히 했을 수도 있었다. 아우구스투스보다 제국을 더 많이 발전시킬 수도 있었고 키케로보다 더욱 총명해지려고 노력할 수도 있었다. 또한 어느 날 무책임하게 카프리섬으로 떠나버린 로마의 황제 티베리우스보다 즐겁게 살려고 할 수도 있었다. 마르쿠스 아우렐리우스는 부와 권력이 있었고 머리도 명석했다. 그러나 그는 그 어느 것에도 관심을 두지 않았다. 마르쿠스가 자신을 돌아보고 격려하기 위해 경구를 써둔 『명상록』에는 유명해지기 위한 계획을 적지 않았다. 또 누군가 어떤 일을 이뤄낸 업적이나 상대방을 이기는 방법에 관한 내용을 담지도 않았다. 그 대신 더욱 겸손하고 내면에 집중하는 방법에 중점을 두고 있다.

마르쿠스는 이렇게 기록했다. "당신의 과업은 선한 인간이 되는 것임을 명심하라. 자연이 사람들에게 무엇을 요구하는지를 깨닫고서, 망설이지 말고 그 일을 행하라." 플라톤의 글을 그대로 옮긴 마르쿠스는 "옳은 일을 행하고 선한 사람처럼 행동하라"라는 중요한 한 가지에 집중하기로 다짐했다.

마르쿠스가 삶에서 이루고자 한 것은 전투에서 승리하는 것도 아니고, 부유해지는 것도 아니며, 이름을 떨치는 것도 아니었다. 바로 선의를 베풀고 선한 사람이 되는 것이었다. 공정하고 품위를 지키고 정직하고 신뢰할 수 있는 사람이 되는 것이었다.

그러나 세상은 대개 친절을 위해서가 아니라 성공을 위해서, 우정이 아니라 명성을 위해서 서로 경쟁하는 것처럼 보인다. 마르쿠스는 자신이 좋아하는 운동경기인 레슬링을 통해 이렇게 세상을 돌아보았다. "실력이 좋은 레슬링선수 모두가 훌륭한 시민, 곤란한 상황에서 벗어날 수 있는 지략가, 다른 사람의 실수를 용서하는 좋은 사람일 수 있을까?" 좋은 부모라고 해서 어느 한 분야에 정통한 전문가는 아니다. 좋은 스승이라고 해서 여러 요청에 전부 도움을 주는 사람도 아니다.

고대 그리스의 서사시인 헤시오도스는 목수가 다른 목수와 어떻게 경쟁하는지, 음유시인은 다른 음유시인과 어떻게 경쟁하는지에 주목했다. 그러나 이런 경쟁은 세상을 앞으로 나아가게 하는 활력이 되지만 주변 사람을 더 좋게 만들지는 않는다. 그런데 더 많은 이가 누가 가장 신뢰할 만한지를 확인하려고 한다면 세상은 어떤 모습이 될까? 또 누가 더욱 도덕적인 삶을 사는 사람인지, 누가 다른 사람을 가장 많이 돕는 사람인지, 누가 타인을 용서할 수 있는 사람인지, 누가 싸움이 일어나지 않게 중재하는 사람인지, 누가 물질적 풍요보다 환경보존을 위해 노력하는 사람인지, 누가 자신의 자녀에게 학위보다 선량한 마음을 가르치는 사람인지를 확인하려 한다면 세상은 어떤 모습이 될까?

스파르타의 왕 아게실라오스 2세는 부나 명성이나 배우자의 아름다움이 아닌, 공정을 기준으로 자신과 다른 통치자를 비교하며 살아가고자 노력했다. 그는 이렇게 말한 적이 있었다. "동시대의 사람들 가운데 가장 훌륭하고 공정할 수 없다면 내가 왕이 되는 것이 무슨 소용이 있는가?"

세상에 재능이 있는 사람들은 많이 있다. 놀라운 일을 해낸 사람도 많이 있다. 그들은 경쟁의 장에서 기록을 경신하거나 실험실에서 발견의 쾌거를 이룬다. 또 그들은 사업으로 수천 명을 고용하고 아름다운 예술로 마음을 사로잡는다. 그러나 그들이 어떤 종류의 사람인지 살펴보면 뜻밖에도 그렇게 독특하지 않다. 그들은 그저 평범한 사람이거나, 사기꾼, 중상 모략가, 위선자, 잘난 척하는 꼰대, 심지어는 더 큰 문제가 있는 사람일 때도 있다.

'선한 사람이 되기보다 훌륭한 사람이 되기가 더 쉽다'라는 오래된 경구가 있다. 세상에는 선한 사람보다 훌륭한 사람이 더 많다. 정의를 실현하는 것은 훌륭한 일이지만 이는 전혀 다른 이야기다. 행동이나 품위 때문에 존경받는 사람은 성공을 위한 일들을 하고 있지 않다. 대개 이런 사람들은 다른 사람을 도와주면서 그에 못지않게 희생을 치른다. 다시 말해 이들은 전혀 다른 이유 때문에 그런 희생을 하고 있다는 뜻이다.

어디에 노력을 기울일지, 무엇을 위해 노력할지를 결정해야 할 때가 있다. 무엇을 삶의 기준으로 삼고 무엇을 이겨내느냐의 문제이기 때문이다. 마르쿠스에게 많은 영향을 준 노예 철학자 에픽테토스는 가장 높은 지위나 가장 많은 재산, 가장 아름다운 외모를 얻으려는 경쟁은 전혀 쓸모가 없다고 일축했다. 이런 경쟁은 피상적이고 무의미하다. 에픽테토스는 이렇게 말했다. "어느 쪽이 우월하고 열등한지를 알아낼 기준으로 말에게 경주를 시킨다면, 인간을 평가하는 기준에는 어떤 것이 있을까? 겸손, 성실, 정의가 기준이 될 수 있지 않을까? 이런 기준으로 자신이 우월하다는 것을 보여주어라. 그러면 우월한 인격을 지닌 존재가 될 수 있다."

이런 기준을 적용하기 위해서는 새로운 척도가 필요할 수도 있다. 예금 잔액은 비교하기 쉽지만, 사람의 진실성은 어떻게 수량화할 수 있을까? 경기장에서 승률은 간단하게 산출할 수 있지만, 좋은 팀 동료가 되는 확률은 어떨까? 투표로 선출된 리더는 얼마나 많은 표를 받았는지 바로 알 수 있지만, 그의 도덕적 권위가 얼마나 발휘되는지는 어떻게 알 수 있을까? 후자의 문제를 위해 전자의 경쟁을 선택하지 않으려고 결심하는 건 용기를 내는 결정이다. 또한 정의에 근거를 둔 결정, 세상을 더 나은 곳으로 만드는 결정이기도 하다. 그때 비로소 미덕은 우리의 나침반이 되고 선량함은 우리의 목적이 된다.

선한 사람이 되기 위해서는 어떤 직종에 통달하는 일 못지
않게 많은 노고가 필요하다. 또한 그런 선한 사람이 되려면 고
통이 뒤따를 수 있으므로 희생도 필요하다. 그러나 선한 사람이
되는 일은 어느 직종에서든 가능하다. 선한 사람이 되는 것이
감명 깊지 않거나 중요치 않거나 긴요하지 않은 일터는 없다.

워커 퍼시가 그랬듯이 마침내 마르쿠스 아우렐리우스는 훌
륭한 일을 이뤄냈다. 또한 윌리엄 알렉산더 퍼시가 그랬듯이 마
르쿠스는 전쟁터에서 용기를 잃지 않았다. 로마에는 마르쿠스
의 업적을 장식으로 새긴 40미터 높이의 대리석 기념탑이 세워
져 있고, 그 기념탑에서 불과 몇 블록 떨어진 곳에는 마르쿠스
의 거대한 기마상이 있다. 그 조각상에서 마르쿠스는 어떤 모습
을 하고 있을까? 마르쿠스는 로마와 싸웠던 야만족을 용서하기
위해 팔을 들어 올리고 있다. 무기를 들고 있지 않고, 전쟁 대신
평화를 품고 있는 모습이다. 그는 내면에 집중함으로써 영원히
이름을 떨쳤다.

『명상록』에서 마르쿠스는 지금 당장 올바른 일을 하는 행위
가 죽은 다음에 얻을 명성을 쌓는 행위보다 훨씬 더 가치가 있
다고 말했다. 그렇게 그는 올바른 일과 사후의 명성 두 가지를
모두 이뤄냈다. 마르쿠스는 그토록 오랫동안 선한 사람이었기
때문에 훌륭한 사람이 되었다.

역사에는 야심만만하고 성공적인 사람들로 가득하다. 품위,
덕망, 친절 같은 덕목을 갖춘 사람들도 많이 찾아볼 수 있다. 그

렇다면 우리도 선한 일을 하고 그 일에 능숙해질 수 있을까? 선한 사람이 되는 것은 드물게 벌어지는 일이 아니다. 우리는 모두 선한 사람이 될 수 있다.

07

우리를 병들게 하는 비밀

고대 로마의 정치가 마르쿠스 리비우스 드루수스가 살았던 로마는 공정하거나 영예로운 곳이 아니었다. 어렸을 때 드루수스는 그의 삼촌이자 스토아학파 철학자인 루틸리우스 루프스가 뇌물을 받지 않았다는 이유로 이해관계 집단의 술수에 당해 유배당하는 모습을 지켜보았다. 로마의 정치체제는 점차 붕괴되고 있었고 정치 폭력도 매우 흔해졌다. 이런 혼란한 시기에 드루수스는 정치에 발을 들여놓았다. 막대한 부를 쌓은 집안의 후계자였던 그는 최고 관직인 호민관이 되었다.

드루수스는 다른 모든 이들처럼 부패할 수도 있었고 방탕한 삶을 살 수도 있었다. 그러나 그는 그런 부패한 사람들과 정반대의 삶을 살면서 명성을 쌓았다. 정치계의 개혁가였던 드루수스는 시민권의 광범위한 권리를 위해 싸웠다. 또한 원로원의 의원 수를 늘렸고 계층 갈등을 해결하려 노력했다. 한 시민으로서 그는 매우 관대했고 청렴해서 사람들의 존경을 받았다.

어느 날 한 건축가가 드루수스에게 이런 제안을 했다. 드루수스의 집이 대중의 시야에 일부 노출되어 있으니 사생활을 누릴 몇 가지 간단한 조치를 취해주겠다고 했다. 그러자 드루수스는 이렇게 대답했다. "비용을 두 배로 줄 테니 내 집 전체가 다 보이게 해주시오. 모든 시민이 내가 어떻게 살고 있는지 확인할 수 있도록 말이오."

드루수스의 이런 태도는 오늘날의 표현을 빌리면 '투명성'을 얻기 위한 행동이었다. 안타깝게도 오늘날에는 스스로에게 투명성을 실천할 의무가 있다고 생각하는 권력자가 거의 없는 듯하다. 권력자는 높은 벽과 경비원들로 둘러싸인 저택에서 살고 있을 뿐 아니라 자신의 사업을 유령 회사나 조세도피처를 이용하여 숨긴다. 정치가들은 자신의 수입이나 이해관계를 드러내기를 거부하고 비밀리에 회합한다. 또한 정치가들의 홍보 담당자는 그 행동을 그럴듯하게 포장하여 비판을 모면케 하고 담당 변호사들은 죄를 덮어 감추거나 보호한다.

그 이유는 무엇일까? 권력자가 처벌을 모면할 수 있기 때문이다. 또 비판의 시선을 떼어놓아 권력자들의 비밀이 대중에게, 투자자들에게, 법에 전달되지 못하도록 하기 위해서다. 미국의 언론인 조지프 퓰리처가 남긴 유명한 말처럼, "범죄, 술수, 속임

수, 악덕과 같은 것은 모두 비밀로 존재한다." 또는 성경에서 전하는 말처럼, "악을 저지르는 자는 빛을 미워한다."

사생활을 드러내지 않고 사는 일은 아무런 문제가 되지 않는다. 그러나 기업인이나 정치인이나 지도자나 예술인으로 산다면, 사실상 공인이 되길 선택한 것이다. 자신보다 타인 혹은 중요한 업무에 헌신하고 책임을 진다는 의미에서 공인이다. 그래서 우리가 무엇을 하고 어떻게 행동하는지가 중요하다.

1630년, 미국의 정치가 존 윈스럽이 미국을 "언덕 위의 도시"라고 설명했던 건 미국의 '예외주의', 즉 '미국은 다른 나라들과 구분되는 특별한 국가'라는 국가적 정체성을 내세우기 위함이 아니었다. 미국은 숨을 수 없다고 충고하는 의미였다. 세상이 지켜보고 있기에 미덕을 중심으로 세워진 미국이 좋은 본보기가 되어야 한다는 의미였다.

투명하게 살아가는 것은 부패, 불명예, 부정직 등을 예방하는 역할을 한다. 물론 이런 결정을 더 쉽게 하는 데 도움이 될 만한 법이 많이 통과되었다. 정보공개법, 기업공시제도, 위임장, 내부자거래 공시 등이 그런 사례들이다. 그러나 앞서 언급했듯이 정의는 그 이상을 의미한다.

투명성을 지켜나가는 사람은 법에 따라 행동할 뿐 아니라 필요한 정보를 이해당사자들에게 기꺼이 제공하려고 한다. 그들은 중요한 정보를 숨기지 않고 여러 사람에게 솔직하게 제공한다. 또 그들은 절대 거짓말을 하지 않고 남을 속이지 않는다.

이런 노력은 시작에 불과하다. 이 나라에서는 보건법에 따라 의무적으로 원재료명을 표시해야 한다. 고객은 자신이 먹고 있는 음식에 무엇이 들어 있는지 알 권리가 있기 때문이다. 또 정보를 계속 줄 필요가 없더라도 투자자에게 정보를 여전히 제공해야 한다. 돈을 투자한 사람이 그 돈이 어떻게 사용되고 있는지 알아야 하기 때문이다. 부정행위가 들통날 때까지 기다려서는 안 된다. 그런 문제가 주목받지 않을 거라고 기대해서도 안 된다. 자신의 요구사항과 계획에 대해 솔직해야 한다.

한 스파르타 왕의 이야기를 예로 살펴보자. 그 왕은 백성들 무리 속에서 우연히 한 젊은이와 그의 비밀스러운 연인을 만난 일이 있었다. 당황한 두 사람이 붉어진 얼굴을 숨기려고 애썼으나 그 모습을 알아챈 왕은 이렇게 말했다. "이보게 젊은이, 누군가와 마주쳤을 때 자네의 안색이 달라지지 않을, 그런 사람과 함께 지내야 하네." 자신을 부끄럽게 하는 일, 눈에 띄지 않길 바라는 일이라면 모두가 보는 앞에서는 더더욱 그런 일을 하지 않아야 할 것이다.

이런 시험을 더욱 많이 받는다면 세상에는 어떤 변화가 일어날까? 기업의 제품이 어떻게 만들어지고 그 공급망이 어떻게 이루어지는지에 자부심이 생긴다면, 또 고객이 음식 재료의 원산지를 알고 마음 편하게 먹을 수 있다면 얼마나 좋을까? 물건값이 더 많이 들어간다고 불평하는 사람들도 있겠지만 어느 분야든 투명성은 우리가 지켜야 할 올바른 기준이 될 것이다.

우리는 솔직하고 투명성 있는 사람이 되도록 최선을 다할 수 있다. 마르쿠스 아우렐리우스가 말했듯이, "벽이나 장막이 필요한 일을 하지 않도록" 노력할 수 있다. 이런 투명성은 마케팅 문구나 무의미한 유행어가 아니라, 삶의 방식으로서 선한 삶을 받아들이고 타인에게 본보기를 보이는 의식적인 선택이다.

미국의 제3대 대통령인 토머스 제퍼슨은 투명성의 가치에 대해 잘 알고 있었다. 1785년, 제퍼슨은 친구 피터 카에게 보낸 편지에 이렇게 썼다. "자네가 어떤 일을 할 때마다, 그 일이 나 외에는 전혀 알 수 없다 해도 항상 온 세상이 자네를 지켜보고 있다고 생각하며 그에 따라 행동하길 바라네." 그러나 제퍼슨 자신은 한심할 정도로 그 조언을 따르지 못했음을 알고 있었다. 이 편지를 썼을 때 제퍼슨은 샐리 헤밍스와 함께 프랑스 파리에 있었다. 샐리 헤밍스는 제퍼슨이 끝내 겁탈한 그의 노예이자 정부였다. 또한 제퍼슨은 헤밍스에게 두 사람 사이에 태어난 자식을 법적으로 인정하고 자유를 주겠다는 거짓된 희망을 주기도 했다.

우리는 자신이 숨기는 비밀만큼 아프다. 제퍼슨은 숨기는 게 많았고 거짓말과 노예와의 불륜 스캔들로 위태로워졌다. 제퍼슨은 온 세상이 지켜보고 있는 것처럼 행동하지 않았다. 제퍼슨은 자신의 추문을 인정하지 않았고 워싱턴 내각의 일원으로서 상관과 동료를 속인 사실도 인정하지 않았다. 제퍼슨은 모면할 수 있으리라 생각했고 그렇게 행동했다.

바로 같은 시기 같은 나라에서, 벤저민 프랭클린은 그의 하인이 '영국의 첩자라고 밝혀지더라도 그를 해고할 필요가 전혀 없을 것'이라 말할 정도로 떳떳하게 살아온 삶에 자부심이 있었다. 실제로 하인은 영국의 첩자였지만 프랭클린은 드루수스가 추구했던 것처럼 전혀 비난받을 일 없이 살려고 애썼기 때문에 그런 말을 자신 있게 할 수 있었다.

어떤 일을 숨기고 싶은 마음이 든다면 애초에 그 일을 하지 않는 편이 가장 좋다. 어떤 일이 세상에 알려질까 두렵다면 올바른 행동이 아닐 가능성이 높다. 우리는 그 반대의 삶을 살기 위해 노력할 수 있다. 주변 사람이 우리가 무엇을 하고 있는지 확인하기를 갈망하며 살아갈 수 있다. 언덕 위의 도시가 되기를 바랄 수 있다. 우리에 대해 많이 들을수록 우리를 더욱 존경하게 되는 그런 사람이 될 수 있다. 올바르고 투명한 행동으로 하루를 보낸다면 말이다.

08

품위 있는 자의 계산법

미국의 저명한 변호사 클래런스 대로는 아들과 함께 태평양 연안을 따라 기차 여행을 하던 중 한 승무원에게 안 좋은 일을 겪었다. 기차의 식당칸에는 줄이 늘어서 있었고 승객들은 점점 짜증을 내기 시작했다. 급여가 적었던 그 승무원은 팁을 주는 사람에게만 관심이 있는 듯 보여서 식당칸에 모인 이들은 모두 서로에게 화가 나 있었다.

그 무례한 승무원을 지켜보던 대로의 아들은 아버지에게 이렇게 말했다. "아빠가 일터로 되돌아가면 시카고 노스웨스턴 철도회사에 그를 신고하실래요?" 아들은 아버지가 실소유주를 대신해 수년 동안 이 철도회사와 거래하고 있다는 사실을 알고 있었다. 아버지는 대수롭지 않은 듯 대답했다. "아니, 그러면 안

돼, 아들아. 생계를 위해 일하고 있는 사람에게 상처를 주어서는 안 된단다."

이 일화는 승무원이 승객에게 폭행당하고, 분실물이 생길 때마다 승무원 탓을 하는 지금의 세상과 비교해 보면 아득히 먼 옛날 일처럼 보인다. 음식점의 직원들은 일요일에 브런치를 먹으러 사람들이 몰려올 때가 가장 두렵다고 한다. 심지어 방금 교회에서 나온 신도들도 아무렇지 않게 음식점 직원을 쓰레기 취급하는 모습을 목격하기도 한다.

서비스직에 있는 사람들이 다른 직업에 종사하는 사람들과 똑같이 존경받아야 한다고 생각하는가? 머릿속으로는 이 말에 동의할 것이다. 그런데 누군가가 통화 상담원과의 대화 기록을 듣는다고 할 때에도 우리는 우리의 진정성과 품위가 유지될 수 있으리라 장담할 수 있을까?

수년 후, 돈이 필요했던 대로는 전국 곳곳을 순회하며 강연을 다녔다. 개인 비용 50달러와 함께 행사당 500달러를 받기로 계약한 대로는 첫 강연 후 행사 기획자가 비용과 강연료를 지불하기 위해 겨우 150달러를 받고 있다는 사실을 알고서 충격을 받았다. 계산이 공평하지 않다고 생각한 그는 강연료를 다 받으려 하지 않았다. 대로는 행사 기획자에게 이렇게 말했다. "개인 비용은 개의치 말고 추가로 내 수표에서 100달러를 공제하세요." 나중에 순회강연을 돌며 수익이 더 늘었을 때에도 대로는 수천 달러의 수익을 포기하고 처음에 받던 강연료만 계속 받았다. 경외심을 느낀 대로의 동료는 이렇게 설명했다. "대로 씨는 사람들에게 가장 좋은 부분을 양보하려고 늘 최선의 노력을 했습니다." 그런 노력은 대로에게는 마땅히 해야 할, 품위 있는 일이었을 뿐이다.

정의의 핵심은 타인을 존엄과 가치를 지닌 독립적인 주체라고 인식하는 데 있다. 존중은 정의이고 누구나 누릴 자격이 있는 미덕이다. 우리가 타인을 대하는 방식은 우리가 어떤 존재인지에 대해 모든 것을 말해준다.

트루먼은 대통령이 된 후 몇 시간 동안 마음이 복잡했다. 지푸라기 한 무더기에 깔린 기분이었지만 그 기분을 드러내려 하지 않았다. 트루먼은 처음에 영부인 엘리너 루스벨트를 생각했다. 그래서 그를 배려하여 필요한 만큼 백악관에 머물 수 있게 했다. 다음으로 트루먼은 코네티컷 애비뉴에 있는 월세 120달러의 아파트에 사는 이웃을 생각했다. 옆집에 대통령 생가가 있어서 원하지 않았던 관심과 소음으로 이웃들이 방해를 받으면 어떡하나 걱정했다.

우리는 이런 품위를 언제나 일정하게 지킬 수 있을까? 평소에 사람을 대하는 방식에 별문제 없다가도 피곤하거나, 스트레스를 받거나, 세상의 무게가 우리의 어깨를 짓누르거나, 누군가가 망친 일로 큰 대가를 치러야 할 때 우리의 태도는 어떠한가? 이것이 우리가 생각해 보아야 할 핵심이다.

프랑스의 소설가 알베르 카뮈는 이런 글을 남겼다. "비웃을

지 모르겠으나 역병과 맞서 싸울 수 있는 유일한 방법은 품위를 잃지 않는 일이다." 이 방법은 역병뿐 아니라 모든 재앙과 적과 상황에 맞설 때도 적용된다. 그런 것들에 맞서 이기는 방법은 우리가 그보다 우월하다는 것을 입증하고, 내게 유리한 방향으로 신념을 바꾸지 않으며, 비극이 타인의 가치를 떨어뜨리더라도 타인을 존중하는 일이다. 카뮈에 따르면 품위는 "분명히 사람을 성장시킨다."

트루먼을 잘 알지 못하는 사람은 트루먼이 내리는 중요한 결정에 놀라워했다. 트루먼을 잘 아는 사람은 그의 품위에 훨씬 더 감명을 받았다. 트루먼의 품위는 장모와의 관계에서 가장 잘 드러났다. 장모는 자기 딸이 트루먼과 결혼하는 것을 거듭 막으려고 했었고, 딸이 결혼한 후에도 30년 동안 딸 내외와 함께 살았다. 그래도 트루먼은 한 번도 불평한 적이 없었다. 트루먼은 장모의 빈정거림과 무례함에 응수한 적도 없었다. 트루먼이 치열한 선거전을 펼칠 때 장모는 이렇게 물었다. "자네는 그 훌륭한 토머스 듀이 씨와 왜 선거전을 치르는 건가?" 트루먼은 그 말을 웃으며 흘려버렸다. 트루먼은 자신에게 계속 불친절한 여자에게 친절하게 대했다.

조직에서는 상관이 부하 직원에게 고함치지만 않으면 좋은 상사라 생각한다. 하지만 상관이 떠난 자리에 남겨진 쓰레기는 누가 치우는가? 상관이 가져온 짐은 누가 옮기는가? 누가 상관이 요청한 물건을 구하기 위해 온 시내를 뛰어다니는가? 한 조직의 상관이라면 처음 계획을 바꿀 권리가 있다. 그러나 그 권리를 남용할 때 어떤 부하 직원은 배우자에게 전화를 걸어 결혼기념일 외식을 급하게 취소한다는 사실을 알고 있을까? 또한 부하 직원에게는 더 많은 스트레스를 받으며 더 열심히, 더 오래 일해야 한다는 의미라는 건 알고 있을까?

'피곤해서'라는 이유는 변명이 될 수 없다. 상대에게 잘 대우받지 못했다는 사실도 변명이 될 수 없다. 많은 스트레스를 받았기 때문이라는 말도 변명이 될 수 없다. 트루먼이 비탄에 젖은 미망인이건 자신에게 고통을 주는 사람이건 상관없이 누구에게든 품위 있게 대하는 방법을 찾았듯, 우리도 그렇게 할 수 있다.

일상에서 발휘한 품위는 끔찍하고 부당하고 잔인하고 부패한 일이 만연하는 세상에서 더욱 돋보인다. 미프 히스는 나치당원으로부터 몸을 숨긴 안네 프랑크의 가족을 위해 심부름을 하며 도운 친구였다. "우정, 정직, 친절이라는 작은 행동은 어두운 방 안에 작은 등불을 켜놓는 일"이라고 히스는 말했다. 이런 행동은 누구나 할 수 있는 일이다. 또한 큰 영향을 미치는 일이며 생각 이상으로 깊은 울림과 광명을 던져주는 일이다.

눈에 안 보일지라도 이 세상 곳곳에는 힘든 시간을 보내고 있는 사람이 있다. 누구에게도 짐을 짊어지게 해서는 안 된다. 다른 사람들도 우리와 마찬가지로 존엄성, 보장된 안전, 존중, 자유, 행복을 누리기를 원한다.

우리는 모두 다른 삶을 살아갈 것이다. 그러나 대부분이 시간에 쫓기고 불안함을 느끼며 살아가고 있다는 점을 기억하자. 그 점을 염두에 두고 타인을 존중하며 품위 있게 대하며 우리가 할 수 있는 일을 하자. 어두운 세상 속에서 작은 등불을 밝히자.

09

법보다 더 강력한 것

플로이드 만은 사람 좋은 전형적인 남부인이었다. 그는 인종차별이 절정에 이르렀던 시기에 앨라배마의 작은 도시에서 경찰서장을 맡았다. 그리고 플로이드는 초등학교 3학년이었던 시절부터 인종차별주의자인 앨라배마의 주지사 존 패터슨을 잘 알고 있었다.

1961년은 인종차별 철폐를 위해 남부지방으로 버스 여행을 시도한 프리덤 라이드 운동(Freedom Rides·자유를 위한 승차 운동)이 일어나고 있을 때였다. 당시 주지사였던 존 패터슨은 그 운동을 불평하며 저지하려고 했으나 시민들은 그가 당국의 시위자 보호 방침을 따라주기를 바랐다. 갈림길에 선 패터슨은 결정을 내리는 대신 이렇게 말했다. "우리에게 주 보안국장이 있지 않소. 플로이드 만이라고 하는데, 그는 시위자를 보호하려 들지 않을 거요. 플로이드에게 말해보시오.”

그 일을 전달받은 플로이드 만은 숨을 깊게 들이쉬고는 지금까지의 삶에서 가장 중요한 발언을 했다. “주지사님, 저는 주 보안국장입니다. 당신이 이 시위자들을 보호하라고 지시하면 저는 그들을 보호할 겁니다.”

그러고 나서 플로이드 만은 초기 시민권운동의 역사상 가장 세부적인 시위자 보호책을 마련하기 시작했다. 그는 인종차별 철폐를 위해 달리는 버스 앞뒤로 경찰차를 배치하고, 하늘에는 헬리콥터와 비행기를 띄웠으며, 문제가 발생할 때를 대비하여 고속도로 순찰차도 준비시키는 계획을 세웠다. 그 계획을 들은 상황실에서는 모두가 대경실색했다. 그중에서도 주지사가 가장 경악했다. 이 상황을 전혀 이상하게 생각하지 않은 사람은 플로이드 자신뿐이었다. 플로이드는 이후에 그때 일을 이렇게 회고했다. “내 목적은 그 시위자들이 앨라배마에 있는 동안 비극적인 일을 겪지 않도록 법을 집행하는 일이었다.”

자신의 책무를 진심으로 대한 적은 언제인가? 사적인 압력이나 대중의 비난에 부딪혔을 때 자신의 책무를 진지하게 받아들인 적이 있는가? 이를테면 이 권한이 있는 한, 이 제복을 입고 있는 한, 이 배지를 달고 있는 한 올바른 일을 할 것이라고 다짐한 적이 있는가?

미국의 정치학자 유발 레빈은 우리의 소중한 제도가 쇠퇴

하는 요즘의 현상에 절망하며, 크고 작은 결정을 내릴 때 스스로 "지금 나의 위치에서 나는 어떻게 행동해야 할까?"라는 질문을 던져보아야 한다고 말했다. 유발 레빈이 강조하는 것은 바로 '의무'다. 의무는 간단하지도 않고 쉽지도 않다. 모든 사람이 쉽게 행하는 일이 아니다. 의무는 우리가 선택한 직업이나 역할에서 해내야 하며 우리의 잠재력과 재능의 결과로 나타난다.

어떤 의무는 더 엄격한 법의 판결을 받는다. 수탁자는 회사나 투자자나 고객에 대해 책임지는 역할을 맡은 사람을 의미하는데, 그들에게는 자신에게 가장 유익한 일이라도 그냥 행할 수 없는 의무가 있다. 1928년 뉴욕에 있었던 한 유명한 소송사건에서 미국의 대법관 벤저민 카도조는 동업자를 희생시켜 부자가 되려고 했던 사람에게 불리한 판결을 내렸다. 카도조는 판결문에 이렇게 썼다. "수탁자는 상업적인 도의보다 더 엄격한 기준으로 평가된다. 정직한 정도에 그치지 않고 가장 민감하고 엄격하게 명예를 지키는 데 그들 행동의 기준이 있다. 따라서 수탁자의 행동 수준은 군중에 짓밟히는 정도보다 더 높은 수준으로 요구되어 왔다."

언론 분야에서처럼 직업에 엄격한 행동 규범이 정해져 있고 그렇게 시행해야 하는 의무도 있다. 또 어떤 의무는 군인의 역할처럼 법과 행동 규범을 모두 병행하기도 한다. 안타깝게도 전문직을 포함한 대부분의 직업은 투명성이 별로 높지 않다. 더 나쁜 것은 의무를 저버리는 사람이 많다는 점이다.

로마의 유대 총독 본디오 빌라도가 예수에게 십자가형을 선고했을 때 행정장관으로서 자신의 책무를 잘 수행하고 있었을까? 물론 빌라도의 책무는 사건에 판결을 내리는 일이었고 필요한 경우에는 로마법에 기반해 엄격한 처벌을 가할 때도 있었다. 그러나 빌라도는 예수가 결백하다는 사실을 알고 있었고, 예수가 실제로 법을 어겼다는 어떤 죄목도 찾을 수 없다고 여러 번 반복해서 말했다. 그러나 그는 군중이 원했기 때문에 예수에게 사형을 선고했다. 그것이 가장 편리한 선택이었기 때문이다. 빌라도는 완전히 그 문제에서 손을 떼겠다고 군중에게 말했다. 그리고 자신의 책무를 군중에게 넘기면 예수의 죽음이 그들의 책임이 된다는 것도 알고 있었다.

　　앨라배마 경찰관의 책무는 주지사의 지시대로 무조건 행동하는 것이 아니라 사람들을 보호하고 도와주는 일이었다. 주지사는 헌법에 따르는 의무를 이행하기보다 여론을 살펴보기로 결정을 내리면서 자신의 책무를 저버렸다.

　　한편 프리덤 라이드 운동가가 이동한 도시의 지역 경찰들은 운동가들을 표적으로 삼기 위해 백인우월주의 비밀결사 단체인 KKK와 협력하고 있었다. 몽고메리에서 그런 일이 일어났다. 경찰이 부추긴 인종차별주의자들은 굶주린 듯 극도의 분노에 차서 프리덤 라이드 운동가를 공격했다. 존 루이스라는 젊은 청년이 버스에서 내렸을 때 그는 폭도에게 둘러싸여 구타를 당했다. 바닥에 쓰러진 루이스는 옆에서 거의 초주검 상태인 친구

제임스 즈워그를 속수무책으로 지켜보아야 했다. 루이스가 곧 죽을 수도 있겠다고 생각한 순간 두 발의 총성이 크게 울렸다. 한 남자가 밀려드는 군중 속을 헤치며 앞으로 나섰다. 그는 광포하게 날뛰며 도망치는 폭도들 때문에 옷이 거의 찢어져 있었는데도 단념하지 않았다. 남자는 무력한 희생자를 거의 죽일 듯이 야구방망이로 내리치는 백인의 머리에 총을 겨눈 채로 무릎을 꿇고서 침착하게 말했다. "한 번 더 내리치면 당신을 죽이겠소." 그는 플로이드 만이었다. 폭동은 바로 그때 끝이 났다.

구약성서의 잠언에 이런 구절이 있다. "자기의 일에 능숙한 사람을 보았느냐? 이러한 사람은 왕 앞에 설 것이다." 다소 따분한 직함의 공무원이었던 플로이드는 그 순간 어느 모로 보나 영웅이자 왕이었다. 물론 플로이드는 자신이 한 일을 전혀 의식하지 못했다. 한 친구가 회상했듯이 플로이드가 한 행동은 훨씬 단순하고 성실한 일이었다. 그는 플로이드를 "훌륭한 법 집행자가 해야 하는 방식으로 자신의 임무를 수행하고 있었다"고 평가했다. 플로이드는 시위자를 보호하기로 맹세했었다. 그 일의 위험 여부는 중요하지 않았다. 플로이드는 자신이 다짐한 맹세를 지키려고 했을 뿐이다.

때로 책무 수행에는 특별한 방법이 필요하다. 정보원을 보호하려고 기꺼이 감옥에 가는 언론인뿐 아니라 권력 앞에서 진실을 말하는 것으로 그날그날의 임무를 수행하는 언론인도 있다. 자신의 정치적 전망을 희생하여 참정권 비준을 통과시킨 정치가로 해리 번이 있다. 테네시주 하원의원인 해리 번은 당리당략을 제쳐두고 여성참정권 승인을 위해 투표한 사람이었다.

인정이나 공감을 받는 것과 상관없이 우리는 일을 맡기로 일종의 맹세를 했기 때문에 계약을 하고, 제복을 입고, 돈을 받고, 책무를 수행한다. 그리고 책임을 다해 일한다. 때로 어떤 책무는 우리를 플로이드 만처럼 생사의 기로에 놓이게 할 것이다. 또 어떤 책무는 당대의 중대한 사건이나 획기적인 과학적 발견처럼 중대할 것이다. 그러나 대부분의 경우 훨씬 더 일상적이다.

생명을 구하거나 불의와 싸우는 일들도 중요하지만, 부정직하거나 신뢰할 수 없는 계약자, 서투른 관료가 되지 않는 일도 중요하다. 또 학생을 가르치는 직무에 최선을 다하는 일도 중요하고, 근무시간이 연장되고 월급이 동결되는 스트레스를 받을 때도 책임을 다해 자녀에게 소홀하지 않는 일도 중요하다. 또 까다로운 피고인을 열렬히 변호하기로 하는 일이나 훌륭한 운동선수 같은 본보기가 되는 일도 중요하다.

이런 일은 그리 어렵지 않은 듯 보이지만 여기에는 사실 전문성, 의무, 헌신, 시민과 고객과 청중과 환자를 최우선으로 생각하는 마음가짐 등이 필요하다. 상황이 아주 좋을 때뿐 아니라 위기에 처해 있을 때도 우리가 직무에서 이런 태도를 보인다면 그만큼 비범한 사람으로 바뀐다. 가까운 사람들뿐 아니라 사회 전체를 돕게 된다.

어쩌면 이런 사실을 아무도 알아주지 않을 수 있다. 달라진 것이 없을 수도 있다. 또 그 일로 우리가 신임을 얻지 못할 수도 있고 심지어 상사를 화나게 할 수도 있다. 그렇더라도 그보다 더 좋은 방안은 생각할 수 없다. 더욱이 우리에게 잘못된 일을 하도록 요구하거나 기대하는 사람들이 있다면, 그들에게 이렇게 말해야 한다. "그건 당신의 책무가 아닙니다."

자신의 직업에 윤리 규범이 없다면 스스로 만들면 된다. 그렇지 않으면 도덕적으로 진퇴양난에 빠져 위신이나 가치가 추락할 것이다. 또한 뜻하지 않더라도 옳고 그름을 판단하기 어려워진다. 무엇이 옳은지 모른다면 우리는 어떻게 옳은 일을 할 수 있을까? 자신이 하는 일에 의무를 규정하지 않았다면 어떻게 우리의 책무를 제대로 수행할 수 있을까?

어떤 직업은 사회적 지위가 높고 어떤 직업은 사회적 지위가 낮다. 미국의 시인 월트 휘트먼은 이렇게 쓴 적이 있었다. "삶의 행렬에서 사람들은 모두 자신만의 위치가 있다." 그런데 우리는 책무를 잘 수행하고 있을까? 신뢰성 있게 책무를 채워가고 있을까? 책무를 통해 명예를 얻을 것인가, 수치심을 얻을 것인가? 그건 우리 자신에게 달려 있다.

모든 직업을 위한 지침이 하나 있다. 마르쿠스 아우렐리우스는 스스로에게 물었다. "나의 천직은 무엇인가?" 그의 천직은 로마제국을 지배하거나 철학서를 쓰는 일이 아니었다. 우리 삶의 목표가 돈을 더 많이 벌거나 제때 서류를 제출하는 일이 아닌 것처럼. 그것은 오히려 더 간단하고 근본적인 일이었다. 아우렐리우스는 이렇게 대답했다. "선한 사람이 되는 일이다."

선한 사람이 되는 일은 우리에게도 해당한다. 우리는 플로이드 만처럼 자신의 책무를 수행하고 스스로가 선택한 직업 분야에서 어떤 일이 생기든, 힘든 시대에 살든, 사람들을 안전하게 보호할 수 있다. 진실을 폭로하고 정직해야 하며 사람들을 배려할 수 있다. 또한 수탁자가 되어 군중에 짓밟히는 것보다 더 까다로운 기준으로 우리의 책무를 수행할 수 있다.

10

편안함의 대가

어느 오후, 한 주차장에서 동료 사복경찰이 프랭크 서피코에게 이렇게 말했다. "자, 어서 받아. 자네 몫이야." 동료가 건넨 봉투 안에는 300달러가 들어 있었다. 서피코가 물었다. "이걸로 뭘 하라는 거지?" 그러자 동료 경찰이 놀라며 대답했다. "하고 싶은 건 뭐든." 그렇게 진상이 드러났다. 거부할 권리는 이미 사라지고 없었다. 조금이라도 권력이 있는 사람이라면 넘어갈 무언의 유혹이 낡은 10달러와 20달러짜리 지폐 뭉치의 모습으로 갑자기 현실이 되었다. 그 동료 경찰은 뇌물을 받았던 것이다.

형사가 되려는 순찰 경관이었던 서피코는 그 뇌물을 받았을까? 서피코도 나머지 경찰들처럼 더럽혀진 길을 걸었을까? 모두가 가는 길을 걷기는 오히려 더 쉬웠을 것이다. 더러워지지 않은 길도 결코 깨끗하진 않았기 때문이다. 서피코는 누구에게 사실을 알릴 수 있었을까? 뇌물 봉투를 버렸더라도 봉투를 받았다는 사실이 없던 일이 되지도 않고 봉투를 건넨 사람이 바라던 일이 사라지지도 않는다.

미국의 경찰 프랭크 서피코의 이야기는 소설로 출판되어 있지만, 그 이야기는 모두 사실이며 세월이 흘러도 그대로 전해진다. 그가 매수되지 않기를 선택했던, 그리고 관행적으로 이어져 온 그 일을 세상에 폭로하기 위해 자신의 직업과 안전과 목숨을 걸었던, 누구도 흉내 낼 수 없는 결단력 덕분이다.

그러나 일상에서 그런 부패를 감지하기란 매우 어렵다. 은행을 털라고 하거나 뇌물로 현금 봉투를 건네주는 사람은 없다. 하지만 회사 계좌에 손을 댄 사람이 우리를 회유하기 위해 원하는 게 없냐고 물어올 수는 있다. 머리에 총을 겨누지 않고도 그들은 우리가 강경하게 거부하는 태도를 보이면 정말 많은 것을 잃을 거라면서 설득하고 협박한다. 또 이런 방식이 얼마나 쉽고 간단한지를 보여준다. 그들은 어깨를 으쓱이며 이렇게 말한다. "우린 그럴 자격이 있지 않나?"

고대 로마의 정치인 소(小) 카토는 청렴하고 강직하기로 유명했다. 그리고 이런 소 카토의 윤리 기준에 신물이 난 부유한 로마인 무리가 있었다. 그들은 로마제국에서 소 카토를 추방해 불법 거래와 쾌락과 사치가 성행하기로 유명한 먼 지방으로 보내려고 모의했다. 그들 중 한 명이 소 카토에게 이렇게 말했다.

"그곳에 가면 당신은 더 순종적인 사람이 되어 돌아올 것이오." 그들은 이 세상이 어떻게 돌아가는지 보여주고 싶었고, 소 카토의 도덕성을 둔감하게 만들고 싶었다.

다른 이들이 모두 특정한 방식을 따른다고 해서 그것이 옳은 방식은 아니다. 또 그 일이 늘 해오던 방식이니 우리가 그 일을 따라야 하는 것도 아니다. 해롭지 않아 보이거나 부담 없이 할 수 있는 일을 제안했다고 해서 그 일이 우리의 윤리 기준에 적합하다는 뜻도 아니다.

소설 『위대한 개츠비』를 보면 개츠비가 사랑하는 사람을 되찾기 위해 소설 속의 화자인 닉 캐러웨이에게 접근하는 장면이 있다. 개츠비는 캐러웨이에게 이렇게 말한다. "내가 작은 사업을 하나 하는데 말이야. 그냥 부업 같은 건데, 내 생각에 당신 수입이 많지 않다면 이 일에 관심이 생길 거야. 시간을 많이 뺏기지 않고서도 꽤 많은 돈을 벌 수 있어. 뭐, 약간 비밀스러운 일이긴 하지만."

수년 후, 개츠비가 갱단원이고 주류 밀매업자라는 사실을 확실히 알게 된 캐러웨이는 이렇게 자신을 돌아본다. "만일 다른 상황이었다면 그 대화는 내 인생의 여러 고비 가운데 하나가 되었을지도 모른다." 개츠비는 캐러웨이를 자기 삶으로 끌어들이려 하고 있었다. 나중에 캐러웨이에게 어떤 부탁을 할 속셈이 있었기 때문이었다. 그러나 캐러웨이는 "나에게 보답하고 싶은 마음에 요령 없이 건넨 것이 분명했기 때문에" 너무 바쁘다고 말하고는 거절했다. 우리가 그 상황에 처했다면 '왜 그 부업으로 돈을 쉽게 벌면 안 되는 것일까? 아무도 다치지 않을 텐데…' 라고 생각하지 않을까?

프랭크 서피코는 내부 고발을 한 후 공무 집행 중에 얼굴에 총을 맞았다. 청렴결백하기 위해 노력하면 적을 얻기도 한다. 그런 노력이 은연중에 적들을 질책하기 때문이다. 더욱이 그들은 우리보다 더 강하고 교활하고 악랄할 수도 있다. 그러나 중요한 것은 결국 우리가 자신을 존중하는 마음으로 품위 있게 행동했다는 점이다.

트루먼은 자신에 대해 이렇게 설명했다. "오랜 경력을 쌓는 동안 나는 어떤 식으로든 정치적인 돈을 다루지 않았다. 또한 지방정부나 주정부나 국가 정부의 도움을 받을 수 있는 그 어떤 개인적인 이익에도 관여하지 않았다. 나는 민간단체들이 제공한 선물과 호텔 숙박, 여행도 거절했다. 또 상원의원이었을 때 비용 등을 얻기 위한 연설도 하지 않았다. 나는 법에서 정한 월급으로 살며 납세자들, 즉 지방과 주 사람을 비롯한 모든 국민에게 고용되었다고 생각했다."

다시 말해 트루먼에게는 딸에게 물려줄 재산이 그리 많지 않았다. 그러나 트루먼은 빼앗길 수 없는 중요한 가치인 "존경할 만한 평판과 훌륭한 명성"만은 딸에게 남겨주려 했다. 딸의 의무는 그 유산을 망치지 않는 것이었다. 아무도 우리에게 성자가 되어야 한다고 말하지 않는다. 그러나 우리는 타락의 길로 빠지지 않도록 끊임없이 노력해야 한다. 또한 '자주색 염료로 물들지 않도록' 해야 한다. 마르쿠스 아우렐리우스가 자신에게 다짐했듯 황제의 자주색 망토를 입고 황제 노릇, 즉 권력에 물들지 않도록 조심하라는 의미이다. 명확하게 정의할 수 없는 애매한 상황을 주의해야 한다. '이번 한 번만'이라는 잘못된 약속을 주의해야 한다. 또한 유혹을 피하고 주변 사람들의 행동에 현혹되어서도 안 된다.

자신의 약점을 알고 결정을 내려야 강해질 수 있다. 그렇게 하지 않으면 우리는 정말 곤경에 빠질 수 있기 때문이다. 부정행위를 처음 접하는 순간 우리는 겁에 질린다. 예컨대 처음 노예선에 오른 새로운 선원들은 공포에 질렸다. 노동력 착취 현장을 둘러보는 간부나 교도관들도 마찬가지다. 불법 자금을 처음으로 맛본 사람도 그런 반응을 보일 수 있다. 그러나 그런 부정행위를 세 번째나 네 번째로 접한다면 어떻게 될까? 또는 조금이라도 그 부정행위에 참여한다면 어떻게 될까? 그냥 일상의 일부가 된다. 양심이 둔해지는 것이다.

더러워지지 않고 오물을 처리할 수는 없다. 양보하지 않고 타협할 수 있는 상황도 거의 없다. 소 카토가 키프로스에서 로마로 돌아왔을 때 그는 카이사르가 로마의 규범을 어겼음에도 기꺼이 타협해야 하는 상황에 직면했다. 로마공화정의 주요 세력은 그들의 목적을 위해 카이사르의 힘을 이용하며 함께 일할 수 있다고 생각했다. 카토는 그 생각이 위험하다고 경고했다. 카토는 그들이 카이사르를 떠받들고 있지만 결국에는 카이사르를 떠받힐 힘을 잃거나 그를 내려놓게 될 것이라고 말했다. 그리고 실제로 카이사르로 인해 로마공화정의 시대는 종말을 맞았다.

돈을 위해, 성공할 기회를 위해 누군가의 어떤 것이든 짊어지린다면 마찬가지로 대가가 따른다. 부정행위를 묵인하는 일에도 대가가 따른다. 사람은 편안함에 익숙해진다. 우리는 그 편안함에 대가를 치렀음을 알게 된다. 마지막에는 궁극적인 대가도 치르게 된다. 그 대가는 우리가 지금 어떤 사람으로 살아가느냐에 달려 있다.

11

이기심을 버릴 때
얻는 것

1935년, 미국의 현대무용가 마사 그레이엄은 평생의 기회를 얻었다. 올림픽에서 작품을 선보이라는 초청을 받은 것이다. 세계무대에서 펼치는 공연은 누구도 거절할 수 없는 그런 기회였다. 그러나 그레이엄은 그 제안을 거절하며 이렇게 말했다. "우리 단체의 4분의 3이 유대인들입니다. 유대인에게 그랬듯이 수십만 명의 같은 종교인들에게도 무자비한 잔혹 행위를 일삼는 나라에 내가 갈 것 같습니까?"

그렇게 그레이엄은 베를린 나치 사절단의 초청을 거절했다. 그는 다른 사람과 달리 사리사욕을 채우지 않았고 불의를 못 본 척하지도 않았다. 그레이엄의 그런 태도에 충격을 받은 사절단은 완전히 다른 전략을 시도했다. "당신이 오지 않는다면 모두가 그 사실을 알게 될 테고, 그러면 당신에게는 좋지 않을 것입니다." 그러나 그레이엄은 그 말이 정확히 거짓이라는 사실을 알고 있었다. 그레이엄은 이렇게 대답했다. "내가 가지 않는다면 왜 내가 가지 않았는지 모두가 알 테고, 그러면 당신들에게 안 좋은 일이 될 겁니다."

그 무렵 40대에 들어선 그레이엄은 돈이나 무대 출연이 필요했던 배고픈 예술가였다. 그러나 그런 제의는 그레이엄의 고결한 영혼에 비하면 아무런 가치가 없었다. 더욱이 그레이엄은 자신의 원칙에 따라 사람들이 아직 규탄하지 않은 악에 맞서 공개적으로 싸우고 있었다.

미국의 해군 장교 제임스 스톡데일은 북베트남군의 악명 높은 감옥 하노이 힐튼에서 포로 생활을 했던 시절을 이렇게 회고했다. "'고결함'은 많은 사람이 '도저히 감당할 수 없는 특성'이라고 라벨을 붙여 책상 서랍 속에 넣어둘 그런 단어 중 하나다." 그렇다. 고결함은 인간이 도저히 감당할 수 없는 차원의 품성이다. 미국 북군의 총사령관이었던 율리시스 S. 그랜트는 남북전쟁에서 북부 연합군의 승리를 설계한 주요 인물이었는데도 당시 대부분의 미국인이 그렇듯 노예제도 문제와 복잡하게 얽혀 있었다. 그랜트는 노예제도가 금지되었던 자유주에서 자랐고 그의 아버지는 강경한 노예제도 폐지론자였지만 그의 아내는 노예가 일하는 농장에서 편하게 자라왔다. 당시 그랜트의 경제적 현실은 그리 좋지 않았다. 군에서 퇴역한 그랜트는 가족을 부양하고 있었는데, 길가에서 땔감을 팔면서 약 3만 평 정도 되는 척박한 토지로 겨우 생계를 이어가려 애썼다.

육군 대위에서 지독히 가난한 농부가 되면서 재정이 바닥났을 때 그랜트는 아내의 가족이 '선물'로 주었을 윌리엄 존스라는 노예를 데리고 있었다. 그랜트는 노예제도에 대한 오랜 근심을 더 이상 외면할 수 없었다. 그랜트에게 노예제도는 더 이상 다른 사람의 일이 아니었다. 그랜트가 살아가는 데 필요한 생명줄이었더라도, 굴욕스럽고 지독한 가난에서 벗어나는 길이었더라도, 노예제도는 그에게 참을 수 없었던 부당함이었다.

1859년 3월 29일에 그랜트는 윌리엄 존스에게 자유를 주기로 결정했다. 그랜트의 선택으로 윌리엄은 약 400만 명을 노예로 만든 제도에 영향을 받지 않은 유일한 사람이 되었다. 그 일로 노예제도에 변화가 생기진 않았지만 그 한 사람에게는 중요한 의미가 되었을 것이다. 그 일은 그랜트에게도 또 다른 의미가 있었다. 그랜트는 다른 사람의 노동을 착취해서 쉽게 빵을 얻기보다는 고통스럽더라도 명예로운 노동을 하며 살아가고자 했다. 이와 같은 고결함은 우리가 옳은 일을 할 때 발휘되는 미덕이다. 억지로 갖출 수도 없고 누구나 행할 수도 없다.

어리숙하고 잘 모르는 사람에게 물건을 파는 일은 불법이 아니다. 또 자신이 한 말을 어기는 일이 범죄로 이어지는 사례도 소수일 뿐이다. 미국에서는 거짓말, 심지어 지독한 거짓말일지라도 종교, 언론, 출판, 집회의 자유 및 청원을 보장하는 미국 수정헌법 제1조에 의해 보호된다. 그러나 '할 수 있다'는 것이 '해야 한다'는 의미는 아니다.

살다 보면 의무나 관점이나 동기가 서로 부딪히는 딜레마에 처할 수도 있다. 유혹이나 주어진 상황의 논리에 휘말려 골치 아픈 도덕적 진퇴양난에 빠질 수 있다. 스톡데일은 분명히 이런 사실을 잘 알고 있었다. 아버지이자 시민이자 장교였던 스톡데일은 악랄한 고문을 견디며 전쟁포로 생활에서 그저 살아남으려고 한 사람이었다.

스톡데일은 고문과 고초로 쇠약해졌다. 그러나 스톡데일은 또한 자신과 동료 포로를 도울 수 있기만을 바라며 모든 고통을 이겨낼 희망의 끈을 놓지 않았다. 스톡데일은 그때를 이렇게 돌아보았다. "우리의 관점이 흐릿해질 때, 규칙과 원칙이 흔들릴 때, 옳고 그름을 판단할 수 없는 상황에 직면했을 때, 인간의 고결함은 우리가 의존할 주요 기반이 될 수 있다. 그것은 우리를 올바른 방향으로 갈 수 있게 해주고 절망의 수렁에 빠졌을 때 그곳을 벗어나게 해주는 힘이다."

'대가를 치르지 않는다면 진정한 원칙이 아니다'라는 말이 있다. 고결함은 비현실적인 관념으로 끝나지 않고 진정한 힘으로 발휘된다. 또 고결함은 자신뿐 아니라 타인에 대한 책임을 지는 사람이 됨으로써 입증할 수 있다. 고결함은 우리를 인도하고 뒷받침하고 다시 용기를 내게 한다. 한번은 철학자 아그리피누스가 네로의 연회에 초대받은 사람과 이야기를 나눈 적이 있었다. 그 사람은 네로도, 연회도 싫어서 참석할지 말지를 고민하고 있었다. 참석하지 않을 이유는 분명했지만, 어떠한 적도 만들고 싶지 않은 마음에 연회에 참석할 의향도 있었다. 이때 아그리피누스는 어떻게 했을까? "당신은 참석하지 않을 거요?" 그 남자의 질문에 아그리피누스는 이렇게 대답했다. "그렇소. 난 그 문제에 대해 의문을 제기하지도 않소." 아그리피누스는 고결함으로 그 문제에 대한 답을 이미 찾아낸 것이다.

나치의 선전 활동에 자신의 이름을 빌려준 사실이 알려졌다면 마사 그레이엄은 유대인 친구들의 얼굴을 똑바로 볼 수 없었을 것이다. 그랜트는 그 황폐한 시절에 좋은 일은 별로 없었지만 자신이 청렴결백하게 살았음을 누구보다 잘 알고 있었다. 두 사람의 삶은 넉넉하지 못하고 고되었으나 마음은 고결했다.

미국의 작가 조앤 디디온이 자존감을 중요하게 언급한 이유는 자존감이 고결함의 근원이기 때문이다. 디디온은 이렇게 말했다. "자존감이 없는 삶이란 따뜻한 우유나 신경안정제를 구할 수 없는 밤에 뜬눈으로 누워 손을 이불 위에 올린 채 자신이 저지른 죄, 배반한 신뢰, 교묘하게 깨뜨린 약속, 나태나 비겁함이나 부주의로 낭비해 버린 축복을 헤아리는 것이다."

고결한 삶에는 많은 희생과 어려움이 따른다. 그러나 고결함이 없는 삶은 더 최악으로 흘러간다. 부정행위로 우리를 앞지르는 사람을 볼 때, 그들이 규칙을 어기거나 뇌물을 받는 것을 볼 때, 그 길이 결국에는 어디에서 끝나는지를 명심해야 한다. 고결함은 때론 '도저히 감당할 수 없는 특성'이라는 라벨을 붙이고서 책상 서랍 속에 묻혀버리지만, 고결함 없이 살아간다면 더욱 감당하기 힘들고 매우 슬픈 삶을 겪게 될 것이다.

12

냉소는 아무것도
바꾸지 못한다

1927년 시카고의 어느 추운 밤에 건축가이자 발명가인 버크민스터 풀러는 삶을 모두 끝내기로 결심했다. 풀러는 실패자였다. 그는 하버드대학에서 쫓겨났고 자식 한 명을 땅에 묻었다. 또 남몰래 알코올 의존증도 앓고 있었다. 미시간호로 뛰어든 그는 최대한 멀리 헤엄쳐 익사할 것 같은 지점에 도달했다. 그러나 죽을 준비가 되었던 그 순간 갑자기 어떤 목소리가 들렸다. 그 목소리는 이렇게 말했다. "어떻게 감히 네가? 도대체 무슨 생각으로 삶의 책임을 포기하려고 하는가? 남은 자식들과 세상을 포기하려고 하는 건가?"

그 목소리는 계속 들려왔다. "너는 자신의 생명을 스스로

끊을 권리가 없다. 너는 자신에 속해 있지 않고 우주에 속해 있다. 너는 자신의 중요성이 영원히 이해가 안 될지도 모르지만, 다른 사람을 위하는 숭고한 일에 자신의 모든 경험을 바친다면 너의 중요한 역할을 다하는 것이다. 너를 포함한 모든 인간은 다른 사람을 위해 이 세상에 존재하는 것이다."

풀러는 그 목소리를 듣고 죽으려던 마음을 고쳐먹었고 남은 평생 동안 그 의미를 되새기며 살았다. 풀러는 자신을 위해서가 아니라, 다른 이들을 위한 좋은 일을 하기 위해서 이 세상에 존재하는 것이 자신의 의무라고 생각했다. 그가 업적을 이루고 발명품을 창조하고 자녀를 잘 기른 일들은 그런 의무를 다하려는 시도들이었다.

성경에 등장하는 달란트에 관한 우화를 하나 살펴보자. 한 주인이 여행을 떠나면서 세 명의 하인에게 돈을 맡겼다. 노련한 첫 번째 하인은 그 돈을 투자하여 5달란트를 늘려서 10달란트로 만들었다. 두 번째 하인은 첫 번째 하인보다 느렸으나 그 돈을 결국 똑같이 10달란트로 만들 수 있었다. 사업 제안에 관심이 없던 세 번째 하인은 돈을 잃을까 봐 두려워 그 돈을 그냥 땅에 숨겨놓았다. 이 이야기의 참된 교훈은 우리가 주어진 달란트로 무엇을 하는가, 즉 자신과 자기 앞에 놓인 기회를 어떻게 활용하는가에 관한 것이다. 어떤 사람은 성장하지만 어떤 사람은 숨는다. 또 어떤 사람은 결국 잠재력을 발휘하지만 그렇지 않은 사람도 있다. 이것이 바로 정의의 문제이다.

주인이 믿고 맡긴 돈을 그 하인들이 잘 돌려줄 수 있었던 것은 주인 덕분이었고, 버크민스터 풀러가 삶의 의미를 되찾도록 그의 생명을 구했던 것은 누군가의 목소리 덕분이었다. 이렇듯 각자가 가진 기술과 능력을 최대한 활용할 수 있는 건 우리의 주인인 세상 덕분이다. 이렇게 행동할 수 없다면 우리는 어떻게 될까? 그 어떤 진보도 이루어지지 않을 것이다. 또한 위대함이나 예술도 찾아보기 힘들 것이고, 혁신도 일어나지 않을 것이다. 전쟁터에서 발휘할 용맹함도 없을 것이고, 사회적 변혁도 생기지 않을 것이다.

플로렌스 나이팅게일은 그 모든 잠재력을 갖추고 태어났다. 그는 부유한 집안에서 자랐고 교육도 잘 받았으며, 인맥도 좋았다. 그러나 사실 16년이라는 오랜 세월 동안, 나이팅게일은 성경 속 우화의 세 번째 하인과도 같았다. 그는 능력을 발휘하지 못한 채 움츠리며 살았고 부모의 편견에 대한 두려움 때문에 무력하게 시간을 보냈다. 또 그는 자신의 운명을 회피했고 소명에 응할 방법을 스스로 찾을 수가 없었다. 사람들이 안주하거나 움츠러들 때 상황이 더 악화되듯이 나이팅게일의 세상은 그로 인해 더 나빠졌다.

그러나 시간이 지나면서 용기를 얻은 나이팅게일은 모험을 시도했다. 그는 자신을 묶은 족쇄가 지푸라기에 불과하다는 걸 깨닫고 족쇄를 끊었다. 그리고 그 과정에서 수 세기 동안 이어진 의학의 잘못된 관행을 깨뜨렸고, 세상 곳곳에서 군인 수백만 명의 목숨을 구했다.

삶에서 명백하게 드러나지 않은 소명은 무시된다. 지미 카터는 이런 소명을 분명하게 드러내는 삶을 살았다. 리코버 제독의 가르침으로 그의 삶 또한 성장했다. 해군사관학교 시절, 상관이었던 리코버가 지미 카터에게 왜 항상 최선을 다하지 않느냐고 다그쳤기 때문이었다. 최선을 다하지 않을 때, 나아가지 못하고 망설일 때, 우리는 자신과 재능을 속이고 있는 셈이다.

달란트 우화의 교훈이 보여주듯이, 많은 혜택을 받은 자는 많은 헌신을 요구받는다. 이 말이 꼭 돈과 성공을 의미하지는 않는다. 워커 퍼시의 삼촌 윌은 그에게 이런 편지를 쓴 적이 있었다. "난 자신의 분야에서 최고가 되지 못하면 실패라고 여기는 네 기분을 충분히 이해할 수 있어." 그리고 윌은 자신이 시를 쓰는 방식을 설명해 주었다. "난 시를 쓸 때 그런 느낌을 받곤 했지. 그러나 이제는 내가 쓴 시가 최고가 아니더라도, 또 곧 잊히게 될지라도 그 시를 쓴 것을 후회하지 않는단다. 이런 운명이 되리라고 생각했다면 시를 쓰지 않았을 테지만 지금은 시를 쓴 일에 만족하며 살고 있어. 다른 사람이 최선을 다했기 때문이 아니라 내가 최선을 다했기 때문에 크게 신경 쓰지 않는 거란다."

할 수 있는 일에 최선을 다할 때 그만큼 세상에 보답하는 것이다. 최선을 다하면 세상은 더 나은 곳이 된다. 이를테면 잠재력을 실현하는 사람은 다른 사람에게 일할 기회를 주고, 영감을 주고, 앞으로 나아갈 길을 열어준다. 또한 새로운 것을 발견하여 다른 사람이 이용할 수 있게 해주고, 다른 사람을 위한 시장을 개척하고, 서로 소통하는 데 이용할 수 있는 기반 시설을 마련할 수 있다. 자신과 다른 사람들을 위해 이런 방식에 동참하기로 결정할 수 있는가? 이 결정은 도덕적인 선택이다.

그런 선택을 하지 않는다면 어떻게 될지 생각해 보라. 잠재력을 발휘하기 위한 방법이 없는 사회가 될 것이고, 사람들이 문제가 되는 상황에 무관심하거나, 알더라도 해결하려고 노력하지 않는 세상이 될 것이다. 그런 세상이 되면 획기적인 일들이나 사회 변혁은 얼마나 일어나기 어려울까? 반대로 불필요한 고통은 얼마나 많이 생길까?

영국의 풍자작가 조너선 스위프트는 『걸리버 여행기』에서 이런 글을 쓴 적이 있었다. "이삭 한 알과 목초 한 잎만 자라던 땅에 이삭 두 알과 목초 두 잎을 자라게 하는 사람은 인류 전체를 더 이롭게 하는 사람이며, 모든 정치꾼을 다 합쳐놓은 것보다 국가에 더 귀중한 봉사를 하는 사람이다." 모두가 불가능하다고 여긴 협약을 성사한 사람, 믿음을 깨뜨리는 대신 회복하는 사람, 자신의 직무와 능력의 잠재력을 완전히 실현하는 사람, 이런 사람은 부당한 세상에서 조금이라도 정의를 실현하는 사람이다.

경제학의 가장 기본 원리 중 하나가 비교우위의 법칙이다. 우리 중 한 사람은 곡식 재배에 더 능숙하고, 또 다른 사람은 목초 재배에 더 능숙하고, 또 나머지 사람은 정치 기술에 더 능숙하다면 그런 각각의 전문성을 발휘함으로써 우리는 세상에 기여한다. 그러나 타인이 시키는 대로 일을 하거나 중요한 일을 지켜낼 규범이 부족하다면, 우리는 세상을 희생시키는 셈이다.

우리에게는 지금까지 드러냈던 능력을 더 많이 발휘해 성취를 얻고 세상에 헌신할 능력이 있다. 우리는 그 능력으로 무엇을 이뤄낼 것인가? 소설가 오스카 와일드는 인간이 각각 하나의 예언과 같다고 생각했다. 우리에게는 각자의 운명이 있다는 말이다. 소설 『도리언 그레이의 초상』에서 언급했듯이 와일드는 우리의 책무가 운명을 수행하는 일이라고 했다. "삶의 목적은 자신을 계발하는 데 있다. 자신의 본성을 완벽하게 실현하는 것, 바로 그 목적을 위해 우리는 모두 지금 여기에 존재한다." 그런데 너무 많은 사람이 자신에게 주어진 과업을 두려워한다.

자신의 운명을 수행할 것인가? 우리를 가장 필요로 하는 곳으로 향할 것인가? 이처럼 중요한 질문에 두려워서 대답하지 못한다면 자신의 재능을 배신하는 것이며, 세상을 속이는 일이다.

13

조건 없는 신뢰

트루먼과 아이젠하워의 관계가 틀어진 이유는 아이젠하워가 트루먼에게 무슨 일을 저질렀기 때문이 아니었다. 반대로 아이젠하워는 트루먼에게 아무것도 하지 않았다. 그게 진정한 문제였다.

미국 최고의 육군 장교들이 대부분 그렇듯 아이젠하워도 조지 마셜 장군의 지도와 조언을 받았다. 마셜은 수십 년 동안 부하의 이름이 수록된 주소록을 간직하여 그 부하들이 앞으로 나아갈 수 있도록 돕는 동시에 제2차 세계대전에서 자유 진영이 승리하기 위하여 지칠 줄 모르고 노력했다. 또한 그는 항상 이타적으로 행동했다. 1943년, 프랭클린 D. 루스벨트 대통령이 미국 육군참모총장이었던 마셜에게 노르망디상륙작전을 위해 연합군을 지휘하겠냐고 제안했을 때, 마셜은 그 제안을 거절하여 제자에게 기회가 돌아갈 수 있게 했다.

제2차 세계대전에서 연합군 승리를 이끈 설계자라고 모두가 인정하는 마셜의 역할을 보면 불과 수년 뒤에 마셜이 상원의원 조지프 매카시에게 반복해서 중상모략을 당할 거라곤 아무도 예측하지 못했을 것이다. 매카시는 마셜이 공산주의자이며 반역자라는 근거 없는 주장을 내세웠다. 1951년 상원의원 앞에서 했던 연설에서 매카시는 마셜을 "인류 역사상 유례를 찾아볼 수 없는 거대한 음모"의 중심으로 몰아넣었다. 매카시의 그런 중상모략은 상식을 벗어났고 잔인했으며, 또한 대중에 널리 알려졌다.

1952년, 위스콘신의 유세장에서 아이젠하워는 그 문제를 공개적으로 언급할 기회가 있었다. 아이젠하워는 자기 경력에 큰 도움을 준 마셜을 변론하기 위해 이렇게 말할 계획이었다. "나는 그를 한 인간으로서, 군인으로서 잘 압니다. 그는 미국을 위해 가장 깊은 애국심과 남다른 이타심으로 헌신하는 사람입니다." 그러나 위스콘신의 주지사는 그렇게 하면 아이젠하워가 선거인단의 표를 잃게 되지 않을까 우려했고 또한 매카시가 연단에 함께 있다고 곤란해지지 않을까 걱정했다. 그래서 주지사는 아이젠하워에게 마셜의 변론을 하지 말아달라고 간청했다.

아이젠하워는 자신이 잘 아는, 그 훌륭한 사람을 위해 이미 작성해 놓은 말 몇 마디만 하면 되었을 테지만 아이젠하워는 마셜에 대해 아무 말도 하지 않기로 했다. 아이젠하워의 행동은 용기를 내지 못한 정도가 아니라 그 이상이었다. 그는 비겁하게 숨어버렸다. 정치적 계산을 마친 아이젠하워는 나라를 위해 헌신했고 아이젠하워를 위해 헌신했던 마셜을 버리고 있었다. 또한 트루먼이 말했듯이 그는 "악의적인 거짓말로 공격당하는 사람을 방조함으로써 개인적인 모든 의리의 원칙"을 위태롭게 하고 있었다.

트루먼은 아이젠하워가 그런 행동을 했다는 사실을 도저히 믿을 수 없었다. 평소엔 용감하고 품위 있는 사람인 아이젠하워가 어떻게 마셜을 버려둘 수 있었을까? 그러고도 그는 어떻게 괜찮을 수 있었을까?

전혀 생각해 보지 않아서, 할 수 있는 일이 없다고 생각해서, 자기 입장이 되면 다른 사람도 똑같은 행동을 할 것이므로, 더 큰 이익을 위한 일이라고 생각해서 의리를 버리는 행동을 할 수 있다고 모두가 대답한다. 또한 작은 마을이라고 고향을 등한시하거나, 이제 유명 인사가 되었다고 과거에 친분 있던 사람을 무시하거나, 위기 상황에서 친구를 버리거나, 몇 푼을 절약할 수 있는 다른 제의를 받았다고 오랫동안 거래해 온 공급업체를 끊어버린다.

곤란한 상황일수록 합리화한다. 그리고 책임을 회피하고 다른 사람에게 떠넘긴다. 게다가 의리를 지키는 일은 값비싼 대가가 필요하다. 불편하고 방해된다. 골치 아프고, 복잡하며, 해명하기가 어렵다.

수년 동안 미국은 매카시가 벌인 적색공포(Red Scare·반공 운동)의 영향으로 맹목적인 분노에 휩싸였고 분열되었다. 많은 무고한 이들이 일자리와 명성을 잃었다. 사람들 사이의 관계는 자기방어를 위해 일방적으로 해체됐고 유대감은 끊어졌다. 비판의 대상이 되거나 곤경에 처하기를 누구도 바라지 않았다. 한 사람이 감시 대상이 되면 그건 본인의 잘못이라고 여겨졌기에 모두가 방어적으로 자신을 보호하려고 했다.

공교롭게도 당시 미국에서는 실제로 몇몇 스파이를 적발하여 공개한 적도 있었다. 그중 한 명이 앨저 히스였다. 최초로 소련에 기밀문서를 넘긴 혐의를 받았던 히스는 결국 당시 야심에 찬 하원의원이었던 리처드 닉슨에게 위증죄로 고발당했다. 그 논란으로 인해 히스의 사회적·직업적 지위가 위태로워졌을뿐 아니라 반역죄로 사형선고를 받을 수도 있는 상황에 놓였다. 히스의 혐의는 매우 심각했다. 완벽하지 않았지만 그에게 불리한 증거도 나왔다.

그러나 놀랍게도 트루먼 행정부의 국무장관이었던 딘 애치슨은 히스의 곁을 지켰다. 애치슨과 히스는 오랜 친구이자 과거 동료로 함께 일한 사이였다. 기자 회견이 예정되어 있던 날 애치슨은 아내에게 이렇게 말했다. "난 그를 저버리지 않을 거요." 주요 기삿거리를 감지한 기자들은 자연스럽게 애치슨에게 히스에 대해 물었다. 그러자 애치슨은 그 문제가 법원에 계류 중이며 법적 판결이 나지 않은 문제에 대해 언급하기는 부적절하다고 신중하게 말했다. 애치슨은 거기서 멈출 수 있었다. 중립적인 태도를 취하거나, 의견을 밝히지 않거나, 아무 말도 하지 않았을 수 있었다. 그러나 애치슨은 도의적인 문제라고 생각했기에 그렇게 하지 않았다. 그는 기자들에게 이렇게 말했다. "당신들이 질문하는 목적은 내게서 뭔가 다른 단서를 알아내기 위함입니다. 나는 분명히 말씀드리고 싶습니다. 히스 씨와 그의 변호인단이 이 사건에서 제기할 항소의 결과가 어떻게 나왔건 난 앨저 히스를 저버리지 않을 겁니다."

이 말은 애치슨의 친구들에게 감동을 준 만큼 히스를 반역자라고 믿은 애치슨의 정적들에게는 충격을 주었다. 그런데 정말 중요한 것은 대통령의 생각이었다. 한 사람이 지는 의무는 여러 개가 겹쳐 있으며 때로는 서로 모순되기도 한다. 친구에게 충실해야 하고, 부양해야 할 가족에게도 충실해야 하며, 오랫동안 함께 일해온 사람은 물론이고 대의에도 충실해야 한다. 애치슨은 친구에 대한 진실한 충실함을 지켰지만 공직에 대한 의무도 다했다고 할 수 있을까? 그 행동이 그가 보좌한 트루먼에게 충실한 행동이었을까?

결국 애치슨은 대통령에게 사직서를 건네야 할 거라 예상하며 백악관을 향했다. 그러나 트루먼은 사직에 대해서는 전혀 생각하지 않았다. 애치슨은 그때를 이렇게 회고했다. "그는 나를 쳐다보고는 왜 내가 기자들에게 그렇게 말했는지를 이해한다고 했다." 트루먼은 톰 펜더개스트의 장례식에 참석한 이야기를 들려주면서 사람들이 중요하게 기억하는 건 친구의 곁을 지키는 그 누군가의 모습이라고 설명해 주었다. 그때 트루먼은 애치슨의 얼굴을 똑바로 쳐다보며 이렇게 말했다. "딘, 항상 선두에 있는 사람이 총을 맞고 뒤에 있는 사람은 총을 맞지 않는 법이오." 그리고는 애치슨에게 어서 집무실로 돌아가라고 말했다. "우리는 해야 할 중요한 일들이 많이 있소."

트루먼은 자신이 희생당할 때도 의리를 지켰다. 그래서 트루먼은 정치적으로 손해를 보았더라도 톰 펜더개스트의 장례식에 참석했다. 또 트루먼은 동료 시민들과 납세자들에게 충실했다. 그래서 펜더개스트가 교활하게 일삼았던 부패 제안을 그는 모두 거절했다. 또한 트루먼은 장례식에 꽃만 보낼 수도 있었으나 직접 참석함으로써 자신의 도의적 행동에 제한을 두지 않았다. 트루먼은 앞에서 당당하게 행동하며 의리를 지켰고, 뒤에서 머뭇거리거나 안전하게 숨기를 바라지도 않았다. 그래서 그는 애치슨 곁을 지켰다. 히스가 자신에게 매우 불충했을지라도 애치슨이 히스 곁을 지킨 것과 마찬가지였다. 히스는 1992년에 사망할 때까지 결백을 주장했다. 소련이 붕괴한 후 드러난 증거는 여전히 그에게 유리하지 않았지만 그의 유죄 여부는 아직 논쟁 중이다.

삶은 곽곽하다. 의리를 지키는 일은 또 얼마나 복잡한가! 히스가 유죄라면 어떻게 되었을까? 그러면 애치슨은 그를 저버려야 했을까? 우정은 주기만 하는 것도 아니며 받기만 하는 것도 아니다. 의리도 언제든 깨질 수 있다.

중요한 사실은 다른 사람이 행하는 일을 우리가 통제할 수 없다는 점이다. 다수의 어리석은 민중이 이끄는 '중우정치'의 시대에 태어날지 말지 그 여부를 통제할 수 없다. 우리는 고통스럽고 복잡한 결정을 내려야 한다는 사실과 그 결정에 대한 지침서가 없다는 사실을 통제할 수 없다. 다만 우리는 자신이 무엇을 할지는 통제할 수 있다.

자신이 무엇을 할지 결정을 내리고 실천하는 일이 중요한 이유다. 안전하게 뒤에 숨는 대신 앞에서 총을 맞아야 할지라도 말이다. 자신이 무엇을 말하거나 행동해야 하는지를 알고도, 무엇이 옳은 행동인지를 알고도 침묵하는 아이젠하워 같은 사람은 정의의 편이라 할 수 없다. 또 곤란을 자초하고 싶지 않아 마지막 순간에 발뺌하는 사람도 마찬가지다.

우리는 우리를 도운 사람에 대한 의무가 있고, 우리를 존재하게 해준 곳에 대한 의무가 있고, 우리에게 충실한 사람에 대한 의무가 있고, 진실과 대의에 대한 의무가 있고, 또 탄압과 고통을 받는 자들과 친구가 필요한 자에 대한 의무가 있다. 그런 의무에 손을 놓아서도, 방관해서도 안 된다. 폭풍이 닥칠 때마다 우리가 탄 배를 버릴 수는 없다.

이 말이 다른 사람들이 저지른 잘못을 눈감아 주어야 한다는 뜻은 아니다. 의리를 지키는 일은 사람들의 잘못된 행동에 따른 결과로부터 그들을 보호하는 걸 의미하지는 않는다. 그러나 삶이 속수무책으로 무너지는 사람을 향해 동정을 베풀 수는 있다. 물질적인 도움을 주지 못하더라도 격려의 메시지를 보낼 수 있다. 또한 실망을 안겨주거나 화를 돋우거나 잘못을 저질렀던 사람에게도 연락해서 잘 지내는지 안부를 물을 수 있다. 다른 사람들이 모두 그들을 외면할 때 우리는 그들에게 관심을 기울일 수 있다. 다른 사람들이 모두 자기 이익을 고려하기 시작할 때 우리는 의리를 저버리지 않을 수 있다.

잘못은 미워해도 한 인간으로서 좋게 대할 수 있다. 그런데 그런 일을 악평한 사례가 있다. 트루먼의 자문관 중에 누군가가 이렇게 말했다. "대통령께서는 자신에게 의리를 지키지 않은 사람에게도 의리를 지켰습니다." 그 말은 사실이다. 그리고 그 사실이 중요하다. 의리는 베풀어야 할 도리이지 바랄 것이 아니다. 늘 이해받기를 기대할 수도 없다. 옳은 일이기 때문에 의리를 지킬 뿐이다.

14

길을 잃지 않는 법

한때 도브 차니는 약 5000만 점의 의류를 생산하는 북아메리카에서 가장 큰 의류 제조업체인 아메리칸 어패럴을 소유한 패션계의 거물이었다. 그 당시 재봉사는 보통 시간당 50센트도 안 되는 돈을 벌었는데, 차니의 아메리칸 어패럴은 직원들에게 건강보험비와 식대, 교통비 등과 함께 최대 시급 20달러 정도를 일정하게 지급했다.

투자자들은 혼란스러워했다. 그런 방침이 말이 되지 않는다고 여겼다. 차니가 공장을 해외로 옮긴다면 사업은 더욱 막대한 수익을 올릴 것이고 성가신 단속도 피할 수 있었다. 더 많은 노동자를 동원할 수도 있었을 것이다. 그러나 차니는 그렇게 하지 않았다. "되도록 많은 돈을 벌기 위해서만 이 사업을 시작한 게 아니었습니다." 차니는 이어서 설명했다. "내가 수익에만 관심을 두었다면 이 사업을 아예 시작하지 않았을 겁니다. 그랬다면 마약 거래자가 되었겠지요."

물론 차니는 돈을 벌고 싶었으나 그 마음이 궁극적 이상향은 아니었다. 당시에 해외 노동력을 착취하는 공장은 패션 사업에서 합법적이었을 뿐 아니라 아무도 문제라 생각하지 않는, 일반적인 관행이었다. 차니는 그런 해외의 노동력 착취 현장에서 직원들에게 고통을 주는 대신 미국 내에서 자신이 고용한 수천 명의 의류 직원들을 잘 대우하기로 했다. 차니는 직원들에게 의료보험과 퇴직연금을 제공하는 등 세심하게 배려했다. 또한 생태계나 정치적 문제, 예술적 표현에도 관심을 기울였다. 차니는 적어도 한동안은 그렇게 했다.

그런 혁신은 차니를 매력적이면서도 비극적인 인물로 만들었다. 수년 동안 차니는 사리사욕보다 더 중요한 일에 헌신하여 사업을 인정받았고, 부유하고 유명하며 총애받는 인물이 되었다. 직원들은 차니가 작업 현장을 지나갈 때마다 환호했다. 경제 언론지에서는 그를 천재라고 칭송했다.

그러나 시간이 지나자 그의 이런 선량함은 시들해졌다. 선량함이 있던 자리에는 자만, 분노, 통제 불능, 불법적인 추문, 절제력 부족이 앞다퉈 들어서고 있었다. 그런 가운데 차니는 자신이 세운 사업을 무너뜨렸다. 자신이 악당이 되는 꼴을 지켜볼 정도로 오래 사는 영웅 신세가 되었다.

차니가 처음 향했던 길을 벗어나 들어선 다른 길의 끝에는 재앙이 있었다. 둘 중 어느 쪽이든 그 길 끝에 다다를 미래를 알 수 있다. 선택한 그 길에 도달하면 우리가 결국 어떤 존재가 될 것인지 판가름이 난다.

절제는 우리가 하지 말아야 할 것이 무엇인지 알려준다. 정의는 이런 절제와 다르다. 정의는 추구해야 할 이상이며 더 높이 목표로 삼아야 할 미덕이다. 그건 바로 북극성이 의미하는 것이다. 우리의 북극성은 우리가 도달해야 할 곳, 우리의 시선을 아래가 아닌 위로 향하게 하는 수평선 너머에 있다. 북극성은 우리가 중요한 일에 집중할 수 있게 하고, 우리가 부딪히는 딜레마를 해결해 준다. 네 가지 중요한 미덕 중에서 정의는 방향이 가장 명확하다. 정의는 우리가 어디로 가야 할지 보여주기 때문이다. 날씨는 바뀌지만 별들은 바뀌지 않는다. 이렇듯 우리의 북극성도 늘 그 자리에 있다.

트루먼은 정치인이란 대중에게 봉사할 빚을 졌기에 정직성과 공정성에 대한 의무가 있다고 여겼다. 트루먼의 북극성은 미국 국민뿐 아니라 그들의 권리를 보장하기 위해 제정된 미국 헌법이었다. 또한 그 북극성은 트루먼이 어릴 때 배운 고대의 미덕에 대한 개념이었다. 그 개념은 가장 어둡고 폭풍우가 몰아치는 시대에도 그를 흔들리지 않게 이끌어주었다. 트루먼은 로마의 시인 호라티우스의 말을 떠올렸다. "정의롭고 확고한 목적이 있는 사람은 그에게 범죄를 부추기는 민중의 분노에도, 폭군이 위협하는 모습에도 그 단호한 결의가 흔들리지 않는다." 이런 북극성이 바로 우리가 원하는 것이 아닌가?

세상을 이끈 사람들이 최고의 삶을 살아갈 수 있었던 이유는 이런 대의 때문이었다. 혼란 속에서 투명성을 잃지 않았던 이유는 이런 대의 때문이었다. 도덕적 신념을 굽히지 않은 이유도, 기꺼이 타협을 끌어낸 이유도 모두 이런 대의를 위해서였다. 따라야 할 대의가 있는 사람은 어떤 일이 있어도 견딜 수 있었다. 잠재력이 있는 사람이 사리사욕과 자만심으로, 그리고 복수나 지배욕이나 쾌락 욕구로 자기 위치를 확인했다면 그토록 깊은 인상을 주지는 않았을 것이다. 미국의 소설가 버드 슐버그는 자신의 대표작 『무엇이 새미를 달리게 하는가?(What Makes Sammy Run)』에서 욕구와 인격에 대해 이렇게 묘사한다.

> 야망은 그 이면에 어떤 중요한 것을 품고 있다면 그야말로 굉장히 눈부실 정도로 환하게 빛나는 불빛과도 같다. 하지만 그 이면에 아무것도 없다면 정말 보잘것없이 깜박거리는 약한 불씨와 다름없다.

돈은 나쁜 북극성이다. 돈을 가장 중시한다면 의무에 게으르기 쉽다. 자만심이나 명성, 권력, 지배, 이러한 것들은 우리를 높은 지위로 이끌 수 있으나 동시에 잘못된 방향으로 이끈다. 그것들은 우리를 타락시키고 마음을 좁먹게 한다. 그러나 의리와 정당함, 청렴결백, 최고와 공정하게 경쟁할 자신감, 고결함 등은 좋은 북극성이 되어준다.

그리스인들은 인간의 욕망이 넘쳐 끊임없이 더 많이 가지려는 마음을 플레오넥시아(Pleonexia)라고 부르면서 최악의 삶이라며 경계했다. 플레오넥시아의 반대는 위대한 사람이 아닌 선한 사람이 되는 일, 즉 정의를 추구하는 미덕이다. 정의는 우리를 북쪽으로 데려가고 플레오넥시아는 남쪽으로 이끈다. 정의는 우리를 앞으로 이끌고 플레오넥시아는 우리를 퇴보시키거나 아래로 깊이 빠져들게 한다.

차니는 자신의 양심을 따랐을 때 좋은 일들을 했다. 그러나 차니가 저속한 자아를 따랐을 때는 괴물과 같았다. 그리하여 그는 자신이 이룬 모든 것을 잃게 되었다. 이런 일은 우리 모두가 경계해야 한다. 우리가 과연 완벽해질 수 있을까? 늘 옳은 길을 갈 수 있을까? 그것은 확실치 않다. 우리는 이런 삶에서 방향을 잃을 수도 있고 길을 벗어나도록 유혹당할 수도 있다. 늘 확실한 신념으로 삶을 살았던 철학자 아그리피누스처럼 살 수는 없을 것이다. 그러나 우리는 흔들릴 때, 길을 잃을 때 북극성을 올려다볼 수 있다. 양심에 비추어 자신의 길을 확인할 수 있다. 북극성을 따라가면 우리가 어디로 가야 할지 알 수 있다.

15

지금이 가장 빠르다

악에 맞서는 방법은 한 가지뿐일 것이다. 그 방법은 우리의 삶
에서 도덕적·종교적·정신적 완전성을 추구하는 일이다.

— 레프 톨스토이

어떤 옳은 일을 해야 하는지 우리는 잘 알고 있다. 문제는
그런 일을 할 때이다. 어느 때가 알맞은 기회이고 알맞은 순간
일까? 고결한 사람에게는 옳은 일을 해야 하는 순간이 명백하
다. 지미 카터는 1970년에 조지아의 주지사 선거에서 놀라운
승리를 거두었다. 그리고 1971년에 취임식에서 또 다른 놀라운
일을 벌였다. 보수적인 주에서 보수적인 선거전이 끝난 뒤 그는
주지사 취임 연설에서 이렇게 발표했다. "아주 솔직하게 말씀드

립니다. 인종차별의 시대는 끝났습니다. 나는 이런 책임을 회피하지 않을 것입니다." 리코버 제독은 옳은 일을 하기에 알맞은 때는 늘 바로 지금이라고 카터에게 가르치려 했다. 카터는 나중에 이렇게 설명했다. "나는 끝내야 한다고 생각하는 일을 미룬 적이 없습니다."

정의는 미루는 버릇과의 싸움이다. 우리가 정의를 실천하려고 하지 않는 이유는 어렵거나 옳은 일을 하면 그 대가를 치를 거라고 생각하기 때문이다. 또한 우선하는 다른 일이 있기 때문이다. 그리고 까다로운 일은 절대 하지 않을 것이기 때문이다. 대신에 위안 삼아 이런 거짓말을 할 수 있다. "난 나중에 할게." "더 안전해지면 할게." "정말 중요할 때 할게."

이런 태도는 아리스토텔레스가 내세우는 미덕을 실천하는 태도가 아니다. 미덕은 도달하면 끝나는 목표가 아니라 매일 실천해야 하는 습관이다. 이렇게 매일 실천해서 진정한 자신이 되는 행동이다. 마르쿠스 아우렐리우스도 망설이는 자신의 모습을 이렇게 돌아보았다. "우리는 오늘 잘할 수 있는데, 오늘 대신 내일을 선택한다."

다이빙대 끝에 오래 서 있을수록 뛰어내리기가 더 어려워진다. 뛰어내리지 않을 가능성이 더 커진다. 뛰어내릴지 말지 고민에 빠진다. 그러다가 뛰어내리지 않아도 되는 여러 이유가 떠오르고, 결국 뛰어내릴 용기를 잃고 만다.

어려운 일을 실행하기까지 시간을 오래 끌어서도, 의무를 회피하려 해서도 안 된다. 결국 우리는 옳은 일을 해야 할 것이다. 변화를 이루거나, 용서를 빌거나, 어려운 결정을 내리거나, 먼저 행동을 취해야 한다. 해야 할 일을 미루지 말고 지금 끝내는 것이 어떨까? 대가는 언젠가 치르게 되어 있다. 그러니 지금 그 대가를 치러버리자. 미루지 말고 지금 당장 시작하자.

2부

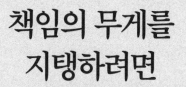

책임의 무게를
지탱하려면

: 타인을 위한 정의

정의는 우리가 자신뿐 아니라 다른 사람에게도 도움을 줄 수 있는 미덕이다.

— 소크라테스

절제는 개인을 위한 미덕이다. 그러나 정의는 '우리'를 위한 미덕이며 공동선을 추구하는 일이다. 공동체의 정의는 개인만을 위한 것이 아니다. 또한 개인만을 위한 것이었던 적도 없었다. 청렴한 사람이 되는 일은 중요하다. 그런데 왜 그런 사람이 되려고 하는 걸까?

세상이 더 나은 곳이 되기를 바라기 때문이다. 스토아학파 철학자처럼 공공의 이익에 기여하기를 바라기 때문이다. 우리와 비슷한 사람, 우리가 싫어하는 사람, 그리고 우리가 결코 만나지 못할 아직 태어나지도 않은 사람들까지, 이 모든 사람에게 관심을 기울이기 때문이다.

그래서 우리는 선한 일을 하기 위해 함께 힘을 합친다. 불우한 사람들, 힘겹게 분투하는 사람들, 박해받는 사람들, 다른 견해와 다른 필요성을 지닌 사람들을 위해서다. 문제가 있다는 것을 알면서도 방관하는 사람이 되지 않기 위해, 문제를 해결하는 사람이 되기 위해서다. 희망을 되살리고, 해결할 수 있는 문제의 범위를 더 확장하기 위해서다. 자신을 위해 행해졌으면 하는 일을 타인에게 행하기 위해서이고, 또 그렇게 함으로써 우리 자신을 위한 일로 만들기 위해서다. 정의의 빛은 다시 돌아온다. 타인을 위한 행동이 곧 자신을 위한 행동이다.

01

전염성이 강한 정의

1787년 5월, 열두 명의 사람들이 런던 중심부에 있는 한 인쇄소에 모였다. 그중에는 퀘이커교도나 영국 성공회 신자도 있었다. 또한 젊은 사람도 있었고 나이든 사람도 있었으며 부유한 사람이나 가난한 사람도 있었다. 그리고 사회운동가로 오래 활동했던 사람도, 또 이때까지 그런 이력이 전혀 없었던 사람도 있었다. 대체로 그들은 부유했고, 교육도 잘 받았으며, 개인적인 불만을 거의 내비친 적도 없었다. 또 그들은 '대서양 횡단 노예무역'을 끝까지 함께하기로 맹세할 정도로 서로 친분도 있었다.

그 노예무역은 인류 역사상 가장 혐오스러운 제도 중 하나였다. 그러나 당시에는 오늘날의 달러 기준으로 수십억 달러 규모의 거대 산업이기도 했다. 노예무역이 경제의 중심 역할을 했음에도 불구하고 이 끔찍한 부당함은 평범한 영국인의 시야에서 매우 의도적으로 벗어나 있었다. 런던에는 노예무역에 쓰이던 쇠사슬이나 채찍이나 감독관이 없었다. 노예를 억압하고 착취하는 일은 모두 아주 먼 곳에서 일어났다.

그러나 그 열두 명의 사람들은 노예무역의 부당함을 폭로하기 위해 함께 모였다. 그 소규모 집회는 아주 새로운 일이었다. 역사가 애덤 호크실드의 말처럼, "이처럼 많은 사람이 다른 사람의 권리에 대해 분노했고 수년 동안 그 분노가 계속 이어진 일"은 처음이었을 것이다. 그 말은 사실일까? 처음이 아니었더라도 그 사건은 여전히 세상이 바뀐 순간이다. 그리고 때마침 노예무역 폐지는 헤라클레스가 그랬듯 운명의 갈림길을 마주하게 되었다.

그 소규모 집회가 있기 두 해 전이었던 1785년, 열두 명 중 한 명이었던 토머스 클라크슨이라는 젊은이는 대학교에서 열린 에세이 대회에 참가했다. 클라크슨은 케임브리지대학의 신학과 학생이었다. 당시에 모든 에세이가 그랬듯이 라틴어로 되어 있었던 그 주제는 이러했다. "사람들을 그들의 의지와 다르게 누군가의 노예로 만드는 것이 과연 합법일까?"

대부분의 학생들처럼 클라크슨도 우승하겠다는 생각으로 에세이에 혼신을 다했다. 글솜씨가 좋았던 그는 큰 고민이나 어려움 없이 에세이를 써 내려갔고 그만큼 효과도 좋았다. 클라크슨은 노예 집단에 대한 지배적 관점은 잘못되었으며 노예를 소유하는 것은 부도덕한 일이라는 논거를 펼쳤다. 탄탄한 논거와 완벽한 라틴어 실력으로 클라크슨은 일등을 차지했고 학구적인 명성도 떨쳤다. 그는 장래성 있는 새로운 경력이 될 만한 수상의 즐거움을 만끽하며 대학교에서 나와 말을 타고 이동하고 있었다. 그런데 어느 순간 클라크슨은 에세이를 써 내려갈 때보다 더 깊이 그 주제에 몰두하기 시작했다. 클라크슨은 에세이에 대한 생각을 멈출 수가 없었다. '그 내용이 옳다면 어떻게 되는가?' '한 인간이 다른 인간을 소유하거나 팔거나 착취하는 것이 잘못되었다면 어떡해야 할까?'

더 이상 말을 타고 갈 수 없을 정도로 생각에 빠져든 클라크슨은 말에서 내려 걸어갔다. 너무 몰두한 탓에 그 문제는 이제 머릿속에서 반복하여 울려 퍼졌다. 하트퍼드셔의 웨이즈밀 앞 갈림길에 이르렀을 때 클라크슨은 삶을 바꾸려는, 세상을 바꾸려는 결론을 내렸다. 그 에세이 내용이 사실이라면 '누군가는 이런 재앙을 끝내야 할 때'라고 생각했다.

더욱 직접적으로 말하면 그 누군가는 바로 클라크슨이었다. 노예제 폐지 운동은 한 사람보다 더 많은 사람이, 인쇄소에서 모인 열두 명보다 훨씬 더 많은 사람이 필요했다. 그리고 한 세기가 넘는 기간 동안 다국적·다민족·다세대 연합체가 힘을 합치거나 독립적으로 활동하여 1888년에는 마침내 브라질이 노예제도를 폐지한 마지막 나라가 되었다.

클라크슨은 처음부터 시작했다. 대학 수준의 지식에 만족하지 않고 노예무역을 적극적으로 조사하고 연구하기 시작했다. 클라크슨은 노예무역에 대해 알아낼 수 있는 모든 지식을 확인했다. 노예무역은 어떻게 이루어지고, 수익성은 얼마나 되고, 노예무역에서 일하는 사람들은 무슨 생각을 하며, 그들의 비밀은 무엇인지 등을 알아냈다. 그리고 노예 상인과 이전에 노예였던 사람을 면담했다. 또 그와 관련된 보험회사와 항만 관리자들과 이야기를 나누었다. 클라크슨은 노예선도 찾아갔다. 템스강에서 처음으로 노예선을 타고 갑판 아래로 내려간 그는 발 디딜 틈없이 빽빽하게 갇힌 수많은 노예를 직접 목격하고 '우울감과 공포감'을 느꼈다.

며칠 동안 하루에 16시간씩 연구하고 한 달에 수천 킬로미터를 이동한 클라크슨은 기록을 검토하고 면담을 진행했다. 그는 노예선이 노예뿐 아니라 선원들에게도 얼마나 치명적인지를 기록했다. 항해할 때마다 선원들의 약 20퍼센트가 사망할 정도였다. 클라크슨은 여러 자료뿐 아니라 대중들이 들어본 적도 없는 충격적인 이야기들도 모았다. 클라크슨은 협력자들과 관계를 구축했고 자유롭게 풀린 노예이자 작가인 올라우다 에퀴아노와 친구가 되었으며, 이후에는 노예 프레더릭 더글러스가 자유를 얻도록 돈을 모으는 데 도움을 주었다. 또한 그는 친분을 맺은 드 라파예트 후작으로부터 대의를 추진할 수 있는 영감을 받았다. 라파예트 후작은 앞으로 30년 동안 미국과 프랑스로 노예제도 폐지 운동을 확대할 수 있도록 도와주었다.

클라크슨의 최측근 중에는 조사이아 웨지우드라는 부호도 있었다. 웨지우드는 영국 여왕을 위해 일하는 도자기 제조의 거물이었다. 웨지우드는 클라크슨의 주장을 생생한 모습으로 대중에게 전하는 역할을 했다. 웨지우드는 노예제 폐지 운동가들을 위한 상징을 만들도록 의뢰했다. 그 상징이란 손목과 발목에 족쇄를 차고 무릎을 꿇은 한 노예가 손을 들고 자비를 청하는 그림이었다. 또한 노예의 발밑에는 "나는 사람도 형제도 아닌가?"라는 표어가 적혀 있었다.

우리는 더 이상 이런 비천한 대접을 받고 고통스러워하는 노예가 인간인지, 형제인지에 대한 의문을 제기하지 않는다. 그러나 18세기의 사람들은 이런 가슴 아픈 묘사를 보고 명치를 정통으로 맞은 듯한 느낌을 받았다. 거짓된 안락함 속에서 진실에 무관심하던 상황에서 처음으로 벗어나 진실을 마주했다.

얼마 지나지 않아 클라크슨이 직접 조사해 밝혀낸 더 강력한 그림이 하나 더 등장했다. 그 끔찍하고 생생한 그림은 노예들이 갑판 아래에 나란히 빽빽하게 채워졌을 때 어떤 모습일지를 그린 것이었다. 그림에는 이런 설명이 달려 있었다. "높이가 80센티미터가 채 되지 않는 갑판 아래에서 노예들은 선반 위와 아래에 빽빽히 들어가 있다."

그림 속에서 454명의 남자와 여자 노예들의 얼굴은 거의 보이지 않았다. 노예들은 단순히 한 시장에서 다른 시장으로 옮겨 다니는 노동자들이 아니었다. 거의 생존을 기대할 수 없는 조건에서 산업화의 탐욕으로 채워진, 정어리보다 더 비참한 존재들이었다. 분신을 시도한 수도승이나 국경선의 철창에 갇힌 아이들을 찍은 사진이 하룻밤 사이에 여론을 바꾸었듯 클라크슨의 그림 또한 폭발적인 연쇄 반응을 일으켰다. 사람들은 그 공포를 더 이상 무시할 수 없었다. 이 그림을 보고 그 현실이 옳다거나 공정하다고 말할 수 있는 사람은 존재하지 않았다.

그러나 사람들이 무엇을 할 수 있었을까? 당시 영국에 투표권을 가진 사람은 거의 없었다. 노예에게도 당연히 투표권이 없었다. 이런 일은 우연이 아니었다. 노예제도의 혜택을 누리는 당사자들이 자신의 이익에 반하는 법률을 제정하지 못하게 막았기 때문이다. 이런 일은 사회운동에서 계속 반복되는 문제다. 의견을 내지 못하던 사람들은 어떻게 자신들의 목소리를 이용하여 변화를 도모했을까?

수년이 지난 후 미국의 시인 오드리 로드는 이런 유명한 말을 남겼다. "주인의 도구로 주인의 집을 무너뜨릴 수 없다." 그러나 이런 예상이 완전히 빗나가기도 한다. 정말 다행스럽게도 노예제 폐지법은 통과되었다. 클라크슨이 엄지손가락을 죄는 기구, 족쇄, 채찍 등 노예상들이 쓰는 다양한 도구를 아주 훌륭하게 수집했을 뿐 아니라 집회나 연설에서 강력한 영향력을 보여주었기 때문이었다.

노예제도는 자본주의의 산물이었고 자본주의는 노예의 목숨을 앗아가는 데 이용되었다. 클라크슨은 노예제도가 직물이나 커피, 담배에 이르는 생산물을 만드는 기관과 연관되어 있음을 알아내고 카리브해 지역의 잔인한 노예 농장의 산물인 설탕 제조업체를 철저하게 조사했다. 한 노예제 폐지론자는 이렇게 주장했다. "설탕 1파운드를 소비할 때마다 우리는 사람의 살 2온스를 먹는 것이나 마찬가지다." 그 누구도 자신의 사업에 대해 이런 말을 하기를 바라지 않는다.

한 유명한 시인은 홍차를 "피로 단맛을 낸 음료"라 말하며 불매운동을 벌였다. 그러자 갑자기 영국에서 가장 널리 유행하는 홍차 문화가 극악무도한 잔학 행위가 되었다. 홍차 마시는 시간을 정치적 행위로 바꾼 클라크슨은 이런 세상의 관심을 최초의 효과적인 소비자 불매운동으로 이끌었다. 영국 곳곳의 도시는 항의하는 표시로 설탕을 포기했으며 수십만 명의 사람은 오후에 홍차를 마시는 관례를 포기하거나 녹차로 대신했다. 이 흐름은 단순히 한 개인이 미덕을 과시하는 행동에 그치지 않고 노동 관행까지 바뀌기 시작했다. 그들은 자신들의 광고에 설탕은 "자유민(FREEMEN)의 노동으로 생산되었다"라고 공지했다.

클라크슨은 정치 로고와 정치 포스터를 만들고 소비자 불매운동을 이끌어냈다. 또한 정치적 청원을 대중화하고 최초로 다양한 정치 연합체를 구축했다. 클라크슨은 분노를 이용하여 문화적 변화를 이뤄냈고, 무엇보다도 입법상의 변화를 만들었다. 토머스 클라크슨이 1846년 여든여섯의 나이로 사망했을 때, 영국에서 노예제도는 폐지된 지 10년이 되었고 노예무역은 폐지된 지 거의 40년이 되었다. 클라크슨이 설립한 연합체는 오늘날에도 여전히 운영되고 있으며 억압받거나 착취당하거나 인신매매를 당하는 사람들의 자유를 위해 계속 투쟁 중에 있다.

한 사람과 그가 만든 하나의 개념이 수백만 명의 삶을 바꾸었다. 헌신적인 노력을 기울이는 소수가 세상을 바꾼다. 그리고 그 과정에서 어떤 무력도 사용할 필요가 없었다. 그러나 소수가 세상을 바꾼 일은 오직 일부만 드러났을 뿐이다.

클라크슨이 사망한 직후, 미국에서 노예제도를 폐지하기까지 할 일이 많이 남아 있었다. 그러나 노예제 폐지론자들은 여세를 몰아 또 다른 집단의 힘을 모았다. 이번에는 주로 여자들이었다. 참가한 사람들은 훨씬 많았는데 모두 합쳐 거의 300명에 이르렀다. 런던의 그 인쇄소에서 회합이 있은 지 50년이 조금 지나 이 집단은 뉴욕주 세네카 폴스의 작은 예배당에 모였다. 그리고 바로 이곳에서 세네카 폴스 선언이 탄생했다. 이 선언으로 노예제 폐지 운동에 적극적으로 참여했던 여성들이 주도한 여성 권리 운동이 시작되었다.

여성 권리 운동가들은 토머스 제퍼슨이 작성한 독립선언문을 활용하여 선언문을 만들었다. 그리고 세네카 폴스 집회에서 이렇게 외쳤다. "인류의 역사는 남성이 여성을 상대로 악행과 착취를 되풀이한 역사이며, 그 직접적인 목적은 여성 위에서 절대적인 권력체제를 세우려는 데 있었다." 그들의 주장은 과장이 아니었다. 1776년, 미국의 건국자들이 새로운 나라를 위한 법률 초안을 작성했을 때, 애비게일 애덤스는 미국의 초대 부통령인 남편 존 애덤스에게 "여성들을 기억하세요"라고 촉구한 적이 있었다. 두 세대가 지났으나 여성들은 여전히 투표할 수 없었기에 자신들이 선택하지 않은 정부를 따를 수밖에 없었다.

여성은 일단 결혼하면 자신의 재산이나 임금에 대한 권리가 없는 사람이 되었다. 또한 자식에 대한 양육권도 없었다. 최고의 대우를 받는 직업은 남성이 차지했고 여성은 최고의 직업은커녕, 그런 직업을 가질 자격을 갖출 수 있는 학교에 들어가는 것조차 금지되었다. 또 여성은 배심원단이 될 수 없었고 자신의 신체도 통제할 수 없었다. 그들은 특별한 도덕률에 속박되어 자신의 가치와 능력과 자기 존중에 의문을 품은 채 남성에게 휘둘리거나 의존하게 되었다.

진보적인 남편 덕분에 집회에 함께 참석할 수 있었던 여성들은 이런 부당한 현실 속에서도 그나마 형편이 나았던 축에 속했다. 그들은 대부분 부유하고 교육도 잘 받았으며 당대의 계급제도에서 행운을 누리는 백인이었다. 그들은 여러 취미를 즐기느라 바쁘게 지낼 수도 있었고 특권을 누리는 삶에 만족하며 살아갈 수도 있었지만, 그들은 자신과 다른 사람의 권리가 처한 현실에 격분했다.

"여성들은 부당한 취급과 억압을 당하고 가장 신성한 권리를 부정하게 박탈당했다고 생각한다." 여성 권리 운동가들은 이렇게 세네카 폴스 선언을 작성하면서 목표를 달성할 때까지 쉬지 않고 투쟁하려고 했다. 그들은 결코 순진하게 생각하지 않았다. 여성 권리 운동이 그냥 이뤄질 것이라고 기대하지 않았다. 오히려 그들은 자신들이 미국에서 수년 동안 관여했던 클라크슨의 운동에서 교훈을 얻어 권리를 획득하기 위해서는 전략이 필요하다는 사실을 잘 알고 있었다. "우리는 대리인을 고용하고, 소책자를 배포하고, 국가와 주의회에 청원하고, 우리를 위한 설교단과 언론의 협조를 요청할 것이다." 그들은 여성 모두가 마땅히 누릴 권리를 획득할 때까지 집회와 저항과 압박의 물결이 계속 이어질 것을 예상하면서 선언문을 작성했다.

1848년 세네카 폴스 선언 이후, 여러 곳에서 인권운동의 물결이 이어졌고 경제적으로, 인종적으로 더욱 다양해졌다. 1851년에는 소저너 트루스라는 흑인 여성이 한 집회에서 "나는 여성이 아닌가요?"라는 유명한 연설을 했다. 트루스는 아주 당당하게 말했다. "나는 여성의 권리가 있어요. 나는 남성만큼 근육이 있고 남성만큼 일할 수 있어요. 나는 땅을 갈고, 곡식을 심고 수확하고, 장작을 패고, 풀을 베었어요. 어떤 남성이 나보다 더 잘할 수 있을까요?"

트루스는 당시에 여자로서, 흑인으로서, 어릴 적에는 노예로서 삼중으로 차별당했다. 그러나 트루스는 인간으로서의 기본적 권리를 요구했고, 비록 흑인 남성만 권리를 갖는 결실을 낳았어도 여성의 권리를 찾기 위해 지칠 줄 모르고 싸웠다. 그러나 트루스에게 그 일은 하나의 집단이나 하나의 대의에 관한 일이 아니었다. 아무리 오래 걸리더라도 모두를 위한 존엄과 평등을 위한 일이었다. 1867년, 소저너 트루스는 청중을 향해 이렇게 연설했다. "나는 노예로 40년을 보냈고 자유인으로 40년을 보냈습니다. 그리고 모든 사람이 평등권을 갖도록 40년 더 이곳에 있을 겁니다. 나는 아직 해야 할 일이 남아 있으므로, 불평등이라는 속박을 깨뜨리도록 도와주어야 하므로, 여기에 있어야 한다고 생각합니다." 얼음을 깨뜨렸으니 그 얼음을 모두가 계속 휘저어야 한다고 트루스는 말했다. 그 힘이 바로 남북전쟁을 일으켰고, 미국 헌법 수정조항 13조와 14조, 15조의 순차적 비준을 불러왔다.

그 정도에 만족하지 않은 사람이 있다. 노예제 폐지론자이고 페미니스트이며 트루스의 친구인 수전 B. 앤서니는 1872년에 문제를 크게 일으킬 준비가 되어 있었다. 앤서니는 한 친구에게 이렇게 말했다. "내가 기어이 일을 내고 말았지! 오늘 아침 7시에 등록된 내 투표소에 가서 공화당을 지지하는 표를 넣었어." 앤서니는 즉시 체포되었고 재판에 회부되었다. 판사의 선고를 받아들이지 않은 앤서니는 침묵하거나 복종하지 않았다. 앤서니는 이렇게 말했다. "난 부당한 벌금형에 단 1달러도 낼 수 없습니다."

노예를 해방하는 일에는 전쟁이 필요했으나 이제 여성들은 불의를 강요하는 국가를 상대로 전혀 다른 전쟁을 치르기를 바랐다. 수전 B. 앤서니는 판사에게 말로써 저항했다면, 다음 세대 여성들은 훨씬 더 앞으로 나아갔다.

영국의 여성운동가 에멀린 팽크허스트는 미국의 해방 노예들을 위한 모금 행사에 따라갔던 어린 시절의 기억을 떠올렸다. 남편이 사망한 후 팽크허스트는 딸과 함께 여성의 권리를 위해 끊임없는 투쟁을 벌였다. 다른 여성 참정권 옹호 단체와 달리 팽크허스트가 결성한 단체는 두 가지 원칙을 중심으로 만들어졌다. 첫 번째는 여성의 모든 쟁점을 해결하기 위해 투표권을 유일한 목표로 삼아야 한다는 원칙이었다. 두 번째는 행동의 원칙으로, 여성 참정권 운동에서 중요한 것은 말이 아니라 행동이라는 원칙이었다. 팽크허스트는 추후 이렇게 설명했다. "우리는 논쟁을 통해서가 아니라 투옥됨으로써 영국 노동자의 지지를 얻었습니다."

이렇듯 여성 참정권 운동가는 감옥을 숱하게 들락거렸다. 정치인을 방해하거나, 행사 무대에 나타나 기습 시위를 벌였기 때문이었다. 또는 유리창에 돌을 던지며 공공건물을 파손했다. 사회가 여성보다 다른 것들을 더욱 중요하게 여기고 있음을 증명하기 위한 행동이었다. 여성 참정권 운동가는 비폭력 시위를 벌이려 했지만 그 시도는 일방적인 바람일 뿐이다. 어떤 여성들은 구타를 대비해 옷 안에 판지를 넣어 몸을 보호했고 또 어떤 여성들은 훨씬 강한 공격을 막을 수 있도록 호신술로 단련했다.

여성 참정권 운동가들은 감옥에 갇히면 거의 죽음에 이를 정도로 단식투쟁을 벌였다. 카이사르를 섬기느니 죽음을 선택한 카토를 사례로 든 팽크허스트의 유명한 연설에서 그는 시민의 권리를 그토록 박탈한 정부의 합법성을 받아들이기를 거부한다고 설명했다. 팽크허스트는 자신과 동료들에 대해 이렇게 말했다. "당신들은 더 이상 그 여성을 지배할 수 없습니다. 당신들은 여성을 죽일 수 있지만 그 여성은 죽음으로써 자유를 얻게 됩니다. 아무리 나약한 인간일지라도 세상의 어떤 권력도 동의를 얻지 않고는 그 인간을 지배할 수 없습니다." 실제로 여성 참정권 운동가 에밀리 데이비슨은 1913년에 여성의 권리를 내세운 깃발을 들고서 국왕 소유의 경주마에 뛰어들어 사망했다. 이전에도 데이비슨은 감옥에서 단식투쟁을 하는 여성 운동가에게 행한 강제급식에 항의하려고 공공장소에서 자살 기도를 한 적이 있었다. 고의든 아니든 데이비슨의 끔찍한 죽음은 뉴스 카메라에 포착되었고, 이는 50년 후 베트남 민주화 운동의 선봉에 섰던 수도승 틱꽝득이 대중 앞에서 소신공양한 순교의 전조가 되었다. 데이비슨은 이렇게 말한 적이 있었다. "하나의 큰 비극이 다른 많은 비극을 구할 수도 있습니다."

미국에서는 '침묵의 파수꾼'이라는 단체의 여성들이 비나 진눈깨비가 내리거나 몹시 더운 날에도, 또한 구타와 야유와 체포를 당하는 날에도 백악관 앞에 서 있었다. 누군가가 끌려갈 때마다 그 자리는 또 다른 사람이 대신했다. 그들이 들고 있는 피켓에는 이런 구절이 쓰여 있었다. "대통령님, 여성은 자유를 얻기 위해 얼마나 더 기다려야 합니까?"

캐리 채프먼 캐트는 세네카 폴스 선언이 있은 지 10년이 지난 후 태어난 여성 참정권 운동가였다. 캐트는 후일 여성 참정권 운동가들의 투쟁이 얼마나 오래 걸렸으며 어떤 희생이 필요했는지를 이렇게 수량화할 수 있는 용어로 표현했다.

미국 헌법이 제정될 때 '남성'이라는 단어를 사용하여 이 나라의 여성들은 52년간 끊임없는 운동을 벌여야 했다. (…) 그동안 여성들은 남성 유권자에게만 주어진 투표권에 대한 항의로 56번의 여성운동을 벌였고, 입법부가 참정권 수정안을 제출할 것을 요구하기 위해 480번의 여성운동을 벌였고, 미국 헌법 제정 회의에서 여성 참정권을 주 헌법에 포함할 것을 요구하기 위해 47번의 여성운동을 벌였고, 전국 전당대회에서 여성 참정권 강령을 포함할 것을 요구하기 위해 277번의 여성운동을 벌였고, 대통령 후보 전당대회에서 여성 참정권 강령을 정책에 채택할 것을 요구하기 위해 30번의 여성운동을 벌였고, 19개 주 의회에서 여성 참정권을 인정할 것을 요구하기 위해 19번의 여성운동을 벌였다.

크고 작은 헌신을 한 여성운동가들이 늘어났고, 집회도 늘어났으며, 여성 참정권 운동도 점점 확대되었다. 그들은 단념하지 않았고 분열되지도 않았다. 이들을 분열시키려는 명확한 시도도 있었다. 남부의 여성은 흑인 여성과 협력한다는 이유로 비난받았고, 북부의 여성은 하류층 여성과 협력한다고 비난받았다. 또 동부 여성은 서부의 모르몬교 여성과 협력한다고 비난받았다. 더욱이 여성 참정권 운동에 참여한 여성 대부분이 사각지대에 놓여 있었다. 그러나 사회계층이나 인종에 관련된 혐오스러운 시선을 받아도, 그들은 매우 놀라울 정도로 폭넓은 동맹을 결성했다.

1913년, 부다페스트에서 열린 제7차 국제 여성 참정권 동맹 회의 개회식에서 캐리 채프먼 캐트는 이렇게 말했다. "여성 참정권 운동을 통해 처음으로 힌두교, 불교, 유교, 이슬람교, 유대교, 기독교 여성들이 모든 정치적·종교적 제도가 지향해 온 인위적 차별로부터 성차별 해방을 위해 의견을 통합했습니다. 공동 청원으로 의회에서 함께할 것이라 기대합니다."

여성 참정권 운동은 처음부터 폭넓고 다양하게 이루어져 왔다. 여성 권리 옹호자인 토머스 웬트워스 히긴슨은 에픽테토스의 글을 번역하고 이후 남북전쟁에서 흑인 부대를 이끈 보스턴 출신의 저명한 작가였다. 히긴슨은 오랫동안 여성 참정권을 위한 전당대회를 요구해 왔다. 미국의 노예해방론자인 프레더릭 더글러스는 당시에 불과 30세의 나이로 세네카 폴스 선언에 직접 참여했다. 더글러스는 삶의 마지막 무렵에 이렇게 말했다. "나의 보잘것없는 개인사 중에서 가장 만족하며 되돌아보는 시간이 있습니다. 수년 동안 노예 생활을 하며 충분히 깨달은 경험을 바탕으로 여성 참정권을 위한 결의안을 지지했다는 사실입니다."

언제라도 노예로 납치되어 다시 팔려갈 위험에 처했던 프
레더릭 더글러스는 왜 시간을 들여 다른 사람의 권리를 위해 싸
웠을까? 시인 프랜시스 엘런 왓킨스 하퍼가 남북전쟁이 일어난
직후 뉴욕의 한 교회에서 설명했듯이, "법 앞에 불평등한 사람
이 있으면 정의는 실현되지 않는다"라는 사실 때문이었다. 하퍼
는 이렇게 말했다. "우리는 모두 한 무리의 위대한 인류로, 함께
연결되어 있습니다." 하퍼가 잘 알고 있었듯 우리의 운명은 서
로 연결되어 있다. 그리고 그 사실을 더 빨리 깨달을수록 우리
는 모두 더 좋아질 것이고, 할 수 있는 일은 더 많아질 것이다.

하나의 횃불이 또 하나의 횃불을 밝히듯 노예제 폐지 운동
은 여성의 권리를 위한 투쟁으로 이어졌다. 그리고 여성의 권리
를 위한 투쟁은 시민권운동으로 이어졌다. 시민권운동은 또 한
번의 긴 투쟁이었지만 그만큼 많은 성과를 거두었다. 여성이 투
표권을 얻으며 미국 각 주의 아동노동법이 통과되었다. 그러자
정치 거물들이 미국의 도시에 쥐고 있던 지배권도 느슨해지기
시작했고, 최초의 복지법도 생겨났다. 또한 집단 학살에 반대하
는 최초의 시위도 생겨났다.

이런 시위를 주도한 여성참정권 운동가 앨리스 스톤 블랙
웰은 자신의 여성해방운동이 아르메니아인 집단 학살에서 피신
한 난민들을 지원하는 활동과 떼어놓을 수 없는 일이라고 여겼
다. 미국 수정헌법 제19조가 통과된 후 여성참정권 운동가인 크

리스털 이스트먼은 이렇게 말했다. "남성들은 어쩌면 '다행히 이 끊임없는 여성의 권리 운동이 끝났군!'이라고 말할 수도 있습니다. 그러나 분명히 여성들은 '이제 드디어 시작할 수 있겠군!'이라고 말할 겁니다."

이스트먼은 미국시민자유연맹을 설립하며 더 많은 활동으로 그 말을 입증했다. 미국 흑인 지위 향상 협회와 하이랜더 포크스쿨을 통해 자제력과 비폭력과 행동주의에 단련된 시민권 운동가 로자 파크스는 1955년에 버스 자리를 백인 승객에게 양보하라는 운전기사의 지시를 거부했다. 주목할 점은 로자 파크스가 버스에서 백인에게 자리를 양보하지 않는 시위를 벌인 최초의 흑인 여성이 아니란 사실이다. 그보다 9개월 전에 클로뎃 콜빈이라는 어린 소녀가 그런 시위를 했었고, 또 이들보다 거의 100년을 앞서 소저너 트루스가 워싱턴 DC에서 그런 시위를 벌인 적이 있었다.

이 사건을 계기로 특별한 보이콧이 시작되었다. 몽고메리의 한 교회에서 시민권 운동가 E. D. 닉슨은 몽고메리가 인종차별에 맞서 싸울 중요한 지역이라고 말하며 몽고메리 버스 보이콧이 계속되도록 독려했다. 닉슨은 이렇게 말했다. "설교자인 당신들은 이 여성들을 위해 아무것도 하지 않고 매우 오랫동안 그들의 프라이드치킨을 먹었습니다." 그 성직자들은 자신들의 의무를 수행하려고 했을까? 그들은 로자 파크스를 옹호하려고 했을까? 아니면 닉슨은 성직자들이 두려워한다는 사실을 교구민들에게 알리려고 했을까? 그때 스물여섯 살이었던 마틴 루서 킹은 이렇게 대답했다. "난 겁쟁이가 아닙니다!"

그 뒤 이어진 일은 클라크슨, 여성 참정권 운동가들, 예수, 간디, 소로를 통해 배운 모든 교훈을 도입한 시민권 운동이었다. 마틴 루서 킹은 프랜시스 엘런 왓킨스 하퍼의 '우리는 모두 한 무리의 위대한 인류로 함께 연결되어 있다'라는 말을 인용하며 자신만의 방식으로 흑인의 인권운동을 펼쳐나갔다.

마틴 루서 킹에 따르면, 자유는 '우리'라는 특성을 갖는다. 자유를 원하고 자유를 위해 노력하고 투쟁하는 일은 자신뿐 아니라 다른 모든 사람을 돕는 것이다. 마틴 루서 킹은 자신의 권리나 로자 파크스의 권리뿐 아니라 이 나라의 영혼을 위해 싸우고 있었다. 신념의 뜻에 따라 살아가는 것을 요구하기 위해서였다. 또다시 여러 세대, 여러 종파, 여러 민족을 위한 투쟁이 시작되었다. 마틴 루서 킹은 파크스에게 처음으로 자극을 받았고 시민권 운동가 다이앤 내시의 지도력과 한 무리의 대학생들에게 재차 자극을 받았다. 내슈빌에 모인 그 대학생들은 시민권 운동으로 최초의 연좌 농성을 벌이고 있었다. 또한 고령자, 백인, 부유한 사람, 가난한 사람, 유대인, 이슬람교도, 남부 사람, 북부 사람 등 세상 곳곳에서 온 이들이 대학생들과 함께 그 시위를 이어갔다.

대부분의 사람은 지금까지의 상황에 큰 불만이 없었고 이런 투쟁이 자신들의 싸움이 아니라고 확신했다. 메리 피보디도 그중 하나였다. 그는 미국의 명문가 출신이었고 뉴욕 중부 성공회의 은퇴한 주교 맬컴 피보디의 아내였다. 북부 백인이 체포되면 더 화제가 될 것이라고 생각한 한 무리의 운동가들이 그런 메리를 끌어들였다. 메리는 운동가들이 문제를 제기하는 인종차별이 큰 오해라고 굳게 확신한 채 시민권운동이 일어나고 있는 곳으로 향했다. 메리는 떠나면서 이렇게 말했다. "난 그곳 사람들이 흑인 친구와 점심도 함께 즐기지 못하게 하리라고는 생각하지 않아요."

그렇게 말할 정도로 순진했던 이 할머니는 곧바로 지역 교회의 성찬식에 거부당했다. 그곳 신자들에게 '급진주의자'로 낙인이 찍혔기 때문이었다. 또 메리는 친구와 점심을 먹으려고 했을 때 밖에 나가서 식사하라는 말을 들었다. 메리 일행은 더 나은 사람을 만나길 바라며 길 아래쪽의 작은 숙박업소로 들어갔다. 그러나 이들은 결국 셰퍼드 몇 마리와 함께 등장한 무장 보안관과 맞닥뜨려야 했다.

메리는 그전까지 급진주의자라는 개념을 전혀 모르는 사람이었으나, 이제 급진주의자가 되었다. 메리는 숙박업소 주인에게 이렇게 말했다. "아들에게 전화하는 것이 좋겠군요." 그렇게 매사추세츠의 주지사 엔디콧 피보디에게 전화를 건 메리는 아들에게 일흔두 살이 된 자신이 부당한 법에 맞서다가 곧 플로리다에서 체포될 예정이라는 사실을 알려주었다.

교도관들이 감옥 복도를 따라 메리를 산책시키고 있었을

때 흑인 운동가 한 명이 메리에게 이렇게 말했다. "당신은 꼭 엘리너 루스벨트 같네요." 그러자 메리는 눈을 반짝이며 이렇게 대답했다. "그녀와 난 사촌지간이에요." 200명의 사람이 체포되었고 메리의 사진은 전국 신문의 1면을 장식했다. 미국의 일간지 《뉴욕타임스》는 창살 안에서 미소를 띠고 있는 이 북부 교인과 그 뒤편에 언제든 사용할 수 있는 소몰이 막대로 무장한 채 서 있는 경찰의 사진을 실었다.

감옥에서 이틀을 보낸 메리 피보디는 보석금으로 풀려나는 것보다 새로운 친구들과 함께 있는 것을 더 좋아했다. 메리는 이렇게 설명했다. "이곳에 온 후 상황이 다르게 보이기 시작했어요." 마틴 루서 킹은 매사추세츠의 주지사에게 이런 전보를 보냈다. "저는 플로리다에서 당신 어머니가 행한 일에 깊은 영감을 받았습니다. 말과 행동을 통해 우리가 모두 동포이며 민주화를 이루기 위해서는 인종차별이라는 암적인 병폐가 근절되어야 한다는 것을 온 국민에게 전하고 있습니다."

여러 명이 다른 사람의 권리에 대해 분노할 때 변화가 일어난다. 웨지우드가 만든 상징에는 이런 물음이 있었다. "나는 사람도 형제도 아닌가?" 이제 시민권 운동가들은 그렇게 묻지 않고 이런 표현을 썼다. "나는 사람이다." 더욱이 그들은 자신들이 존엄과 품위와 믿기 힘든 용기를 지닌 사람들이라는 사실을 보여주었다. 세상은 곧 그 시위자들이 존엄과 품위와 용기가 있는 사람임을 알게 되었다.

시민권운동의 모든 일은 계획되고 훈련된 엄격한 절제의 결과였다. 다이앤 내시는 이렇게 설명했다. "누군가가 심하게 구타를 당하고 있으면 우리는 그 사람과 폭력을 휘두르는 가해자 사이에 끼어드는 훈련을 했습니다. (…) 누군가가 우리를 때리더라도 되받아치지 않는 연습을 했습니다." 이러한 대치 상황이 거듭되면서 경찰의 권한과 정치적 권력구조는 폄하되었다. 되받아치지 않는 시위자에게 심한 타격이 가해졌기에 오히려 시위자들의 용기와 도덕적 정의는 논쟁의 여지가 없었다.

시민권 운동의 한 전략가는 이렇게 설명했다. "보안관이 시위자를 쫓은 것이 아니라 시위자가 보안관을 쫓았습니다." 시위자의 기세가 수그러들지 않았다. 그들은 감옥에 가기를 원했다. 다치거나 죽는 일도 두려워하지 않았다. 또 그들은 열성적이고 의욕적이었으며, 포기할 줄 몰랐다. C. T. 비비언 목사는 인종차별주의자인 한 경찰 간부에게 이렇게 말했다. "당신은 내게 등을 돌릴 수 있지만 정의에는 등을 돌릴 수 없을 거요." 이 말을 들은 경찰 간부는 비비언 목사를 밀어 계단 아래로 떨어지게 했다. 이런 비겁하고 폭력적인 행동은 뉴스 카메라에 완벽하게 포착되었고 비비언 목사의 외침은 수많은 뉴스 기사에 인용되었다. "당신은 어떤 사람이오? 밤에 아이들한테 뭐라고 할 것이며, 아내에게는 뭐라고 할 겁니까?" 비비언 목사는 병원에서 간단한 검사를 받고 다음 날 다시 시위에 참여했다.

다이앤 내시는 이렇게 말했다. "수년 동안 내가 배운 것 중

하나는, 자신을 제외하면 아무도 바꿀 수 없다는 사실입니다. 남부에서 우리가 한 일은 인종차별을 받았던 우리를 더 이상 인종차별을 받을 수 없는 사람으로 바꾸는 일이었습니다. 우리는 상대에게 그런 식으로 억압당하면 죽을 수도 있겠지만, 그들이 우리를 죽인 후에는 더 이상 차별할 수 없을 것이고 상대가 바뀌면 새로운 상대에게도 맞선다는 태도로 투쟁했습니다."

어떤 고난이 닥쳤어도, 아무리 절망적이고 암울한 일을 겪었어도 그들은 그 소중한 것을 지켜냈다. 그 소중한 것은 무엇이었을까? 바로 자유와 정의와 사랑이었다.

정의를 추구하는 행진에서 첫걸음을 확인하기가 불가능하듯이, 이제 행진이 끝났다고 주장하는 일 또한 불가능하다. 마틴 루서 킹은 반전운동에 전념하며 인생의 말년을 보냈다. 킹 목사가 죽은 뒤 1년이 지나고 스톤월에서 폭동이 일어났다. 이 시기에 미국의 변호사 랠프 네이더는 '네이더 돌격대'라는 변호사 집단을 결성했다. 기업의 이익을 앞세운 부정에 맞서 대중을 보호하기 위해 지속적으로 대항하려는 목적에서였다. 네이더는 이후 제3당의 정치 후보로 명성을 떨치게 된다.

그 후로도 동물권, 환경권, 투표권, 성소수자 권리, 소비자 권리, 재생산 권리 등이 생겨났고 빈곤퇴치운동가, 반식민지주의 운동가, 평화 활동가, 교도소 개혁가, 반인신매매 운동가, 언론 자유 옹호자 등이 정의를 위한 투쟁을 이어갔다. 이렇듯 정의를 위한 사회운동은 세대에 걸쳐 그 물결이 계속되고 있으며 더욱 완벽한 결합을 추구하여 사회계약의 진정한 약속을 실현해 가고 있다.

정의는 우연히 일어나지 않는다. 정의는 실현되는 것이다. 우리가 이 글을 읽는 바로 이 순간에도 정의는 여전히 실현되고 있다. 정의는 함께 힘을 합친 사람들, 타인에게 관심을 기울이는 사람들을 통해 실현된다. 또한 사람들에게 직접 영향을 미칠 때나 그렇지 않을 때도 정의는 훌륭하게 실현된다.

본래의 세상보다 더 좋은 세상을 만들러 떠나고 싶은 사람들, 중요한 것을 보고 알리는 사람들, 서로 친구가 되어 선의의 문제를 일으키는 사람들, 인내하면서도 미루지 않는 사람들, 자신과 자신의 이익보다 더 중요한 북극성을 가진 사람들, 더 큰 계획이 있지만 지금 당장 할 수 있는 작은 일부터 시작하는 사람들, 안주하지 않고 중립을 거부하며 책임을 지는 사람들, 뜻한 바를 완전히 해내는 사람들, 관대하고 이타적으로 의무를 다하는 사람들, 이 모든 사람에 의해서 정의는 실현된다.

정의를 실현하는 일은 평범한 사람을 비범하게 만든다. 에멀린 팽크허스트는 자서전에서 이렇게 말했다. "운이 좋은 남자와 여자는 인간의 자유를 위한 위대한 투쟁이 벌어지고 있는 시대에 태어난다. 더 큰 행운이 더해진다면 당대의 사회운동에 직접 참여하는 부모까지 둘 수 있다."

정의를 위한 행동이 필요한 때는 바로 지금이다. 세상의 모든 불행, 우리 주변에서 일어나고 있는 모든 불행은 장애물이면서도 하나의 기회다. 투쟁할 기회이자 우리가 그 투쟁의 일부가 될 기회다. 우리 부모가 정의를 실현하기 위한 투쟁에 최선을 다하지 않았어도 괜찮다. 우리가 최선을 다하면 된다. 우리는 자녀들에게, 또한 과거를 되돌아볼 다음 세대의 사람들에게 본보기가 될 수 있다. 정의는 끊임없이 횃불을 전해주는 일이다. 오래전부터 시작되어 시대마다 각 세대가 참여하고 자기 방식대로 계속 이어가는 미완성된 행진이다. 그렇지 않으면 정의는 실현되지 못한다.

정의는 우리가 태어난 순간 한 사람 한 사람이 갖추는 힘이다. 우리에게는 타인에게 관심을 기울이며 도움을 주고, 변화를 이루는 방법을 배우고, 관대해지고, 유대감을 형성하고, 약자를 옹호하는 힘이 있다. 그러나 그런 힘을 발휘하는 것은 능력의 문제가 아니라 의지의 문제이다. 우리의 의지에 달려 있다.

02

친절은 돌아온다

로마제국의 황제 하드리아누스는 어떻게 그런 생각을 했을까? 하드리아누스는 안토니누스가 혈족이 아니었는데도 그에게 왕위를 물려주었다. 절대권력을 가진 황제가 한 가지 약속만을 조건으로 내걸고 다른 사람에게 그 권력을 넘겨준 것이다. 바로 안토니누스에게 어린 마르쿠스 아우렐리우스를 보호하고 이끌어 달라는 약속이었다.

물론 하드리아누스는 안토니누스의 성품을 잘 알게 된 기회가 있었기 때문에 그런 중대한 결정을 내릴 수 있었다. 그 기회는 사소하면서도 의미 깊은 순간에 찾아왔다. 하드리아누스는 아무도 없는 곳에서 안토니누스가 병든 아버지를 조심스럽고 정중하게 모시며 계단을 올라가는 모습을 몰래 지켜보았다.

도움이 필요한 노인에게 거리낌 없이 자연스럽게 친절을 베푼 일로 하드리아누스는 안토니누스에게 왕위를 물려줘도 되겠다는 확신을 얻을 수 있었다. 역사에는 명성을 떨친 훌륭한 남자와 여자로 가득하다. 그러나 그중에 진정으로 친절한 사람은 얼마나 있을까? 친절이 흔하다면 다른 사람을 위해 진정으로 좋은 일을 하는 사람을 만나는 게 왜 그토록 놀랍게 느껴질까?

친절한 사람은 매우 드물다. 미국의 소설가 커트 보니것은 팬에게 이런 편지를 쓴 적이 있었다. "젊은 친구, 지구에 온 걸 환영하네. 여긴 여름엔 덥고 겨울엔 추운 곳이라네. 자네, 이곳에서 고작해야 백 년이나 살까? 내가 아는 규칙이 딱 하나 있지. 젠장, 조, 우리가 친절을 베풀고 살아야 한다는 거라네!"『피터 팬』의 작가 제임스 매슈 배리는 1902년에 비슷한 표현을 사용한 적이 있었다. "오늘 밤부터 새로운 규칙을 하나 만들까? 필요한 만큼보다 조금만 더 친절해지려고 노력하는 건 어떨까?"

낯선 사람에게, 함께 일하거나 우리를 위해 일하는 사람에게, 그저 실수를 한 사람에게, 고객과 행상인에게, 우리를 싫어하는 사람에게, 아직 태어나지 않은 미래의 세대에게 조금 더 친절을 베풀 수 있다.

세월이 지나면서 더욱 퇴색되어 가고 있는 한 가지가 바로 친절이다. 인종차별이 일상이었던 시대의 사람들은 학교에 가는 어린 흑인 아이들에게 항의하며 소리를 질렀다. 식민지 개척자들은 자신들보다 먼저 살고 있던 원주민을 부당하게 대했다.

여성의 역할은 매우 오랫동안 사회에서 가치 없는 일로 무시당하고 있었다. 물론 이런 일들은 법적으로도 문제가 될 부당한 상황이다.

타인에게 공감이나 친절을 받아본 적 없는 사람은 마찬가지로 타인이 친절한 대우를 받을 만한 사람이라 생각하지 못한다. 부당함이 생겨난 이유가 거기에서 비롯되었을지도 모른다. 그러나 친절을 베푸는 일은 사실 매우 간단하다. 자신이 대접받고 싶은 대로 타인을 대접하면 된다. 친절하게 대우받기를 원하지 않는 사람이 있을까?

타인을 친절하게 대하는 태도는 단순히 따라야 할 규칙이 아니라 삶의 방식이다. 스토아학파는 우리가 만나는 모든 사람을 '친절을 베풀 기회'로 보아야 한다고 말했다. 우리가 이런 관점으로 행동한다면 힘들거나 건강하지 않은 일상을 하나씩, 차례로 변화시킬 수 있다. 우리는 좋은 사람이 되고, 좋은 일을 하고, 타인을 배려하는 등 긍정적인 변화를 이뤄낼 수 있다.

피곤하고 바쁘게 사는 것은 중요하지 않다. 불친절한 대우를 받았다는 사실도 중요하지 않다. 이런 사실과 상관없이 친절할 수 있다. 지나칠 정도로 동정심을 베풀고 타인에게 도움이 되는 행동을 할 수 있다.

영국 대공습이 일어나기 시작했을 때, 클레멘타인 처칠은 남편에게 이렇게 편지를 써서 남편에게 경각심을 심어주었다. "사랑하는 윈스턴, 당신의 태도가 눈에 띄게 나빠졌다고 솔직히 말해야겠어요. 당신은 예전처럼 친절하지 않아요." 처칠에게는 사람을 통제하려는 힘이 있었다. 일시적인 기분에 따라 누구든 해고하려는 듯 굴었다. 클레멘타인은 처칠에게 이렇게 일러주었다. "성마름이나 무례함으로는 최고의 결과를 얻을 수 없어요. 그러면 사람들은 혐오감이나 노예근성 같은 감정을 키울 거예요."

반면 하이먼 리코버 제독은 퉁명스럽고 고함치는 사람으로 악명이 높았지만 리코버를 위해 일한 사람들은 그가 타인을 배려하는 사람이라는 걸 잘 알고 있었다. 리코버는 일과 안전에 세심하게 신경을 쓸 뿐 아니라 사람들의 개인적인 문제까지도 관심을 기울이는 인물이었다. 겉으로만 예의 바른 척하는 사람이 아니었다. 그 점이 처칠과 달랐다.

세상에 친절한 말을 좋아하지 않는 사람은 없다. 이런 친절한 태도는 조금의 노력만 기울이면 된다. 좌절을 겪지 않은 훌륭한 지도자는 없다. 바보 같은 짓을 하지 않은 영리한 사람도 없다. 냉대를 당하거나 적대자들을 두지 않은 선한 사람도 없다. 어떤 경우든 이런 식으로 대가가 따르는 법이다. 그러나 이 모든 것에도 불구하고 친절해야 하는 이유는 우리의 권한과 지성과 품위 때문이다. 커트 보니것의 말처럼, 이곳 지구에는 젠장, 친절을 베풀고 살아야 한다는 규칙이 하나 있다.

친절을 베푸는 것이 항상 어떤 대단한 행동이 될 필요는 없다. 이를테면 미소를 짓거나, 노고에 관심을 기울이거나, 문을 대신 열어주거나, 호의를 제시하는 일은 어떨까? 아니면 먼저 초대하거나, 점심값을 치르거나, 칭찬하거나, 격려하거나, 자원봉사를 하거나, 길거리에서 구걸하는 사람에게 음식을 나눠주거나, 배우자에게 꽃다발을 선사하는 일은 어떨까?

자신을 낮추고 타인을 구할 수 있는 순간이 언제인지는 알 수 없다. 또한 받은 선행을 어떻게 보답할지도 알 수 없다. 그러나 어떤 의미로 이런 사실은 중요하지 않다. 적어도 이런 이유로 우리가 친절을 베푸는 것은 아니기 때문이다. 친절을 베푸는 이유는 친절이 우리가 절제를 발휘하는 행위고, 냉소적인 세상에서 더욱 용기 있는 행동이며, 또한 옳은 일이기 때문이다. 사람들은 친절을 받을 자격이 있으며 친절이 우리를 더 좋은 사람으로 만들기 때문이다.

삶의 마지막 무렵, 임종이 가까워졌을 때 마르쿠스 아우렐리우스는 여전히 자신을 꾸짖으며 한 가지 사실을 후회했다. 마르쿠스가 화를 낸 세월, 불친절했던 세월을 후회했다. 우리도 삶을 돌아보면 그런 세월이 떠오를 것이다. 우리는 삶의 모든 이유나 대의를 잊어버릴 수 있다. 또한 우리에게 했던 일들도 잊어버릴 수 있다. 좀 더 착했더라면, 좀 덜 교활했더라면, 조금 더 친절했더라면 하는 후회만 들 수도 있다. 이젠 늦었을까? 아니, 우리는 아직 늦지 않았다.

03

세상을 바꾸는 시작점

영국의 사회개혁가 비어트리스 웹은 영국의 부유한 집안에서 자랐다. 당대의 여성 대부분과 달리 비어트리스는 가장 좋은 학교에서 교육받을 수 있었다. 비어트리스는 어떻게 직업을 구해야 할지, 어떻게 자신을 부양해야 할지 걱정할 필요가 없었다. 곧 비어트리스는 부유하고 잘생긴 남자들의 구애를 받았고 미래 수상이 되는 한 남성과 결혼할 수도 있었다.

그로부터 2년 반이 지난 후 비어트리스는 자선조직협회에서 발족한 사회학 프로젝트로 "돈을 버는 가족과 사회적 평등에 관한 자세한 지식을 알아낼 첫 기회"를 얻었다. 비어트리스는 한 소박한 농부의 딸 존스 양인 척하며 세상을 경험하고 탐구하기 위해 먼 친척들을 찾아가 함께 살았다. 집에서 불과 몇 킬로미터 떨어지지 않은 곳에서 그는 마치 다른 행성에 있는 듯한 느낌을 받았다.

사실, 당시 사회에서 상류층은 인구 대다수의 극심한 가난과 빈부 격차의 부당함으로부터 안전하게 보호받으며 편하게 쉴 수 있었다. 그러나 하류층은 자신보다 '더 나은 사람들'과 동등할 수 없도록 완전히 떨어져 살았다. 그때에는 영국뿐 아니라 모든 선진 공업국이 그랬다. 영국의 정치가 벤저민 디즈레일리는 이렇게 설명했다. "두 종류의 국민 사이에는 교류도 공감도 없었다. 이들은 마치 서로 다른 지역이나 서로 다른 행성에 거주하듯 서로의 습관, 사고, 감정을 모른다. 또한 이들은 서로 전혀 다른 음식을 먹고 전혀 다른 예법을 따르며, 똑같은 법으로 전혀 다른 통치를 받는다. 그 두 종류의 국민은 부유한 자와 가난한 자이다."

비어트리스의 실험은 이 모든 인위적인 장벽들을 흔들어놓았고 그의 관점뿐 아니라 사회조직의 미래도 변화시켰다. 비어트리스는 공장과 조선소와 빈민가에서 세상 사람의 절반이 어떻게 살고 있는지를 확인했다. 비어트리스는 그전까지 '자유방임주의' 경제정책을 완전히 신뢰했던 사람이었다. 하지만 그 정책은 내던져진 인류를 포용하지는 못했다. 당시에 가난한 사람은 부도덕하고 교화되어야 한다는 생각이 팽배했고 그 사회 분위기에서 나온 자선사업은 한심할 정도로 부적절했으며 무자비했다.

비어트리스는 이런 놀라운 경험을 바탕으로 사회 활동가로서 평생의 과업을 이루게 되었다. 그 많은 업적 가운데 비어트리스는 처음으로 '단체교섭'이라는 개념을 만들어내고, 런던정치경제대학을 창립하고, 노동당을 다시 창당했으며, 또한 진보적인 지식인 집단 '페이비언협회'를 결성하는 데 중요한 역할을 했다. 비어트리스는 영국에서 사회안전망을 얻기 위해 싸웠고, 빈곤과 노동착취를 근절하기 위해 투쟁했다. 사회 변화는 대부분 그렇듯 그 결과가 오기 전까지 갑작스러운 깨달음의 과정을 거친다. 다시 말해 누군가가 중요한 일을 목격하고 중요한 일을 하기로 결정을 내린다는 뜻이다.

1882년, 시어도어 루스벨트가 스물네 살의 나이로 뉴욕주 하원의원이 되었을 때 담배 제조공 조합이 촉구한 법안을 결정할 수 있는 권한이 생겼다. 그 법안은 도시의 빈민가에서 고투하는 수천 명의 가난한 노동자들의 근로조건을 개선하는 데 목표를 두고 있었다. 루스벨트는 처음에는 그 법안에 반대했다. 비어트리스 웹처럼 "자유방임주의 경제정책의 원칙을 거스르는 일"이라고 믿었기 때문이다. 그러나 루스벨트는 자유방임주의를 배제하고 스스로 판단을 내리기로 했다. 그래서 루스벨트는 담배 제조공 조합의 위원장인 새뮤얼 곰퍼스의 설명을 거의 믿지 않고 직접 빈민가를 찾아갔다.

빈민가는 루스벨트가 자란 곳에서 몇 블록 떨어져 있지 않았다. 그런데도 루스벨트는 그곳에 가본 적이 없었다. 처음으로 찾아간 그곳에서 루스벨트가 목격한 광경은 그를 영원히 바꿔 놓았다. 40년이 지난 후, 루스벨트는 아직도 그때의 일을 떠올리면 몸서리를 쳤다. 한 침대에 예닐곱 아이들이 수척한 얼굴로 잠자는 모습을 지켜보며, 그 모든 화학물질 속에서 가족이 숨쉬기 힘들어하는 모습을 지켜보며, 모든 감각을 자극하는 악취와 오물을 직접 확인하며 그는 분명 깊은 절망감을 느꼈을 것이다.

사회운동가 제이컵 리스는 자신의 유명한 저서 『세상의 절반은 어떻게 사는가』에서 이렇게 썼다. "빈민에 관한 문제를 어떻게 처리할 것인가? 이것이 우리가 당면한 중요한 질문이다." 루스벨트는 평생의 친구가 된 리스에게 이렇게 간단히 대답했다. "나는 가난한 자들을 도울 것이오." 루스벨트는 평생 착취당한 사람들을 위해 투쟁했고 굳게 자리 잡은 강력한 이익단체를 상대로 싸웠다.

린든 B. 존슨도 같은 일을 겪었다. 존슨의 어린 시절은 루스벨트와 반대였다. 존슨의 부모는 통나무 오두막집에서 태어났다. 존슨은 가난과 상실과 분투하는 삶이 무엇인지 직접 겪어서 잘 알고 있었다. 그러나 존슨은 당시 백인이었으므로 다른 하류층보다 높은 사회계층에 속했다. 존슨은 결코 잊지 못할 두 가지 일을 경험했다.

첫 번째는 존슨이 텍사스주의 소도시 커툴라에서 멕시코계 미국인 농부들의 아이들을 학교에서 가르치고 있었을 때였다. 존슨이 주장했듯이, 그곳의 사람들은 "개만도 못한" 대우를 받았다. 존슨은 "멕시코 아이들이 쓰레기 더미를 뒤지고 자몽 껍질에서 커피 찌꺼기를 털어낸 뒤 그 자몽 껍질의 남은 즙을 빨아 먹는 광경"을 잊을 수 없었다.

두 번째로 흑인 가정부이며 요리사인 제피르 라이트가 겪은 불의로 인해 존슨은 마침내 망각에서 벗어났다. 어느 날 존슨이 제피르에게 반려견을 워싱턴에서 텍사스에 있는 목장으로 데려다줄 것을 요청했다. 그런데 제피르는 자신을 보내지 말라고 애원하며 흑인이 남부를 지나며 운전해 가기가 매우 어렵다고 설명했다. "텍사스에서 화장실을 가야 할 때, 마님이나 다른 여자들처럼 화장실을 갈 수가 없어요. 저는 덤불을 찾아 쪼그리고 앉아서 볼일을 봐야 해요. 또 식사할 때가 되면 음식점에 들어갈 수도 없어요. 점심을 싸 가서 먹어야 해요. 게다가 밤이 되면 남편은 운전대에 머리를 얹은 채로 앞좌석에서 잠을 자고, 저는 뒷좌석에서 자야 한답니다." 존슨은 그 이야기를 듣고 눈물을 흘렸다. 그리고 다른 입법자들에게도 이런 현실을 바꿔야 한다고 강력하게 호소했다. 입법자들의 지지로 존슨 행정부는 마침내 1964년에 민권법을 제정할 수 있었다.

문제는 이런 쟁점이 물거품으로 끝나기가 쉽다는 것이다. 우리가 확인을 원하지 않는 일은 규명할 기회조차 생기지 않는다. 저임금을 받고 사는 일이 어떤 것일지, 이 모든 원료가 어디에서 나오는지, 자본이 어디로 들어가는지 따져보지 않는다. 우리는 일이 돌아가는 과정을 못 본 척한다. 아니면 사람들이 진실을 덮게 내버려둔다. 그래서 영국 왕실은 가는 곳마다 언제나 새로 칠한 페인트 냄새만 날 거라는 농담이 있다.

자신만의 문제가 있어 분투하는 삶을 살고 있을 때도 같은 잘못을 범할 수 있다. 우리가 힘든 고통을 겪고 있다면 다른 누군가의 어려움을 발견하더라도 그의 고통에 공감하기 어렵다. 그러나 현실을 보여주어 우리를 당황하게 하는 사람과 어울리지 말아야 한다는 생각과 반대로, 우리는 우리를 당황하게 만드는 일들을 적극적으로 찾아내야 한다. 역사의 불쾌한 사실에 대해, 사회의 불공평에 대해, 다른 사람들이 살면서 겪은 일에 대해 살펴야 한다. 그들이 왜 인간으로서 존엄성을 잃고 학대당하고 투쟁했는지, 또 왜 그들의 일상이 우리와 달라야 했는지를 말이다.

불의는 어디에나 존재한다. 그런데 불쾌한 사건은 눈에 띄지 않는다. 불공평과 그 결과도 가려져 있다. 수백만 명의 고통과 절박함은 깊게 들여다보지 않으면 잘 알기 어렵다. 더욱이 그런 일로부터 자신을 보호하듯 우리는 알려고 하지 않는다.

스티브 잡스는 중국에 있는 애플 공장을 방문한 적이 없다. 잡스는 제조자가 아닌 디자이너로서, 제품이 만들어지는 환경보다 자신의 발명품에 더 관심이 있었다. 그러나 제이컵 리스가 말했듯이 이런 행동은 변명이 아니라 폐단의 흔적이다. 우리는 알지 못했을까? 아니면 알고 싶지 않았던 걸까? 직시하지 않는다면 일을 바로잡을 수 없다. 인정하지도 않는 일을 멈추게 할 수 없다.

비어트리스와 루스벨트와 존슨의 갑작스러운 깨달음은 그
냥 주어지거나 흥미로운 일이 아니었다. 그 경험은 그들의 세계
관을 흔들었을 뿐 아니라 삶의 방향을 바꾸었다는 의미에서 엄
청나게 혁신적인 일이었다. 깨달음에는 행동이 필요하다. 그래
서 이들은 밖으로 나가서 세상 사람의 절반이 어떻게 살아가는
지 확인한다.

04

방관은 악의 승리를 꽃피운다

미국 대통령 존 F. 케네디의 아버지 조지프 P. 케네디는 1938년에서 1940년까지 영국 주재 미국대사로 있었다. 독일은 전쟁뿐 아니라 홀로코스트의 기미를 보이며 서둘러 재무장했고 이후에는 히틀러의 환상대로 필연적이고 예정된 종말이 시작됐다. 당시 독일은 분명히 기근, 파괴, 대학살이라는 전조가 있었고, 이를 막을 기회 또한 있었다. 그러나 고립주의자였던 조지프 P. 케네디는 미국이 개입하지 않아야 한다고 호소했다. 케네디는 거짓 대응을 했고 '비난의 화살을 돌리는 선전 기법'을 제기했다. 그는 희생자에게 책임을 돌렸고 히틀러와 만나려고 했다. 또한 유화정책을 지지했고 영국 대공습이 있었을 때도 미국이 영국에 원조할 가능성을 모두 막았다.

그렇다고 조지프 P. 케네디가 비밀리에 활동하는 나치당원
은 아니었다. 그러나 당시 많은 사람이 그랬듯이 곧 닥칠 위기
가 자신의 문제가 아니길 바랐다. 케네디는 신경 쓸 필요가 없
는 방법, 관여할 필요가 없는 방법, 어떤 위험도 무릅쓸 필요가
없는 방법을 찾고 있었다.

그의 아들 존 F. 케네디 대통령은 1961년에 캐나다 의회 연
설에서 영국의 정치가 에드먼드 버크의 말을 잘못 인용했지만,
그 사실은 크게 중요하지 않다. 그때 케네디는 이렇게 이야기했
다. "선의 방관은 악의 승리를 꽃피운다." 버크가 그런 뜻으로
말하지는 않았지만, 아빠의 비겁함 및 잔인함과, 아빠의 탓으로
전쟁에서 형을 잃은 상실감에 시달렸던 사람으로서 그 말에는
진실이 담겨 있는 듯했다.

베트남이나 피그스만 침공 등 존 케네디의 도를 넘는 대외
정책도 아버지의 노선과는 전혀 달랐다. 또한 쿠바 미사일 위기
에 대한 강경 대응도 마찬가지다. 끔찍한 경험으로 케네디는 악
이 존재하는 세상에 중립은 없다는 걸 알게 되었다. 그는 암을
무시하면 전이된다는 것을 깨달았다. 그리고 이런 태도는 케네
디의 또 다른 잘못된 인용과도 맞닿아 있다. 케네디는 자주 이
렇게 말하곤 했다. "지옥에서 가장 뜨거운 곳은 도덕이 위기에
처했을 때 중립을 지킨 자들을 위해 마련되어 있다고 단테가 말
한 적이 있습니다." 사실 단테는 이런 말을 하지 않았다. 그러나
그의 아버지가 한 일을 고려해 볼 때 케네디는 그 인용을 통해

무의식적으로 본심을 드러낸 셈이었다. 그 인용은 또한 오늘날의 쟁점을 잘 설명하고 있다. 악의 승리를 허용하는 것은 옳지 못할 뿐 아니라 어리석은 짓이며 자멸하는 길이기 때문이다.

1985년 가을, 미국에서는 거의 아무도 크랙 코카인이라는 마약을 몰랐다. 그 후 1년도 채 지나지 않아 크랙 코카인은 삽시간에 미국 도시들로 퍼져나가고 있었다. 병원은 사람들로 가득했고 범죄가 급증했으며 거리에 총이 넘치면서 살인율도 두 배로 증가했다. 대중매체는 온갖 기괴하고 끔찍한 순간을 실시간으로 보도했고 이런 보도로 인해 도덕적 공황 상태도 발생했다.

그러나 대부분의 지역에서는 그 해결책에 관해 어깨만 으쓱였다. 크랙 코카인의 유행은 미국인들에게 경각심을 불러일으키지 못했다. 비슷한 문제는 또 있었다. 대도시의 빈민 지역들은 노예제도와 흑인 차별 정책이라는 유산을 그대로 물려받았을지라도 스스로 책임이 없음을 선언했다. 그런 일은 '도시문제'라는 문화적 쟁점일 뿐이었고 피해자들만의 잘못이 되어버렸다.

잔인하게도 미국인들은 그렇게 마약 문제를 해결할 수 있는 단 한 번뿐인 기회를 잃었다. 1990년대 후반에 크랙 코카인 유행이 시들해지면서 새로운 마약이 미국인들을 희생시키기 시작했기 때문이다. 이번에는 대도시 빈민가의 흑인들만 희생되지 않았다. 백인과 부유한 사람들과 지방 사람들을 비롯해 사실상 모든 부류의 미국인들이 새로운 마약의 유혹에 빠져들기 시작했다. 이번 유행은 산업적·집단적·의학적 요인으로 인하여 지난번보다 훨씬 더 거셌고 사망자 수도 훨씬 늘었다.

마약 치료센터는 어디에 있었을까? 마약 예방 정책이 새로 만들어졌을까? 사람들의 삶이 낙후되지 않도록 하기 위한 최소한의 투자는 있었을까? 이런 문제를 해결하기 위해 전문가를 소집할 기관은 있었을까? 수백만 명의 사람들이 필요로 했던 순간에 그러한 요건들은 갖춰져 있지 않았다. 마약 문제에 대비하는 기반을 쌓기 시작할 만큼 관심을 기울인 사람이 전혀 없었기 때문이다. 사람들이 고통에 대해 얼마나 무관심한가는 독일의 목사 마르틴 니묄러의 〈나치가 그들을 덮쳤을 때〉라는 유명한 시에서 이렇게 잘 드러나 있다.

나치가 공산주의자들을 덮쳤을 때,
나는 침묵했다.
나는 공산주의자가 아니었기에.
그 다음에 그들이 사회민주당원들을 가두었을 때,
나는 침묵했다.
나는 사회민주당원이 아니었기에.
그다음에 그들이 노동조합원들을 덮쳤을 때,
나는 아무 말도 하지 않았다.
나는 노동조합원이 아니었기에.
그다음에 그들이 유대인들에게 왔을 때,

나는 아무 말도 하지 않았다.
나는 유대인이 아니었기에.
그들이 나에게 닥쳤을 때는,
나를 위해 말해줄 이들이 아무도 남아 있지 않았다.

우리가 다른 사람들의 고통을 무시한다면 그 고통은 나중에 자신과 우리가 사랑하는 사람들에게 고스란히 돌아오게 된다. 마르틴 니묄러는 거의 죽을 뻔했던 다하우 강제수용소에서 기독교인으로서 깨달음을 얻은 후 이 유명한 시를 지었다. 나중에 누군가가 그 힘들었던 시기에 어떻게 그토록 자신에게만 몰두하고 침묵할 수 있었느냐고 묻자, 마르틴 니묄러는 이렇게 대답했다. "나는 지금 그 실수에 대한 대가를 지불하고 있소. 나뿐만 아니라 나와 같은 사람들 수천 명이 그렇소."

다른 문제에 상관하지 않으려는 태도는 인간의 매우 자연스러운 충동이다. 또한 당연히 더 쉬운 선택이다. 심지어는 이런 태도를 정당화할 수 있는 방식도 있다. 예컨대 "난 내 일에만 신경을 쓸 뿐 참견하고 싶지 않아요" "나만의 고민으로도 벅차요" "상황을 더 나쁘게 만들고 싶지 않아요" "내가 자격이 있는지 모르겠어요" "그건 아주 곤란한 상황이군요" "그건 정말 값비싼 대가를 치르는 일이에요" "그냥 두고 볼 수밖에 없어요" 등 취하는 방식들이 다양하다.

또한 우리는 불가능하고 복잡하고 저항하기 힘든 문제라는 판단에 "당신을 생각하고 기도할게요"라는 말을 전한다. 키케로가 그랬듯 우리는 어느 쪽으로 기울지 쉽게 판단하지 못하고 분열을 초래한 문제가 자연히 해결되기를 기다리려 한다. 그 과정에서 우리는 자신과 타인을 모두 저버린다.

끊임없는 이 모든 변명은 다 소용이 없다. 우리는 지금 일어나고 있는 일들의 참혹한 공포를 떠안게 된다. 우리는 무력한 사람을 돕고 그들의 고통을 막기 위해 할 수 있는 일을 해야 하는 인간의 기본 의무와 마주하게 된다.

트루먼이 바로 그런 경험을 했다. 그의 유년기는 거짓으로 가득했다. 흑인 이웃을 억압하고 괴롭히는 사회, 바로 그 거짓이 남부 문화의 근간이었다. 그러나 트루먼은 세상을 더 많이 알게 되면서 그런 신념이 잘못되었음을 깨달았다. 또 한 번의 흑인 폭행 사건이 일어난 후, 1948년에 트루먼은 특히 인종적 편견이 심한 친구에게 참을성 있게 이렇게 편지를 보낸 적이 있었다. "난 그런 부당한 행위를 인정할 수 없으며 내가 이곳에 있는 한 절대 용납할 수 없다네. 난 그 부당한 행위를 바로잡도록 노력할 거네."

리코버가 말했듯이 그런 트루먼의 행동이 바로 인간이 관여할 수 있게 하는 책임이다. 타인을 도와주고 문제를 해결하도록 노력하게 하는 책임이다. 그런 책임이 모두 나치나 소련에 맞서야 하는 '거대한 일'에만 해당하는 것은 아니다. 사람의 목숨을 구하기 위해 서둘러 응급구조 요청을 해야 하는 시급하고 중대한 일에만 해당하는 것도 아니다. 그런 책임은 투표에 참여하는 정도로 간단할 수 있다. 또한 불의에 대해 불평하거나 책망하기보다 문제 해결을 위해 행동하거나 참여하기로 결정할 수도 있다.

우리가 관여하지 않으면 다른 사람이 관여해야 된다. 더 나쁘게는 누군가에게 부당한 일을 하도록 권한을 주거나 좋지 않은 일, 정직하지 않은 일, 친절하지 않은 일, 책임을 지지 않거나 투명성이 떨어지는 일 등에도 권한을 부여하게 된다.

히틀러가 정권을 잡았던 독일에서 신학자 디트리히 본회퍼는 이렇게 말했다. "악을 보고도 침묵하는 행위 자체가 악이다. 신은 그런 우리를 죄가 없다고 하지 않을 것이다. 악에 맞서 목소리를 내지 않는 것은 악에 동의한다고 말하는 것이다. 악에 맞서 행동에 나서지 않는 것 또한 악을 위해 행동하는 것이다." 마르쿠스 아우렐리우스도 『명상록』에서 아무것도 하지 않음으로써 불의를 저지를 수 있으니 명심하라는 글을 남겼다. 이런 말들은 진정한 진리를 담고 있다. 그 진리는 세월이 흘러도 계속 이어질 수 있을까?

역사는 고통이 무시되거나 생기도록 허용할 때, 악이 처벌받지 않고 행동하게 둘 때 세상을 더 나아지게 할 수 있었지만, 외면하거나 머뭇거릴 때 무슨 일이 일어났는지를 알려준다. 당장 선을 실천하기는 쉽지 않다. 하지만 누군가가 몸을 낮추어 도움이 필요한 사람을 도울 때마다, 한 사회가 소수의 구성원에게만 영향을 주는 문제에 관여할 때마다 선이라는 심장의 근육은 강화되고 새로운 근육도 생긴다. 위기를 통해 발전하는 근육, 즉 경험과 방법은 위기를 통해 배우는 교훈과 함께 언젠가 우리에게 유용한 자산과 가치가 된다. 타인을 돕는 것은 자신을 돕는 일이다. 무관심은 우리 자신에게도 해를 입힌다.

05

시작했다면 이긴 것이다

1860년대에 영국의 철학자 존 스튜어트 밀은 강하고 총명한 아내였던 해리엇 테일러 밀에게 영향을 받아 여성 인권 확립을 강력하게 옹호했던 하원의원이었다. 밀은 법안의 용어를 '남자'에서 '사람'으로 바꾸려고 투표권 법안에 하나의 수정 조항을 부가했다. 이 작은 변화에는 엄청난 법적 힘이 잠재되어 있었다. 그 사소한 수정에 비웃는 사람이 있는가 하면 분노하는 사람도 있었다. 그러나 대부분의 의원들은 그렇게 조용히 시작된 그 혁명을 무시했다.

이렇듯 변화는 어딘가에서 시작된다. 그러나 포부가 너무 크거나 이상이 매우 높거나, 또는 너무 단순하다면 아무런 성과를 거두지 못할 것이다. 마더 테레사는 이런 문제를 잘 알고 있었다. 자신의 소명을 시작할 실질적이고 현실적인 곳을 아주 명확하게 확인했다. 테레사는 이렇게 말했다. "나는 결코 대중을 구원하려 하지 않습니다. 난 다만 한 사람을 바라볼 뿐입니다. 나는 한 번에 한 사람만 사랑할 수 있습니다."

우리는 희망을 상실할 수 있고, 거대한 문제라는 가상의 적과 싸우느라 힘을 낭비할 수 있으며 너무나 이상적인 미래만을 끝없이 이야기할 수도 있다. 이와 반대로 작은 일에 착수할 수도 있다. 눈앞에 있는 사람이나 상황에 집중할 수도 있다.

개인적인 위기를 겪고 세상에 절망해 마음이 어지러운 한 여성이 심리학자 칼 융에게 조언을 구하는 편지를 썼다. 그러자 칼 융은 "차분히 가장 필요한 그다음 일을 하세요"라는 조언을 해주었다. 자신 앞에 놓인 가장 작고, 가장 실현 가능한 일을 단계적으로 밟아간다면 늘 진전을 이루고 의미 있는 일을 하게 될 것이라고 칼 융은 조언했다.

작아 보이는 일이 아주 큰 변화를 일으킨다. 한 소년과 불가사리에 관한 오랜 이야기가 있다. 우연히 바닷가로 간 한 소년이 그곳에서 셀 수 없이 많은 불가사리가 해변으로 떠밀려 와 쌓여 있는 것을 보았다. 눈물이 날 정도로 끔찍하고 비극적인 이 광경을 본 소년은 불가사리를 하나씩 바다로 던져주기 시작했다. 그러자 한 어른이 소년에게 이렇게 말했다. "소용없는 일이야. 네가 그런다고 달라질 게 뭐가 있겠니?" 소년은 또 하나의 불가사리를 파도 속으로 던져주며 말했다. "바로 이 불가사리의 운명은 달라졌겠지요."

'대수롭지 않은 것'은 없다. 탈무드에 따르면 한 사람을 구하는 것은 온 세상을 구하는 것과 같다고 한다. 한 사람을 구하면 확실히 그 사람의 세상 전체를 구하게 되므로 그 의미가 어느 정도 맞을 것이다.

우리는 작은 그림을 생각하기 전에 큰 그림을 생각하는 경향이 있다. 조금씩 앞으로 나아가는 대신 거창한 일을 해야 한다거나, 우리 앞에 놓인 고통을 견디는 대신 완벽한 해결책을 마련해야 한다고 생각한다. 그러나 작은 첫걸음을 내딛지 않고는 어떤 변화도 생기지 않는다. 토머스 클라크슨은 자신의 의지와 상관없이 노예가 되어버리는 일이 옳은지 그른지를 판단하는 에세이를 썼을 때, 노예무역을 없애는 데만 관심이 있었다. 전 세계도 아닌, 대영제국 내에서 노예무역을 없애는 데에만 몰두했다. 트루먼도 마찬가지다. 트루먼이 시민의 평등권에 관여하기로 했을 때 그가 할 수 있는 일은 별로 없었다. 위원회 설립을 시작으로 뒤이어 군대와 연방정부에 인종차별을 철폐하라는 행정명령을 내리게 되었다.

처음부터 충분한 일은 없다. 그러나 그것으로 변화가 시작된다. 아무리 사소할지라도 첫 번째 행동은 성명을 내는 것이다. 어쩌면 전체 연설 중 가장 강력한 성명서일 수도 있다. 그 성명서를 통해 정의의 횃불은 계속 타오른다.

세상은 저항하기 어렵고 다루기 힘든 문제들로 가득하다.

가장 가까운 주변의 일에 집중하고 할 수 있는 선행을 실천하면 조금씩 진전을 이룰 수 있다. 한 사람을 더 행복해지도록 만들고, 한 가지 일을 더 좋아지도록 도우며 한 걸음씩 나아갈 수 있다. 작아도 사소한 일은 아니다. 모두가 이런 작은 일을 실천한다면 세상은 바뀐다. 우리가 무엇을 할 수 있는지, 또 어디에서 어떤 수단으로 할 수 있는지는 각자에게 달려 있다. 『도덕경』을 보면 이런 글이 쓰여 있다.

세상에서 가장 어려운 일도 그 시작은 쉬우며, 세상에서 가장 큰 일도 그 시작은 미세하다.

쉽게 실천할 수 있는 작은 행동으로는 우연히 발견한 쓰레기를 줍는 일, 시련에 빠진 친구가 다시 일어날 수 있도록 도와주는 일, 자녀를 착하게 키우는 일, 18세기와 19세기에 노예무역의 원인이 되었던 홍차를 수많은 운동가가 불매했듯 악덕 기업에서 생산한 물건을 사지 않는 일 등이 있다. 시인 메리 버킷 카드는 여성에게 투표권이 없지만 소비 습관을 통해 변화를 가져올 수 있다는 점을 강조하며 이런 글을 남겼다. "우리가 움직이는 범위가 그렇게 작다고 말할 수는 없을 겁니다."

시작한 일이 우리를 어디로 데려갈지, 또 어디에서 끝날지 알 수 없다. 클라크슨처럼 링컨도 노예해방을 이루기 위해 점차 실용적인 방법을 찾기 시작했다. 처음에 링컨은 미국을 세운 건국자들이 만든 독립선언문의 원칙에 따라 노예를 풀어주거나 미국을 변화시킬 수 있을 거라고 기대하지 않았다. 링컨은 노예제도 폐지가 가능할지조차 확신하지 못했다. 그 대신 링컨은 훨씬 작은 일을 계기로 정치계에 입문했다. 그가 바랐던 그 작은 일은 그저 노예제도가 새로운 지역으로 확대되는 걸 막는 일이었다. 헨리 데이비드 소로도 한 사람이 노예제도를 멈추기로 하는 순간 노예제도는 사라질 것이라고 말했다. 소로의 말처럼 "시작이 얼마나 작아 보이느냐"는 중요하지 않다.

지금 시작하지 않으면 우리는 미래에 그 일을 해내지 못할 뿐 아니라 현재에 일어나고 있는 그 부당한 일을 공모한 것이나 다름없다. 우리는 선행을 실천하기 위한 한 걸음을 내디딜 수 있다. 작은 선행을 실천할 수 있고 이런 작은 선행을 조금씩 늘릴 수 있다. 낙숫물이 바위를 뚫는다는 속담이 있듯이, 작은 힘이라도 꾸준히 계속하면 큰일을 이룰 수 있다. 큰 바위를 깨기 위해 수많은 망치질을 해야 한다는 어느 스포츠 팀의 신조처럼, 쉽게 한 번에 이루어지는 일은 없으며 꾸준히 노력해야 이루어질 수 있다. 시민권운동을 벌이고 있는 한 사회운동가가 이 투쟁에서 이길 수 있느냐는 질문을 받았을 때 이렇게 대답했다. "우리는 시작했으니 이미 이긴 겁니다." 그렇다. 지금 바로 시작하는 것만이 우리의 길이다.

06

연결될수록 강해진다

미국 최초의 동성애자 정치인이었던 하비 밀크는 협력자들이 있었기에 사회적 약자의 인권운동에 성공할 수 있었다. 그런데 그 협력자들에는 성소수자 공동체의 지지자들만이 아니라 정치적 협력자들도 포함되어 있었다. 이들은 하비 밀크와 사회통념이 매우 달랐고, 생활 방식도 전혀 일치하지 않았다. 그럼에도 이들이 정치적 협력자가 될 수 있었던 것은 하비 밀크가 그들과 좋은 관계를 쌓으며 타협을 하는 등 빈틈없는 노력을 기울인 결과였다.

그 노력은 1973년에 시작되었다. 이때 트럭 운전자 조합이 새로운 조합계약을 두고 여러 맥주 유통업체들을 상대로 파업을 벌이고 있었다. 트럭 운전자 조합은 맥주 회사에 압력을 가하기 위해 동성애자들이 출입하는 샌프란시스코 술집들의 지원이 필요했다. 그래서 하비는 기꺼이 도움을 주었고, 그 조건으로 트럭 운전자 조합은 동성애자 운전수들의 조합 가입을 허용하기 시작했다.

하비 밀크는 나중에 이렇게 기록했다. "동성애자 공동체가 차별을 끝내기 위한 싸움에서 다른 사람들이 도와주기를 원한다면, 우리도 그들의 싸움을 위해 도와야 한다." 동성애자 공동체와 트럭 운전자 조합은 매우 성공적으로 한 팀이 되어 쿠어스 맥주를 불매하는 운동을 대대적으로 벌였고, 노동 조건을 개선하는 성과를 거두었다.

그 후 샌프란시스코의 감독위원회에 출마한 하비 밀크가 사람들에게 전화를 돌리며 지지를 부탁했을 때였다. 기계공 노동조합 위원장은 그 부탁을 듣고 이렇게 말했다. "하비 밀크라는 사람을 지지할 생각이 있냐고요? 세상에, 내가 일터로 가서 사람들에게 감독위원으로 어떤 빌어먹을 동성애자를 지지한다고 말해야 합니까?" 그러나 하비의 트럭 운전자 조합 친구들은 이렇게 대답했다. "이봐요, 하비 밀크는 게이 바에서 쿠어스 맥주를 쫓아낸 사람이오." 이렇게 해서 감독위원회 후보자 중 하비는 여러 조합과 협력자가 되었고 그들의 지지를 받았다. 샌프란시스코의 노조위원장인 조지 에반코비치는 이렇게 말했다. "하비 밀크가 동성애자인 건 알고 있지만 그가 우리 문제를 공정하게 도와주었으니 그를 지지합시다."

하비 밀크는 그런 지지를 받으며 몇 차례 선거에 출마한 끝에 결국 샌프란시스코의 감독위원에 당선되었다. 그리고 마침내 트럭 운전자 조합의 첫 번째 친구가 준 펜을 사용할 수 있게 되었다. 그 친구는 하비에게 펜을 선물하며 이렇게 말했었다. "시청에 들어가면 법안에 서명할 때 필요할 거요." 하비는 정말 그렇게 했다.

올바른 대의가 항상 성공한다면 정말 좋을 것이다. 세상을 바꾸는 선구자와 장벽을 깨뜨리는 사람이 공정성과 대의권에 관심이 있는 사람에게 지지받는다면 정말 좋을 것이다. 그러나 이런 일들은 쉽게 일어나지 않는다. 또 언제나 이런 식으로 제도나 역사가 이루어지지도 않는다.

해리 트루먼에게는 어릴 때 에디 제이콥슨이라는 친구가 있었다. 당시에 미국은 인종차별과 강렬한 반유대주의 정서가 만연했는데, 제이콥슨은 트루먼이 만난 몇 안 되는 유대인 중 한 명이었다. 그들은 육군에서 함께 복무하는 동안 더욱 가까워졌다. 1943년, 트루먼이 유럽에서 일어나는 유대인 박해에 대해 공개적으로 말한 것도 제이콥슨과 직접 대화를 나눈 결과였다. 홀로코스트의 참상이 널리 알려지기 훨씬 전이었던 이때 트루먼은 "언론과 의사 발표의 자유, 신앙의 자유, 궁핍으로부터의 자유, 공포로부터의 자유, 이렇게 네 가지 자유에 대해 말하는 것만으로는 충분하지 않고 행동으로 옮길 때"라고 경고했다. 유대인 박해는 유대인의 문제가 아니라 "공정하고 명예롭게"

맞서야 할 미국인의 문제라고 그는 말했다.

한편으로 트루먼은 친구에게 충실하면서도 모두가 그렇듯 살면서 사람들을 직접 만나고 경험하며 영향을 받는 사람이었다. 트루먼은 1948년 유대인 지도자들과 충돌했다. 트루먼의 정치 자문관들은 대외의 석유 이권에 이스라엘이 나쁜 영향을 미칠 것이라고 확신했다. 트루먼도 강력하게 자신의 주장을 펼친 외교관들의 수에 밀려나 자신의 집무실에서 이스라엘에 대한 언급을 금지하기까지 했다. 아무도 그 주제에 대해 트루먼과 면담을 할 수 없었고, 누구도 트루먼의 마음을 바꿀 수 없었다.

어느 토요일 아침, 약속도 없이 백악관에 들른 제이콥슨은 예외였다. 곧 대통령과의 면담 자리가 마련되었다. 물론 이스라엘에 대한 주제는 꺼내지 말라고 집무실 앞에서 경고받은 후였다. 그러나 제이콥슨은 이스라엘 문제 때문에 트루먼을 만나러 온 터였다. 제이콥슨은 친구에게 예의를 갖춰 말했다. "대통령님, 아무 말도 하지 않겠다고 했지만, 수천 년 동안 고향이 없는 유대인들을 생각할 때마다 눈물이 눈앞을 가립니다." 그러더니 제이콥슨은 정말 눈물을 흘리며 오랜 협력자, 진정한 친구만이 할 수 있는 간청을 했다. "일부 미국계 유대인 지도자들에게 모욕당했다는 이유로 하임 바이츠만을 만나지 않기로 하다니…. 해리, 그건 자네답지 않아."

하임 바이츠만은 이스라엘 지도자 중 한 명이었다. 트루먼은 제이콥슨이 마지막에 던진 말에 가장 충격을 받은 듯했다.

트루먼은 한동안 생각에 잠겼다가 의자를 돌리며 말했다. "좋아, 자네가 이겼어, 이 대머리 놈아!" 그로부터 정확히 2개월 후, 이스라엘이 국가 수립을 선포한 후 11분도 채 지나지 않아 미국은 유대인의 조국을 처음으로 인정한 나라가 되었다.

이스라엘은 국가를 수립하기까지 많은 희생과 오랜 세월을 거쳤다. 이스라엘의 국가 수립은 지정학적으로 완전한 해결책이 아니었기 때문에 그 여파는 오늘날까지 계속 이어지고 있다. 그러나 이스라엘은 제이콥슨의 개입이 없었다면 틀림없이 국가를 수립하지 못했을 것이다. 바이츠만은 제이콥슨에게 이렇게 말한 적이 있었다. "해리 S. 트루먼은 세상에서 가장 강한 권력을 지닌 유일한 사람이라는 사실을 단 한순간도 잊어서는 안 되오. 당신에게는 사명이 있소. 백악관 문이 닫히지 않도록 애써주시오."

정의는 팀 경기다. 정의를 위해 혼자서 많은 결실을 이뤄낼 수 있는 사람은 드물다. 그렇다면 왜 그토록 많은 사람이 혼자서 그런 결실을 이루기를 원할까? 순수해서일까, 자존심 때문일까, 아니면 무지해서일까? 많은 결실을 얻어내지 못해도 그렇게 하려는 이유는 일을 해내려는 욕구 때문이다.

그런 의미에서 토머스 클라크슨의 사례는 본보기가 된다. 클라크슨은 노예무역 폐지라는 목적을 달성하려고 인쇄소에 모인 자신을 포함해 세 명의 성공회 신자들과 아홉 명의 퀘이커교도를 결집시켰다. 노예제도 반대운동이 늘어나면서 클라크슨은 새로운 협력자, 새로운 목소리, 다양한 목소리를 끊임없이 늘렸고 자신의 대의를 성공시키기 위해 많은 사람과 함께 분투했다.

여성참정권 운동가들도 마찬가지였다. 그들은 서로 다른 종교나 배경이나 정치적 신조를 갖는 다양한 여성들의 집합체였다. 그중에는 독신을 선언한 여성들도 있었고 당시의 모르몬교 여성참정권 운동가들처럼 일부다처제인 경우도 있었다. 또한 여성들이 완전한 평등을 누릴 자격이 있다고 생각한 이들도 있었고 또 투표할 권리를 인정받는 것만을 생각하는 이들도 있었다. 그러나 이들은 모두 현명했기에 당분간 함께 앞으로 나아갈 수 있음을 잘 알고 있었다.

우리는 다른 사람을 도와주고 그들도 우리를 도와준다. 우리는 함께한다면 서로에게 훨씬 더 큰 도움이 되고 많은 결실도 이뤄낼 수 있다. 그렇게 해야 정의를 실현할 수 있다. 그러나 협력자를 만들면서 사람을 불편하게 할 수도 있다. 다시 말해 우리는 옳기만 하면 충분하다고 생각한다. 또 장점만이 중요하다고 생각한다. 이런 생각은 이론적으로는 옳을 수 있겠지만 현실에서는 그렇지 않을 때도 있다.

스토아학파 철학자 소(小) 카토는 강직한 도덕성과 청렴결백으로 유명했다. 오늘날의 세상처럼 고대 로마에도 카토와 같은 지도자가 더 많이 필요했다. 그러나 로마의 정치가이자 장군인 폼페이우스가 친척 간의 결혼을 제안하며 카토에게 동맹을 요청했을 때, 카토의 가족은 지지했으나 카토는 바로 거절했다.

카토는 청렴결백과 고립주의를 혼동하고 있었다. 그리고 실수로 자신과 로마를 희생시켰다. 폼페이우스는 대신 율리우스 카이사르의 딸과 결혼했고, 곧 매우 강력해진 카이사르는 로마공화정을 전복시켰다. 플루타르크가 정확하게 지적했듯이, 만일 카토가 "폼페이우스의 작은 잘못이 두려워 카이사르의 세력을 키워주는 실수를 저지르지 않았더라면" 결코 이런 재난도 일어나지 않았을 것이다.

스탈린은 좋은 사람은 아니었으나 제2차 세계대전에 승리하기 위해 연합국에 꼭 필요한 동맹자였다. 히틀러는 실수를 통해 이 사실을 깨달았다. 히틀러는 스탈린과의 불가침조약을 파기하고 그의 이전 동맹국을 침략하여 러시아를 영국과 미국이 있는 연합국 편으로 몰아넣는 실수를 한 것이다. 보통은 동맹국이 가장 많은 쪽이 승리를 거둔다. 간단한 문제다.

너무 고지식해서 협력이나 타협을 할 줄 모른다면, 약속을 지킬 수 없다면, 너무 부패하거나 이기적이거나 무례하여 협력자가 될 수 없다면, 다른 사람이 그 틈을 채워 힘을 키울 것이다. 그러고는 이들은 그 힘으로 옳지 않거나 정당하지 않은 대의를 내세워 자신들의 이익을 늘릴 것이다. 그렇다면 결국 누구를 위한 일이 되는 것일까?

스토아학파는 우리가 다른 사람들과 상부상조하기 위해 이 세상에 존재하는 것이라고 말했다. 스토아학파에 따르면, 서로 협력하고 좋은 관계를 맺고 타협하는 능력은 우리를 인간적으로 만드는 일이다. 물론 협력할 때 화나는 일이 생길 수도 있다. 함께 일을 도모해야 할 사람들과 같은 공간에 있는 것조차 엄청난 자제력이 필요할 수 있다. 하지만 그런 절제력으로 대의를 위해 분투하는 사람들이 있다. 이들은 밖에 나가서 정의를 외치며 사회운동을 주도하는 사람들 못지않게 중요한 사람들이다.

그중 한 사람이 시민권운동가 루이스 마틴이다. 이 인물이 없었다면 미국의 시민권운동은 매우 다르게 전개되었을 것이다. 선도적인 흑인 언론인이었던 루이스 마틴은 프랭클린 D. 루스벨트 대통령의 자문관 역할을 한 정계의 실력자였다. 또한 마틴은 케네디가와 연락을 취하도록 주선하여 마틴 루서 킹을 감옥에서 구제하고 존 케네디가 대통령에 당선되도록 도와준 일로 유명했다. 그리고 존슨 행정부에서 일할 때 서굿 마셜이 미국 최초의 흑인 대법관이 되는 데 일조했다. 막후에서 영향력을 발휘하는 루이스 마틴과 같은 사람의 천재성을 잘 알고 있었던 린든 존슨 대통령은 그런 사람이 세상에서 일을 처리하는 방식은 "세상의 중요한 일들에 가까이 가는 것"이라고 말했다.

저마다 간직하고 있는 신념이 서로 다를 수 있다. 또 협력해야 하는 사람을 싫어할 수도 있다. 그러나 선한 일들을 이뤄내기 위해 서로 힘을 합쳐야 한다는 것은 분명한 사실이다. 윈스턴 처칠은 "동맹과 싸우는 것보다 더 나쁜 일은 동맹 없이 싸우는 일이다"라는 말로 우리를 일깨운다.

자신이 싫다고 생각한 사람들, 더욱이 이전에 증오했던 사람들까지 포용한다면 더 좋을 것이다. 그렇게 우리는 서로 힘을 합하고 도움으로써 세상에 정의를 실현하는 놀라운 일을 이룰 수 있다. 하비 밀크와 트럭 운전자 조합원들은 그저 협력함으로써 서로 소통할 수 있는 연결 고리가 생겨났다. 동성애혐오자로 알려진 남성이 동성애자들을 이해하고 지지하게 되었다. 밀크가 기록한 것처럼, "트럭 운전자 조합원, 흑인, 멕시코계, 라틴계, 동성애자 등 이 모든 사람이 함께 힘을 모아 인권운동을 벌이는 투쟁"은 미래의 정의를 위해 씨앗을 뿌리고, 더 나아가 정의를 구현하는 멋진 일이었다.

적을 친구로 만들어 적을 사라지게 할 수 있다. 또한 누구든 친구로 만들어 우리를 무너뜨리지 못하게 할 수 있다. 서로 협력자가 되어 정의를 실현한다면 세상은 더 좋아진다.

07

권력 없는 최선은 없다

기원전 416년, 지중해를 다스린 강국 아테네는 에게해의 밀로스라는 작은 섬을 침략했다. 그 섬 자체는 아테네인에게 별로 쓸모가 없었다. 아테네인이 걱정했던 것은 그들의 적인 강력한 스파르타인이었다. 장기전이 될 펠로폰네소스전쟁이 시작되자 아테네는 밀로스섬을 공격하고 항복을 요구했다. 밀로스 사람들은 용감하게 저항했으나 수적으로 열세했다. 아테네인들은 밀로스를 포위한 다음 항복을 받아낼 협상가를 보냈다. 밀로스 사람들은 아무 이유 없이 하나의 독립국을 침략한 건 잔인무도한 일이라고 주장했다. 그들은 중립을 유지할 권리가 있었고 자유로울 권리가 있었다. 아테네인들은 자신들의 침략을 어떻게 정당화하려 했을까?

아테네인들은 자신들의 침략을 정당화하려고 애쓰지 않았다. 그들은 이렇게 설명했다. "우리는 허울 좋은 가식으로 당신들을 괴롭히지 않을 것이오." 그들은 장황한 연설을 하거나 자신들의 침략이 공정한 일인 척하지 않았다. 또한 도발을 조작하려고 하지도 않았다. 아테네인에게 이 일이 일어난 이유는 매우 단순명료했다. "강자는 할 수 있는 일을 하지만, 약자는 해야만 하는 것을 하느라 고달프다"라는 세상의 이치였다.

대놓고 말하기 어려운 부분도 서슴지 않고 표현한 아테네인들의 담판을 살펴보자. "우리는 힘이 세고 당신들은 힘이 약하다. 그러니 강자인 우리는 원하는 것을 할 수 있다." 이 말은 정말 끔찍하고 잘못된 것이지만 사실이었다. 그리고 그 이전과 이후에 일어난 역사를 지나치게 요약한 내용이기도 했다. "강한 힘이 세상을 지배한다. 힘이 없으면 정의를 실현하기도 어렵고 불의를 막기도 어렵다. 힘이 없으면 어떤 중요한 일을 해내기가 매우 어렵다."

로버트 F. 케네디는 미국의 법무부 장관으로 있었을 적에 시민권은 당연히 도덕적인 문제라고 생각했다. 케네디는 인종차별이 수 세대가 지나야 극복할 수 있는 뿌리 깊은 편견이라는 사실을 잘 알고 있었다. 그러나 또한 인종차별이 정치적 권력의 문제라는 사실도 잘 알고 있었다. 케네디가 흑인 지도자들에게 설명했듯이, 남부 정치인들이 선거 때마다 흑인 유권자들이라는 중요한 집단을 다루었더라면 그들이 연설에서 인종에 대해 그렇게 '무례한 태도'를 보이지 않았을 것이다. 그래서 마틴 루서 킹의 흑인 유권자 등록 운동을 비롯한 항의 운동이 빛을 발했다. 킹은 이렇게 말했다. "지금까지는 설득이라는 도구를 사용해 왔지만, 이제는 항의라는 도구를 사용해야 할 때가 되었습니다."

항의는 고상한 정서가 아니다. 항의는 몽고메리 버스 보이콧 운동에서 일어난 일이다. 흑인의 경제적 영향력을 생생하게 보여준 실천이었다. 대중 버스 체계를 거의 파산 상태로 이끈 이 운동은 인종에 대한 편견을 완전히 바꾸지는 못했어도 시 당국의 정책을 바꾸는 결과를 이끌어냈다.

클라크슨의 설탕 보이콧 운동도 이와 마찬가지가 아니었을까? 클라크슨이 공직에 있는 그의 정치적 협력자들을 동원한 일이었잖은가? 클라크슨은 노예무역이 부당하다는 자신의 신념으로 사람들을 설득하여 그 부당함에 맞설 힘을 결집하고 영향력을 만들어냈다.

노예제도의 수혜자들과 은행가들이 수백만 달러를 잃게 될까 우려하며 클라크슨의 노력에 저항했듯이 마틴 루서 킹도 자신의 운동에 남부 보안관들과 주지사들이 강력히 맞선 이유가 있다는 사실을 알게 되었다. 그 이유는 인종차별주의자들이 백인과 흑인의 결혼이나 만물의 자연 질서에 대해 주장하는 터무니없는 개념들을 훨씬 넘어선 일이었다. 인종차별주의자들은 자신들이 수적으로 열세하다고 생각했다. 그들은 또한 마틴 루서 킹이 흑인 유권자들을 등록함으로써 자신들의 생계가 위협 받는다고 생각했다. 그리고 마틴 루서 킹이 텔레비전 방송이나 신문 기사에 나올 때마다 자신들이 장악했던 제도나 자신들의 통제권을 약화시킨다고 생각했다. 그래서 그들은 그런 일이 생기도록 내버려두지 않으려고 했다.

현재 어떤 상태가 부당할 때 그로부터 이익을 얻는 누군가가 있다. 당연히 그들은 변화에 저항할 것이다. 이 세상에서 목격하는 거의 모든 일은 결국 힘의 불균형으로 설명할 수 있다. 예컨대 도시 한쪽은 멋지게 잘 꾸며져 있지만, 도시의 다른 쪽은 그렇지 않다. 한 집단은 재정적으로 긴급 구제가 되지만, 다른 집단은 그렇지 않다. 어떤 범죄는 가혹한 처벌을 받지만, 다른 범죄는 아주 가벼운 처벌을 받는다. 부유한 자들은 전쟁을 일으키지만 가난한 자들은 전쟁으로 목숨을 잃는다. 어떤 문제들은 거론되지만, 다른 문제는 거론도 되지 않는다. 이런 일들은 모두 치열한 권력투쟁의 결과다. 다른 사람에 대한 지배권을 확고히 한 누군가가 강제력을 이용하여 원하는 것 또는 필요한 것을 얻는다. 공정성의 여부를 떠나 어떤 권력투쟁 중 일부는 오래전에 해결되었지만 또 일부는 지금도 맹렬히 계속되고 있다. 정의의 승리는 이미 정해져 있지 않다. 힘이 없다면 정의는 분명히 승리하지 못한다.

정의를 위한 좋은 생각이나 대의명분이나 타당한 개념 등은 저절로 받아들여질 수 없다. 오히려 사람들이 이런 개념을 의식적으로 받아들일 때까지 노력해야 한다. 그러기 위해서는 영향력이 있어야 하고 매우 강력한 동맹 세력을 결집해야 한다. 또한 장애물이 생기거나 저항에 부딪히면 이를 극복해야 한다.

변화는 두려운 일이다. 승자와 패자가 존재한다는 의미이기 때문이다. 금전이나 혜택, 특권이 얽혀 있기 때문이다. 플로렌스 나이팅게일은 자신과 직원을 이렇게 일깨웠다. "질병에 관한 보고서의 효력이 저절로 나타나는 것은 아닙니다." 이 말은 그들이 무엇을 해야 하는지 알았기 때문에, 올바르고 공정하고 절실히 필요한 해결책을 설득력 있게 주장했기 때문에, 무고한 생명들의 생사가 달려 있었기 때문에 그 효력이 당연히 나타날 것이라는 의미가 아니었다. 그들은 그 보고서가 효력을 발휘하게 만들 권한이 필요했고, 그래서 높은 지위에 있는 친구가 필요했다. 또 그들은 자금과 대중의 지원도 필요했다. 그들은 목적을 달성하기 위해 직접 돌파해야 했다. 그래서 무엇보다 힘이 필요했다.

너무 많은 사회운동가들은 숭고한 면만을 찾는다. 그들은 제도 전체가 부패했기에 그 자체가 문제라고 생각한다. 그들의 말은 틀리지 않았다. 이 세상에는 문제가 있다. 그러나 때로 그들은 그 이상주의 때문에 아무것도 이루지 못한다. 그들도 똑같이 그 문제의 일부가 되고 만다. 거리를 둔 채로 부패한 제도를 바꾸기란 매우 어렵기 때문이다.

독일의 총리였던 앙겔라 메르켈은 이렇게 설명했다. "권력 자체는 전혀 나쁘지 않습니다. 권력은 필요합니다. 권력은 만드는 것이며 무엇인가를 하는 것입니다. 권력의 반대말은 무력함입니다. 아무리 좋은 아이디어가 있다고 해도 실천에 옮길 수 없다면 그것이 무슨 소용이 있겠습니까?"

권력의 반대말은 무력함이다. 그 무력함이 우리가 원하는 것일까? 우리는 불의에 항의하여 사임하거나 상대에게 한바탕 욕을 퍼부을 수도 있다. 또 세상이 부패했고 끝장났다고 비난할 수도 있다. 그러나 그렇게 함으로써 우리는 자신의 우월감을 내세우는 것 외에 아무것도 할 수 없는 무력한 존재가 될 수도 있음을 알아야 한다. 불의를 보고 분노할 줄 모르는 사람이 있을까? 분노만 터트린다고 해서 무슨 소용이 있겠는가?

이 세상에서 선을 행하기를 원하는 사람이라면 누구든 힘이 있는 학도가 되어야 한다. 불의를 일삼은 선동가나 독재자들뿐만 아니라 사회운동을 펼치며 정의를 실현한 훌륭한 지도자들에 대해 알아야 한다. 이들이 어떻게 힘을 효과적으로 획득하고 이용했는지, 또 어떻게 외부의 힘을 막았는지도 살펴보아야 한다. 그리고 이들은 어떻게 협력자들을 만들고 활용했는지, 또 어떻게 반대 세력과 고착된 이해관계를 극복했는지도 관찰해 보아야 한다.

세네카의 삶은 이런 미묘한 균형을 잘 보여준다. 네로를 위해 일한 세네카는 네로의 난폭한 행위를 누그러뜨리고 로마제국을 잘 이끌기 위해 네로의 잔혹성이 드러나는 현장에서 최선을 다했다. 세네카는 이런 노력으로 매우 부유한 사람이 되었고 네로 정권의 악행에 서서히 연루되어 손을 더럽히기도 했다. 알다시피 권력은 부패하기 쉬운, 위험한 수단이다. 우리는 권력을 탐내는 일은 경계해야 하지만 권력을 무시하고서 최선을 바랄 수도 없다.

아테네가 그런 것처럼 약한 나라를 괴롭히는 국가들은 여전히 존재한다. 우크라이나의 사례처럼 지금도 그러하다. 그런 국가들은 고통과 불의의 주된 원인이다. 권력자들끼리 서로 맞서는 세상, 선한 자들을 일방적으로 무장해제 시키는 세상은 더 좋은 곳이 될 수 없다. 강자는 바라는 대로 행하고 약자는 고통받는 세상이 되어버린다. 그런 세상은 올바르지도 않고 청렴하지도 않다.

올바르면서 청렴한 세상을 만드는 일은 불가능할까? 충분히 가능하다. 1860년, 남부에서 지배를 근간으로 하여 만들어졌으나 이후 정치적·경제적 기반으로 성립된 노예제도를 확대하려고 했을 때, 대통령직에 도전하던 에이브러햄 링컨은 뉴욕 시의 쿠퍼 유니언에 모인 공화당원들에게 위축되지 말고 투쟁을 강화해야 한다고 권고했다. 이들은 새로운 법이 통과되는 것을 멈출 힘이 필요했고, 법정에서 변론할 변호인들이 필요했으며, 법원을 통제할 재판관의 임명이 필요했다. 또한 곧 전쟁터에 보낼 군인이 필요할 수도 있었다. 링컨은 연설에서 이렇게 말했다. "우리는 모함을 받아 우리의 의무가 모략을 당하도록 두지 말아야 합니다. 그리고 정부를 파괴하거나 우리를 감금하겠다는 위협을 받아도 우리의 의무를 행하는 일을 두려워해서는 안 됩니다." 그런 다음 링컨은 굳은 결의로 목소리를 높여 이렇게 말을 이었다.

> "정의가 곧 힘이라는 믿음을 가집시다. 그리고 그 믿음을 갖고 우리의 의무를 다하도록 합시다."

힘에 맞설 힘, 권력에 맞설 권력을 끌어내는 용기가 필요하다. 권력에 맞설 권력만이 유일하게 존경받는 힘이다.

08

실용적인 이상주의자 되기

1977년 지미 카터는 미국의 39대 대통령으로 선출되었다. 대통령의 취임 퍼레이드가 있은 지 불과 몇 시간도 지나지 않아 지미 카터는 오후 4시 35분에 맥스 클레런드라는 육군 참전용사와의 면담을 청했다. 그를 임명하고 놀라운 발표를 의논하기 위한 면담이었다.

카터는 케산 전투에서 두 다리와 한쪽 팔을 잃은 클레런드에게 재향군인관리국을 이끌어달라고 청한 후, 베트남전쟁 징집 기피자들을 완전히 사면하도록 지시했다. 이 사면은 징집을 피해 캐나다로 도피했던 미국인들이 고국으로 돌아올 수 있도록, 그들이 숨어 있는 곳에서 나와 수치와 오명을 없앨 수 있도록 "국민의 상처를 치유하는 일"이었다. 카터는 이해하고 용서할 때가 되었다고 확신했다.

클레런드는 완전한 사면에 찬성하면서도 그 일이 상원의원에게 비난받을 수 있으니 카터의 두 번째 임기 때까지 미루는 것이 어떻겠냐고 대통령에게 조언했다. 그러자 카터는 이렇게 대답했다. "그들 100명 모두가 반대하더라도 상관없소. 그건 해야 할 올바른 일이오."

그런 뒤에 카터는 그 사면을 실행했다. 그는 두 번째 임기를 이어갈 기회를 망쳐버렸기에 그 순간이 마지막 재임 기회였다. 놀라울 정도로 유능한 대통령인데도 불구하고 1980년에 로널드 레이건이 압도적으로 승리하며 카터는 재선에 실패하게 되었다. 카터가 취임 첫날에 내린 그 결정이 어느 정도 실패의 원인이 되었을 것이다.

카터는 조국에 해가 되는 어떤 일도 하기를 원치 않는다고 늘 말했다. 그래서 카터는 옳은 일을 하는 것을 미루지 않았다. 카터는 왜 첫 임기 동안 미국이 소유했던 파나마운하를 정당한 주인인 파나마에 돌려주는 일, 이스라엘과 팔레스타인 분쟁을 중재하며 중동에 평화를 안겨주는 일로 씨름했을까? 카터가 좀 더 실용주의 노선을 취했더라면 더 많은 일을 성취할 수 있었을까? 이상주의를 덜 내세웠더라면 정책을 좀 더 적극적으로 잘 펼칠 수 있었을까? 카터의 지지자들은 이런 생각이 뇌리에서 떠나지 않았다. '카터에게 또 한 번의 임기 4년, 권력의 4년이 주어졌다면 무엇을 할 수 있었을까?'

물론 목표를 이루는 사람들은 실용주의와 이상주의를 모두 실천해야 한다. 하비 밀크를 잘 알았던 사람들은 다음 선거 운동에서 그의 모습을 보고 충격을 받았다. 하비 밀크는 더욱 품위 있게 보이려고 긴 머리를 잘랐다. 1977년에 마침내 시의원에 당선된 밀크는 몰라볼 정도로 모습이 바뀌어 있었다. 밀크는 담배를 끊고 콧수염을 자르고 깔끔하게 양복을 갖추어 입기 시작했다.

협업할 자세가 되어 있음을 보여주는 하비 밀크의 변화한 모습은 협력자를 끌어모았다. 어떤 사람은 이런 태도가 잘못되었다고 말할 수 있다. 외모를 중요하게 여겨서는 안 되고 사람들이 원하는 대로 옷을 입고 행동해야 하며, 중요하게 여겨야 하는 것은 오직 인간의 품성과 올바른 대의뿐이라고 따질 수도 있다.

여기서 의미하는 바는 무엇일까? 우리는 실용주의가 왜 필요한지를 보여줌으로써 그 중요성을 확인하고 있다. 우리는 일이 어떻게 되어야 하느냐가 아니라 실제로 일이 어떻게 되고 있느냐를 따져보는 중이다. 다시 말해 이론이 아니라 우리 앞에 놓인 실제의 상황, 가정이 아닌 사실을 논하는 것이다. 하비 밀크가 앞으로 나아갈 방식은 꽤 분명했다. 밀크는 이렇게 설명했다. "나는 마리화나 담배를 피우거나 깔끔하지 못한 행색 때문에 일을 망치지 않는 것도 매우 중요하다고 생각했습니다."

대의를 위한 행동이 중요한 만큼 그 행동이 실용적이어야 한다. 실용주의라는 장점으로 성과를 거둔 훌륭한 대의를 꼽는다면 미국 수정헌법 제13조의 통과일 것이다. 그 결과 노예제도를 미국에서 영원히 없앨 수 있었다. 그 결실이 이루어지기 전까지 남북전쟁이 4년 동안 벌어졌고 수많은 군인이 목숨을 잃는 희생을 치렀다.

링컨은 노예제도 문제에서 올바른 편에 서 있다고 확신하며 이렇게 말했다. "노예제도가 잘못되지 않았다면 세상에 잘못된 것은 아무것도 없다." 그러나 그런 사실이 노예제도 폐지 법안의 통과에 필요한 총투표수가 부족하다는 골치 아픈 일을 바꿔놓지는 못했다.

링컨은 '국민의, 국민에 의한, 국민을 위한 정치'를 말하며 남북군의 전사자를 위로했던 게티즈버그연설에서 이 문제를 언급하지 않았다. 또한 선량한 대중에게 호소하지도 않았다. 링컨은 정치인으로서 20년 이상을 노예제도 폐지를 위한 일에 착수했다. 그는 타협을 시도했고 의안을 통과시키려고 결탁했으며 압력도 가했다. 링컨은 로비스트에게 이렇게 말했다. "어떻게 할 것인지는 당신에게 맡기겠소. 나는 막강한 권력을 부여받은 미국의 대통령이니 당신이 그 두 표를 확보해 주리라 기대하겠소." 노예제도 폐지는 그 과정이 좋았던 것만은 아니었으나 노예가 된 사람들뿐 아니라 아직 태어나지 않은 수백만 명의 사람들을 위해 이뤄낸 일이었다.

정의 실현은 실제로는 그렇게 멋지게 벌어지지 않는다. 해리 트루먼도 정의를 실현하기 위해 정직성과 청렴결백뿐 아니라 행정부 안에서 책무를 완수하고 살아남을 능력이 필요했다. 또한 정의를 실현하기 위한 일들 사이에는 갈등이 따른다는 것도 잘 알고 있었다. 예컨대 트루먼은 국채 발행을 통과시키기 위해 동료 판사가 1만 달러를 횡령한 사실을 무시해야 했고 또 그 판사가 납세자들이 내는 세금 100만 달러 이상을 횡령한 사실도 모른 척 넘어가야 했던 고통스러운 순간이 있었다.

트루먼은 아주 사적인 일을 글로 쓰며 이렇게 생각에 잠기곤 했다. "내 행동이 옳았을까? 아니면 내가 중죄에 합의한 것일까? 잘 모르겠다. 650만 달러짜리 도로 공사를 따내고 사기꾼들을 화나게 했던 나였는데…. 나는 행정인이라 할 수 있을까? 아니면 책무를 완수하기 위해 타협하는 사기꾼인 걸까? 다른 이들이 판단해 주겠지만 난 잘 모르겠다." 미덕 없는 실용주의는 위험하고 무의미하다. 실용주의 없는 미덕은 효과가 없고 무력하다.

샤를 드골은 정치가란 미숙한 용기로 앞장서지 말고 "언제 진의를 숨겨야 하고, 또 언제 솔직해야 하는지를 알아야 한다"라고 설명했다. 드골은 또한 "행동하는 사람은 누구나 자기중심성, 자존심, 냉정함, 교활함을 갖추고 있지만, 그런 태도는 훌륭한 목적을 달성할 수단이 된다면 너그럽게 허용되며 높은 자질로 여겨질 수도 있다"라고 했다.

드골이 한 말은 마키아벨리즘, 즉 권모술수에 능한 것처럼 들리지 않는가? 틀린 말은 아니다. 마키아벨리는 이상주의자들이 말하듯 그 정도의 나쁜 사람은 아니었다. 그들과 마찬가지로 원칙주의자였던 마키아벨리는 사실 민중의 자유를 보장하는 나라를 만들려다가 잔인하게 고문을 당했다. 또한 현실주의자였던 마키아벨리는 군주가 선한 세상을 만들기를 바란다면 악에 대항할 선에 걸맞게 사자와 여우가 될 필요가 있다고 생각했다. 즉 사자와 같은 용맹스러운 힘과 여우와 같은 요령 있는 간교함을 갖추어야 한다고 여겼던 것이다.

목적이 항상 수단을 정당화하는 것은 아니다. 하지만 목적을 달성하지 못하면 무엇을 정당화할까? 그것이 정의일까? 불의와 비인간적 행동이 훌륭한 목적에 의해 정당화되는 일이 종종 있다. 그 이면에 이해관계가 있기 때문이다. 그러나 무력하고, 비현실적이고, 순진하다면 선이 승리할 수가 없다. 그들의 적이 사악하고 공격적이고 변덕스럽고 포기할 줄 모를 때라면 더더욱 그렇다.

칸트는 살인자가 문을 두드려 아이들이 어디에 있는지 물어봐도 거짓말을 해서는 안 된다는 유명한 말을 했다. 이 말은 마치 우리 자신을 위해 살인자의 물음에 대답하라는 소리 같지 않은가? 다시 말해 우리가 돌보아야 할 사람에 대해 그리 신경을 쓰지 말라는 소리 같다. 현실의 사람보다 엄격한 원칙을 중히 여기는 말처럼 들린다. 또한 살인자나 정적들이 우리가 그런 나약한 태도를 취하기를 바라는 것처럼 들린다. 그러면 우리를 공격하기 쉬운 무력한 대상으로 만들 수 있기 때문이다.

관념론자나 철학자는 순수하게 이론만을 내세울 수 있다. 하지만 지도자는 결정을 내리고 행동으로 옮겨야 한다. 그래서 지도자는 이상주의자일 뿐 아니라 현실주의자여야 한다. 지도자들은 보호해야 할 일들이 있기 때문이다. 그들은 민중이 배고프지 않을 때도 빵 한 조각을 가볍게 무시해서는 안 된다. 그들은 사실이 아닌 가능성에 기대거나 일어나지 않은 일을 사실이라고 주장하면 안 된다. 세상이나 상황을 원하는 대로가 아니라, 그대로 받아들여야 한다.

어떻게 현실주의자와 이상주의자 사이에서 균형을 잡을 수 있을까? 예컨대 히틀러 암살계획에 가담하다가 처형된 본회퍼는 누구보다도 신앙심이 깊고 나치 정권에 염증을 느낀 사람이었다. 그러나 본회퍼는 동료 한 명이 나치 경례를 거부하는 모습을 보았을 때 제정신이 아니라고 나무라며 이렇게 말했다. "팔을 올리시오! 우리는 많은 일에 위험을 무릅써야 하지만 이런 어리석은 일에 목숨을 걸 필요는 없소."

자신의 북극성이 무엇인지 알고 있다면 이런 결정을 내릴 능력이 생긴다. 목적이 모든 수단을 정당화하는 것은 아니지만 목적이 있다면 우리는 명확성, 약간의 재량권, 우선순위를 정할 능력이 생긴다. 북극성을 따라간다는 말은 폭포나 물살이 매우 빠른 강으로 뛰어드는 험난한 곳으로 향한다는 의미가 아니다. 숙련된 항해자는 혹독한 난관에도 포기하지 않고 장애물을 극복하면서 방향을 바로잡는 방법을 터득한다.

어떤 문제를 만들어내거나 일어나도록 하는 정치는 공정하지 못하며 가치가 없는 일이다. 우리는 완벽한 사람을 기다릴 수 없고 순수한 척할 수도 없다. 이 세상에서 선을 행하는 일은 쉽지 않다. 훼방꾼이나 장애물도 있을 것이다. 우리는 상대에게 욕할 수 있고, 절망할 수 있으며, 비난할 수도 있다. 아니면 묵묵히 우리가 선을 행하는 일을 시작할 수도 있다.

지미 카터의 이야기로 다시 돌아가 보자. 지미 카터는 시민권운동 지도자들에게 그들이 선거운동이 아니라 자신의 행정 능력을 좋아할 거라 말할 정도로 실용주의자였다. 때로 어떤 일들은 목적을 위한 수단이 됨을 카터는 잘 알고 있었다. 취임 첫날 그런 뜨거운 쟁점을 다루기로 한 그의 결정은 순진하고 무모했던 것일까? 그렇게 생각하는 사람들도 있다. 그러나 그런 결정이 꽤 실용적이었다고 평가하는 기록도 있다. 첫 임기 동안 지미 카터가 실행했으나 좋은 평가를 받지 못했던 일 중 하나는 안전벨트와 에어백을 의무화하는 행정명령을 내린 일이었다. 이 일이 이상적이었건 실용적이었건 카터의 결정 때문에 오늘날 수백만 명의 사람들이 말 그대로 살아 있다.

우리는 삶을, 권력을, 그리고 시간의 어느 순간을 얼마나 오래 지닐지 알 수 없다. 어떤 일을 미루면 분명 더 좋은 기회를 잡을 거라고 말해줄 사람도 없다. 그러니 지금 당장 옳은 일을 하는 것이 언제나 가장 실용적이다. 정의를 실현하기 위한다는 목적이 있다면 우리는 바로 지금부터 옳은 일을 실천해야 한다.
자신을 믿고 따르는 사람들을 위해.

09

능력 없는 선의는 무의미하다

플로렌스 나이팅게일은 자신만의 길을 천천히 걸어갔다. 나이팅게일이 '그날 신으로부터 소명을 받았다'고 회고하는 시점부터 크림전쟁을 치르던 영국군 야전병원에서 활약하며 세상을 변화시키는 데까지는 거의 20년이라는 세월이 걸렸다. 그러나 나이팅게일은 그 오랜 세월 동안 길을 잃지 않았다. 그 기간은 시대를 앞서나가는 예술가가 인정받지 못하는 일종의 수습 기간이었다.

초반은 한 명의 여성이 소명을 추구하는 일이 가능한지를 탐구하는 시기였다. 나이팅게일은 조언자와 후원자들을 찾아다녔고, 할머니와 동행하여 병든 친척들과 근처 마을 사람들을 간호하기 시작했다. 그러고는 독일과 프랑스에 있는 병원에서 자원봉사를 했다. 그곳에서 나이팅게일은 병동에서 일할 때 느끼게 되는 중압감뿐 아니라 몹시 나쁘고 비참한 당시의 간호 환경을 직접 경험했다. 이를 알게된 후 1845년 나이팅게일은 한 친구에게 이렇게 편지를 썼다. "이번 여름에 나는 눈앞에서 한 불쌍한 여자가 죽는 것을 보았어. 그 여자가 죽은 이유는 바보들이 그를 밤새도록 간호했기 때문이야. 그들이 그에게 비소를 준 것이나 다름없었어."

당시에는 상류층 여성이 병자나 빈민을 돕는 등 거친 일로 자신을 더럽혀서는 안 된다는 잘못된 편견이 지배적이었다. 여성이라면 태생적으로 다른 사람을 돌보는 데 능숙하다는 성차별적인 인식도 만연했다. 명문가의 맏아들이 선천적으로 군대를 통솔하거나 관직을 맡는 탁월한 능력이 있다는 오랜 믿음처럼, 이런 고정관념에는 근거가 없다. 나이팅게일은 이런 생각들을 차례로 깨뜨렸다.

나이팅게일은 의사뿐 아니라 간호사의 엄청난 무능에 매우 충격을 받았다. 그들은 선의를 갖고 있었지만 자신들이 무엇을 하고 있는지는 전혀 몰랐다. 선의가 아무런 소용이 없었다는 뜻이었다.

나이팅게일은 이렇게 말했다. "병원에 가장 먼저 요구한 원칙은 '환자에게 해가 되어서는 안 된다'는 것이었습니다. 이상하게 들릴지 모르겠지만 그런 원칙을 세워야만 했어요. 병원에서, 특히 인구가 밀집한 대도시의 병원에서 집계된 사망률은 병원

밖에서 치료받던 환자의 사망률보다 훨씬 높았기 때문입니다."

의사와 간호사가 자신들의 무능에 문제의식이 없었기 때문에 환자들에게 적절한 도움을 주지 못했을 뿐 아니라 쉽게 사망에 이르도록 만들었다. 그렇게 죽은 환자들로 묘지가 붐비는 동안 의사와 간호사는 자신들이 느끼는 동정과 헌신을 스스로 칭찬하고 있었다.

미국의 시인 헨리 워즈워스 롱펠로는 그의 유명한 시에서, 나이팅게일을 병원 복도를 미끄러지듯 돌아다니며 아픈 사람과 죽어가는 사람을 위로하는 '천사'로 묘사했다. 정말 아름다운 모습이다. 그러나 그 묘사는 옳지 않다. 나이팅게일은 다른 간호사들에게 부상자를 치료하고 위로하도록 가르치는 엄격한 스승이었다. 늦은 밤 책상에 기대어 보고서를 읽거나 정치인과 장군들에게 편지를 쓰거나 보급품을 주문하거나 자원을 확보하기 위해 씨름했으며, 병원을 운영하고 문제를 해결하고 일을 더 위생적이고 효율적으로 만들 수 있도록 방식을 고쳐보려 갖은 애를 썼다.

1855년, 나이팅게일과 함께 일한 어느 동료는 가족들의 편지에 이렇게 답장을 쓰곤 했다. "대중들은 나이팅게일이 병상 옆에서 간호하는 모습만을 상상해요. 그랬다면 모든 일은 정말 쉽고 만족스러웠을 거예요. 하지만 그는 지원을 요청하고 담당자를 설득하기 위해 수많은 편지를 쓸 뿐만 아니라 비열하고 이기적이고 무능한 자들을 다루기까지, 정말 지치고 고된 나날을 보내고 있어요."

나이팅게일은 눈앞의 환자를 치료하는 것만큼 깨끗한 병상이 중요하다는 것을, 환자를 돌보는 사람에게는 자기희생보다 영양가 있는 식사와 난방기가 더 필요하다는 것을 깨달았다. 이러한 생각을 바탕으로 그는 간호사들에게 천사가 되기를 요구하는 대신 병원의 업무 흐름을 개선하는 방향을 연구했고 더 나은 소통 체계를 만들어냈다. 예컨대 환자가 도움이 필요할 때 벨을 울리도록 해서 간호사가 계단을 오르락내리락해야 하는 시간은 줄이고 간호에 더 집중할 수 있게 했다. 또한 병원에 더 나은 환기 요건을 갖추기 위해 분투했으며 수천 명의 대중에게 기부금을 받았다.

그 뒤 나이팅게일은 그 기부금을 성실하고 노련하게 잘 관리했다. 제2차 세계대전이 일어났을 때, 영국 정부의 한 감사관이 영국 육군 의료서비스의 회계제도를 검토하다 그 체계가 인상 깊을 정도로 매우 효율적이고 정확하다는 것을 알게 되었다. 정부 관료들은 그 회계제도를 설계한 사람이 80년 전의 인물인 플로렌스 나이팅게일이란 사실을 알고 충격을 받았다. 그 결실은 나이팅게일이 이룬, 당시에는 제대로 인정받지 못했던 또 하나의 혁신과 개선이었다.

좋은 일을 하려면 타인에게 관심을 기울여야 한다. 그러나 겉으로만 호의를 보이고 속으로는 비난하는 경우도 있다. 우리는 어떠한가? 고통을 겪고 있는 사람을 향한 동정심을 과장해서

겉으로 드러내는 것은 아닐까? 이는 지옥으로 가는 길이 선의로 포장되어 있다는 말과 다를 바 없다. 정의를 실현하기 위해서는 시간과 돈과 통솔력이 필요하다. 또한 그런 요건으로 일을 잘해 낼 능력이 있는 사람이 필요하다.

우리는 '개념'이 아닌 '삶의 기술'로 정의에 접근하는 사람, 정의를 더 잘 실현시킬 수 있는 직업으로 접근하는 역량이 있는 사람이 될 수 있을까? 역량은 선천적으로 생기는 권리가 아니며 대의가 옳다고 해서 그 대의에 따라 저절로 생겨나는 것도 아니다. 정의를 추구할 때는 동정심이 필요하지만 그것만으로는 충분하지 않다. 또한 용기와 절제도 필요하지만 그에 알맞은 능력이 없다면 무의미할 뿐이다.

지미 카터가 대통령 임기 동안 고전했던 이유는 그의 대담한 태도 때문이 아니다. 모두의 조언과 반대로 백악관 수석 보좌관을 고용하지 않았기 때문이라고 할 수 있다. 카터는 훌륭한 사람이었으나 자신에게 들어온 모든 임무를 처리하는 데 어려움을 겪었다. 사회학자이자 철학자인 막스 베버는 정치적 변화를 "단단한 나무판을 천천히, 지루하게 뚫어나가는 것"이라고 표현한 적이 있었다. 실용적인 방법은 하나의 역량이다. 결단력과 위임도 마찬가지로 역량이다. 그러나 역량은 역량이므로 이를 대신할 힘이 없다.

나이팅게일은 해결하려고 했던 문제를 파악하는 데 수년이 걸렸다. 그리고 또 그 해결책을 실천하기 위해 저항하고 장애물과 싸우는 데 수년이 더 걸렸다. 그 후 전쟁 지역에서 부상자를 치료할 때는 생사가 걸린 고난도 뒤따랐다. 그러나 나이팅게일은 심약하거나 서투른 사람이 아닌, 역량이 있는 사람이었기에 그렇게 자신의 소명을 계속 이어갈 수 있었다.

해리 S. 트루먼의 사례를 살펴보자. 마셜플랜은 그저 레임덕 위기에 처한 대통령이 자신의 반대 세력에게 찬성표를 던질 구실을 주기 위해 당시 참모총장으로 존경받던 마셜의 이름을 붙인 것이 아니었다. 트루먼은 그 경제원조계획에 소련과 동유럽 국가들도 포함시켰다. 그래서 마셜플랜이 '사리를 도모하는 일'이라는 정치적 비판을 무색하게 했다. 윈스턴 처칠이 "가장 고결한 행동"이라고 말했던 마셜플랜은 훌륭하게, 그리고 교묘하게 제시되었다.

대공황 시기에 루스벨트가 시도한 노력도 마찬가지였다. 그노력은 단순히 루스벨트가 대담했다거나 민생을 돌보려 한 일만을 의미하진 않았다. 루스벨트가 대공황 극복을 위해 추진한 뉴딜정책은 정치 제도를 변화시켰다. 루스벨트는 이전이나 이후에 아무도 사용한 적 없는 방식으로 권력이라는 지렛대를 효율적이고 적극적으로 움직인 것이다.

마틴 루서 킹은 이렇게 말한 적이 있다. "내가 저지른 가장 흔한 실수는, 우리의 대의가 정당하기 때문에 당연히 남부의 백인 성직자들이 기독교인으로서 양심에 가책을 느끼며 우리를 돕기 위해 일어설 것이라 확신했던 일이었다." 킹은 조직력과 전략 없는 행동은 대의를 실패로 이끈다는 것을 깨닫게 되었다. 마틴 루서 킹은 여러 인권운동가들의 도움으로 무시할 수 없는 정치와 언론의 힘을 갖게 되었다. 이후 그 힘을 린든 B. 존슨과 합쳤다. 존슨은 케네디보다 더 인종차별주의자이고 덜 이상주의자였지만, 입법을 끌어내는 데는 귀재였다. 어디에서 힘을 찾아내고 어떻게 사용해야 하는지 잘 알고 있었던 존슨은 킹의 힘과 결합하여 선을 실현하기 위한 막을 수 없는 힘을 만들어냈다. 그리고 그 힘은 크든 작든 선을 세상에 가져오기를 바라는 모두를 위한 본보기가 되었다. 킹은 이렇게 말했다. "나는 역사 속의 성자들을 모두 본보기로 삼으려고 노력합니다. 이런 분야에서 활동하는 사람은 누구나 예리한 정치감각을 갖출 필요가 있습니다."

그런 현실을 절실히 깨닫게 된 또 다른 인물은 시어도어 루스벨트였다. 루스벨트는 세상의 절반이 어떻게 사는지를 알게 된 후 여러 부패한 이익단체를 공격하기 시작했다. 그러나 루스벨트는 정적의 뛰어난 계략과 그들이 통제하는 판사 및 기자들에 의해 번번이 좌절을 맛보았다. 루스벨트의 친구 제이컵 리스는 "정직함만으로 충분하지 않다"라고 말하곤 했다. 결국 나라의 정치적·경제적 상황을 변화시키기 위해 루스벨트는 정당해야 했을 뿐 아니라 자신을 방해하기를 원하는 사람들보다 더욱 요령 있고 노련해야 했다.

어느 분야든 마찬가지이다. 중요한 것은 작가가 어떤 의미 있는 말을 갖고 있느냐가 아니라, 그 말을 독자에게 전달할 능력이 있느냐이다. 또 정치인이 모두 알맞은 자리에 배치되었느냐가 아니라 제도가 어떻게 돌아가는지를 아느냐, 유능한 참모가 있느냐, 일을 완수하는 데 필요한 인맥이 있느냐가 중요하다. 또 변호사가 기꺼이 사건을 맡느냐가 아니라 그 사건을 이길 수 있느냐가 중요하다. 고통을 받는 사람이나 약자들을 측은하게 여기거나 그들을 돕기 위해 노력하느냐가 아니라 그 노력이 일시적인 효과에 그치지 않고 영원히 고통을 덜어주느냐가 중요하다.

정의를 실현하는 데에는 정치적 통찰력과 사람을 다루는 기술만 중요한 것이 아니다. 물리적인 힘이나 재원을 확보하는 능력, 이길 수 있는 역량도 중요하다. 세상에는 악한들이 존재한다. 이들은 흔히 강하고 폭력적이며 위험한 힘을 이용하여 자신의 악의를 다른 사람들에게 강요하곤 한다. 이런 악한과 누가 맞서겠는가? 이들을 막을 정도로 강한 사람이 있어야 하지 않겠는가? 선의는 간직한다고 이뤄지는 것이 아니다.

변화를 실현하려는 노력에는 시간이 걸린다. 나이팅게일은 자신의 타고난 잠재력을 바위처럼 단단한 역량으로 바꾸는 데 수년이 걸렸다. 마틴 루서 킹 또한 여러 실패를 거듭하고 시행착오를 거치며 배워나갔다.

만약 세상이 쉽게 변하거나 쉽게 헌신할 수 있다면 누구나 그렇게 할 것이다. 또한 문제가 저절로 해결된다면 모든 문제는

크게 노력하지 않고도 금방 없어질 것이다. 그러면 세상은 공정
하고 아주 멋질 것이며 올바른 사람이 늘 책임을 질 것이다. 그
때가 오기 전까지는 우선 스스로 영리하고 유능하고 역량 있는
사람이 되어야 한다.

10

가난해지지 않는 나눔

유대교 랍비인 작가 해럴드 쿠슈너는 책을 저술하기 위해 자리에 앉았을 때 미루려고 하지 않았다. 주저하지도 않고, 많은 생각을 하지도 않고 그저 그 일에 바로 착수하려고 했다. 글쓰기는 쿠슈너가 율법에 맞춰 살아가기 전에 유일하게 허용한 하나의 작은 의례였다. 쿠슈너는 언제나 원고지나 메모지가 아닌 수표책에 가장 먼저 펜을 내려놓았다. 자신과 아내가 후원하는 자선단체에 보낼 소액의 기부금을 적어넣기 위해서였다. 고대인들이 뮤즈를 비롯한 여러 신에게 제물을 바치며 전투를 준비했던 것처럼, 쿠슈너도 선함을 먼저 실천한 후 예술 전쟁에 뛰어들었다. 그렇게 좋은 글을 쓸 하루를 위한 준비를 했다.

더 잘하고 싶다면 관대한 태도가 필요하다. 그 관대함을 실천하기 위한 유일한 방법은 태도를 행동으로 옮기는 일이다. 관대함을 실천하는 일, 즉 자선은 나중에 우리의 형편이 더 나아질 때 하는 일이 아니다. 누군가가 필요로 할 때만 하는 것도, 일시적으로 한두 번 하는 것도 아니다. 자선은 변함없이, 정기적으로, 당연히 하는 일이다. 그런 행동은 우리의 중요한 일부가 되고, 그 자체로 일종의 북극성이 된다.

안네 프랑크가 부모로부터 배운 좌우명은 "나눈다고 가난해지는 않는다"였다. 히브리어로 '자선'을 뜻하는 단어 체다카(Tzedakah)는 '정의'를 의미하기도 한다. 불우이웃에게 돈을 나눠주면 살림이 거덜 난다고 생각하는 사람들도 있다. 물론 그 돈은 우리가 땀을 흘려서 힘들게 벌어들인 수익이다. 게다가 그 돈을 알맞게 투자하면 복리 효과로 어떻게 늘어나는지도 알고 있다. 그리고 그 돈으로 할 수 있는 다른 재미있는 일이나, 먼 훗날 그 돈이 몹시 필요할 순간이 있을 거라 생각할 수밖에 없다.

그러나 이 모든 생각은 오히려 돈에 더 너그러워져야 하는 이유이기도 하다. 우리는 우리의 의무를 다하기 위해, 우리의 잠재력을 실현하기 위해 열심히 일한다. 재정적인 보상은 기분 좋은 일이지만 그것만을 위해서 일하지는 않는다.

받은 축복을 나누는 일에는 여러 방법이 있다. 플로렌스 나이팅게일이 자신의 삶을 상류사회에서 보내는 대신 인류를 살리는 데 헌신했듯이, 우리도 관대함을 베풀 수 있다. 시간을 쓰거나 칭찬하는 것으로도 관대함을 베풀 수 있다. 도움을 요청할 때 흔쾌히 들어줄 수도, 마음의 문을 항상 열어둘 수도, 낯선 이들에게 미소 지을 수도, 관계를 맺어줄 수도, 외롭지 않은지 살펴줄 수도, 위로를 건네줄 수도 있다. 힘과 영향력을 이용하여 약자를 위해 투쟁할 수 있다. 또 타인에게 관심을 기울이고 조언을 해주는 너그러운 사람이 될 수 있다.

친절은 늘 베풀 수 있다. 돈이 얼마나 많은지, 권력이 얼마나 센지는 중요하지 않다. 그 무엇도 우리가 관대함을 베푸는 일을 막을 수 없다. "잘 지내고 있어요?" "뭐 필요한 거 있으세요?" "정말 잘했어요!" "감사합니다." 이런 말을 하는 데는 돈도 한 푼 들지 않는다. 세상의 어떤 문제도 우리가 관대함을 베푸는 일을 막을 수 없다.

1920년대 후반부터 1930년대까지 미국의 대공황 시기에 부랑자나 떠돌이 일꾼들은 철로에서 가까운 지미 카터의 고향 집에 종종 들르곤 했다. 카터의 어머니는 그들에게 늘 먹을 것을 마련해 주었다. 지미 카터는 도움이 필요한 사람에 대한 마음의 짐을 항상 짊어지고 살아갔다. 90대가 될 무렵에 그는 타인을 돕는 데 시간과 돈을 기부하며 살았고 심지어 자력으로 살아갈 여유가 안 되는 사람들을 위해 집도 지어주었다.

랠프 월도 에머슨은 자기 신뢰에 관한 에세이를 쓴 작가로 유명하다. 그런데 에머슨이 믿을 수 없을 정도로 관대한 사람이었다는 사실은 잘 알려지지 않았다. 에머슨은 돈과 시간과 격려로 자선을 베풀었다. 뉴잉글랜드에 사는 사람들은 에머슨의 집에서라면 언제든 환영받는다는 것을 잘 알고 있었다. 작가, 철학자, 사회주의자, 정치가 등 여러 사상가들이 그곳에 집결했고 이후 역사가들이 '초월주의자 클럽'이라 부르는 비공식적인 모임이 자연스럽게 만들어지기 시작했다.

에머슨은 수많은 예술가와 지식인들이 경력을 쌓는 것을 이끌어주고 도와주었다. 철학자 헨리 데이비드 소로가 오두막을 짓고 살았던 월든 호숫가는 에머슨의 소유지였다. 에머슨은 더 많은 사람이 지식을 접할 수 있도록 지식 확산 운동에 앞장서고 공공 도서관을 짓도록 재정적으로 후원하는 등 교육에 힘썼다. 에머슨이 남긴 말처럼 "가장 많은 은혜를 베푸는 사람은 위대하다." 우리는 성공한 사람일수록, 자립성이 강한 사람일수록, 자신이 받은 혜택이 많은 사람일수록 타인들도 그 풍요로움을 누릴 수 있도록 도와야 한다.

많은 혜택을 받은 자에게는 많은 헌신이 따른다는 말이 있다. 많은 혜택을 받았다면 우리는 그 혜택으로 무엇을 할 것인가? 누구를 도울 것인가? 또 무엇을 베풀 것인가? 우리 모두에게는 손해를 볼 정도로, 많은 노력을 쏟을 정도로, 희생을 감수할 정도로 베풀 의무가 있다. 그런데 왜 우리는 그 모든 혜택을 계속 소유하려고 할까? 그 혜택은 처음부터 우리의 것이 아니다. 소아마비 백신을 처음으로 세상에 내놓은 의학자 조너스 소크는 TV 인터뷰에서 그 백신의 특허권을 누가 갖게 되었느냐는 질문을 받았을 때 이렇게 대답했다. "글쎄요. 아마도 인류겠죠.

특허 같은 건 없습니다. 태양에도 특허를 낼 건가요?" 소크는 여러 자선 기부를 통해 연구 자금을 받았기에 자신이 그전까지 이어진 과학적 발견을 바탕으로 업적을 이룰 수 있었다는 사실을 깊이 있게 이해하는 사람이었다.

마르쿠스 아우렐리우스는 지나온 삶을 이렇게 회고했다. 자신은 돈을 요구할 필요가 없었던 삶을 살아서 운이 좋았다고, 그러나 다른 사람들이 돈이 필요할 때마다 그들을 도울 수 있는 위치에 있었기에 더 운이 좋았다고 말이다. 관대함은 올바르고 공정한 일일 뿐 아니라 우리를 위대하게 만드는 일이다. 어떻게, 또는 얼마나 많이 나누느냐는 중요하지 않다. 중요한 것은 어떤 형태나 어떤 방식으로 베풀든, 관대함은 우리가 타인에게 나눠 주는 축복이라는 사실이다.

11

한 사람의 영향력은 무한대다

그레그 포퍼비치는 NBA(미국프로농구) 역사상 최다승을 이끈 가장 뛰어난 감독으로 평가받는다. NBA 챔피언 5승, 정규리그 22승, 플레이오프 22번 연속 진출, 승률 0.657, 두 번의 올림픽 금메달 수상 등의 기록을 세웠고 이 모든 기록을 샌안토니오 스퍼스 한 팀에서 이뤄냈다. 포퍼비치가 스포츠계에서 가장 훌륭한 감독임을 증명하는 데에는 NBA 우승 반지 외에 더욱 중요한 또 다른 척도가 있다. 바로 그레그 포퍼비치의 코칭 트리(Coaching Tree)다.

스포츠에서 코칭 트리란 감독과 선수와 임원들 사이의 관계도를 나타내는 말로, 한 감독이 인재를 찾아내고 고용하고 가르치면 그 인재가 자신의 경력을 훌륭하게 쌓아 긍정적이고 끈

끈한 상호관계를 맺는 것을 의미한다. 스포츠 기자에 따르면 그레그 포퍼비치의 코칭 트리는 범위가 매우 광범위해서 오히려 코칭 포레스트(Coaching Forest)가 더 맞는 표현이라고 한다.

NBA 정규리그에서 가장 오랫동안 연임을 한 그레그 포퍼비치는 팀 덩컨, 토니 파커, 마누 지노빌리 등 농구 명예의 전당에 오른 여러 선수를 이끌었다. 농구계에서는 3시즌 이상 연속 우승하거나 오랫동안 정상권에 있었던 팀을 '왕조'라고 하는데, 포퍼비치가 이끈 선수들은 오늘날의 NBA에서 팀을 훌륭한 왕조로 만드는 데 중요한 역할을 했을 뿐 아니라 샌안토니오에 계속 머물며 그들의 팀을 이끄는 선도자가 되었다.

NBA에서 활약하는 감독들 가운데 약 30퍼센트가 한때 포퍼비치 밑에서 일했거나 선수로 활동했던 사람들이다. 포퍼비치의 제자들이 각각 감독으로서 이끈 팀들이 NBA 챔피언 결정전에서 거둔 우승 횟수를 모두 합치면 11번이나 되고, 그의 코칭 트리 출신의 사람이 MBA 올해의 감독으로 다섯 번이나 선정되었다. 현재 NBA에서 활약하는 스물세 명의 흑인 감독과 구단장 중 일곱 명이 샌안토니오 스퍼스의 포퍼비치 밑에서 경력을 쌓은 사람들이다.

2022년 WNBA(미국 여자 프로농구) 올해의 감독으로 선정된 베키 해먼은 샌안토니오 스퍼스에서 8년을 보냈다. 이곳에서 해먼은 NBA에서 활약하는 최초의 여성 코치가 되었고 포퍼비치가 경기 도중 퇴장당했을 때 임시 사령탑을 맡았던 최초의 여성

감독이었다. 또한 해먼은 감독으로서 WNBA에서 연달아 우승을 거두었다. 포퍼비치의 코칭 트리에서 포퍼비치가 키워낸 감독들의 코칭 트리를 추적해 보면 NBA와 NCAA(전미대학체육협회) 농구에서 거의 모든 사람과 연결된다는 것을 알 수 있다.

랍비 엘리에셀은 이런 유명한 말을 남겼다. "네 제자의 명예를 마치 네 명예처럼 소중히 여겨라." 포퍼비치는 이 가르침을 실현시키고 있었다. 그의 아카데미는 한 무리의 사람들이 유착 관계를 이루거나 자신들과 똑같은 인물을 만들어내는 학벌 조직이 아니었다. 실제로 그는 특별한 지도자, 여러 유형의 운동선수, 감독, 임원 등 다양한 집단으로 이어진 연줄을 확대하면서 이들이 잠재력을 실현할 기회를 만들어주었다.

누군가가 도전할 수 있도록 이끌어준 일이 있었는가? 누군가가 앞으로 나아가도록 도와준 일이 있었는가? 그랬다면 그 사람들은 우리와 얼마나 비슷하고 또 얼마나 달랐는가? 많은 사람은 어떻게 하면 누군가가 자신을 이끌어줄 수 있는가에만 관심이 있다. 어떻게 하면 또 다른 도전이나, 더 큰 모험이나, 더 나은 성과를 얻을 수 있는가에만 관심을 둔다. 때로 우리는 타인을 도우면 자신이 위태로워진다고 여긴다. 삶이나 일에서 한쪽이 이익을 보면 다른 한쪽이 손해를 본다고 생각한다. 하지만 모두가 성공할 가능성은 충분하다. 성공할 일은 언제나 훨씬 더 많이 남아 있기 때문이다.

조지 마셜은 군인으로서 경력을 계속 쌓아 육군 참모총장이라는 최고의 자리까지 도달하였고 그 자리에서 성공을 거두었다. 마셜은 자신의 직업이 다른 사람을 도울 수 있음을 알고 있었기에 재능 있는 장교들로 가득한 군대를 만들어낼 수 있었다. 다른 장성들은 출세를 위해 윗사람에게 서신을 보내거나 로비를 벌이는 등 필사적으로 노력했다. 그러나 마셜은 노르망디 상륙작전을 지휘했던 최고의 사령관 드와이트 D. 아이젠하워와 같은 유망한 젊은 부하를 키워냈다. 조지 마셜의 코칭 트리는 연합군의 승리가 달려 있던 성과물이었다고 할 수 있다.

개개인의 성과로 평가받는 시대에 우리는 잠재력을 실현하고 최선을 다하기 위해 노력한다. 그러나 이런 일들은 어느 정도가 지나면 딱 그만큼만을 의미한다. 더 중요한 것은 누군가가 성공을 이루도록 우리가 도와주었느냐는 것이다.

코칭 트리가 중요한 것은 스포츠 분야만이 아니다. 소크라테스가 알키비아데스와 크세노폰과 플라톤을 제자로 키운 덕분에 인류의 지성은 더욱 확장되었다. 또 차례로 플라톤은 아리스토텔레스를, 아리스토텔레스는 알렉산드로스대왕을 제자로 키워냈다. 랠프 월도 에머슨은 뉴잉글랜드의 문학계를 아낌없이 지원했을 뿐 아니라 어디에서든 재능 있는 사람들을 적극적으로 도왔다. 1855년, 에머슨은 분투하는 월트 휘트먼에게 서신을 보내면서 이런 말을 했다. "당신의 위대한 경력이 시작된 것을 환영합니다." 월트 휘트먼은 자비 출판한 시집 『풀잎』의 맨 앞부분에 이 구절을 짤막한 추천문으로 넣었다. 당시에는 빛을 못 봤던 이 시집은 이후 세계 문학의 걸작으로 인정받았다. 에머슨이 없었다면 『주홍 글씨』의 저자 너새니얼 호손, 신학자 윌리엄 엘러리 채닝, 철학자 아모스 브론슨 올컷 등의 경력이나 에머슨의 대자 윌리엄 제임스와 올컷의 딸 루이자 메이 올컷의 경력은 전혀 다르게 이어졌을 것이다. 이렇듯 관대함은 위대한 코칭 트리의 씨앗과도 같다.

작가인 토머스 웬트워스 히긴슨은 노예해방론자로서 활동했을 뿐 아니라 에밀리 디킨슨의 멘토가 되어 그가 시집을 출간하는 것을 도왔다. 노예해방론자인 프레더릭 더글러스는 아이다 B. 웰스의 멘토가 되어 도움을 주었다. 웰스는 린치 반대 운동과 여성참정권 운동을 벌였으며 1909년 미국 최대 흑인 인권 단체인 미국흑인지위향상협회(NAACP)의 설립에 도움을 주는 등 1818년 노예로 태어난 더글러스의 유산을 훌륭하게 이어받아 선한 영향력을 더욱 확대했다. 마틴 루서 킹의 유산은 시민권 운동가인 존 루이스가 하원의원이 되었고, 앤드루 영이 유엔 대사가 되었으며, 다이앤 내시가 대통령 자유 훈장을 받은 사실로 더욱 빛이 났다.

영화배우 덴절 워싱턴은 영화 〈블랙 팬서〉의 주인공을 맡았던 채드윅 보즈먼이 대학에 갈 수 있도록 학비를 대주었다. 소설가 워커 퍼시는 삼촌 윌의 양자가 되었고 그 후 전기 작가 월터 아이작슨의 조용한 멘토이자 스승이 되었다. 퍼시는 또한 작가 존 케네디 툴의 유작이 된 소설 『바보들의 결탁』의 작품성을 알아보고 출간을 도왔다. 이 작품은 이후 퓰리처상을 수상했다. "자신을 돌보고 또한 다른 사람도 돌보아야 한다"라는 의미 있는 말을 남기며 무대의 연기를 마치곤 했던 영화배우이자 코미디언인 조지 칼린은 1968년에 애리조나주에 있는 한 희극인 모임에서 젊은 게리 샌드링을 만나 그의 희극 노트를 읽은 후 이렇게 조언했다. "난 자네가 희극에 소질이 있다고 생각하네. 계속 그 분야로 갈 생각이라면 강력히 추천하고 싶네." 게리 샌드링은 1980년대부터 2000년대까지 희극배우들과 영화감독들의 멘토가 되었다.

이들은 만난 적도 없는 사람들에게 그들의 업적으로 영향을 주며 본보기로 삼을 영감을 선사한다. 나비의 날갯짓이 무한한 파장을 일으키듯 그 영향력은 여러 세대로 이어져 세상이 변화하고 더 나은 미래로 나아가게 한다. 모두가 세상을 변화시키거나 개선할 힘이 있는 것은 아니다. 다만 타인을 지원해 주고 격려하면서 그 노력을 이어갈 수 있다.

멘토, 보호자, 후원자, 협력자, 스승, 거장, 권위자, 영감을 주는 사람 등 이런 선구자들을 지칭하는 명칭은 매우 다양하다. 그러나 명칭보다 더 중요한 것은 하나의 등불이 또 하나의 등불을 밝히고, 그 등불이 또 하나의 등불을 밝히는 일이 계속 이어진다는 사실이다. 그러면 온 세상이 등불로 밝혀져 어둠에서 벗어나게 된다.

12

우리가 그들이고 그들이 우리다

독일 역사상 '최초로 연방총리직에 오른 여성'이었던 앙겔라 메르켈은 조국이 저지른 해악의 그늘에서 자랐다. 한편으로 메르켈은 목사인 아버지가 교회에서 지적장애인들을 위한 자선 행사를 벌이고 군중을 향해 설교하는 모습을 보면서 자랐다. 그 영향을 받아 메르켈은 구약성경의 예언서인 『말라기서』의 말을 바꾸어 인용하면서 이렇게 연설했다. "말라기는 약자들을, 사회의 변두리에 있는 사람들을, 부당한 대우를 받는 고용된 일꾼들을, 과부들과 고아들을 상대로 사회가 휘두르는 폭력을 목격했습니다. 말라기는 이것을 용납할 수 없다고 말합니다. 이는 하나님의 율법에 어긋나기 때문입니다. 사회의 약자들은 불공평한 대우를 받아서는 안 됩니다. 우리는 그들에게 관심을 기울여야 합니다."

예수가 처음이자 마지막으로 화를 낸 이유는 무엇이었을까? 환전상들이 성전을 차지하며 도둑의 소굴로 만들었기 때문이다. 그들은 가격을 부당하게 올려 돈을 갈취하고 사회에 해악을 끼치고 있었다. 성경에서는 세상에서 가장 약하고 무기력한 존재를 돌보는 선한 사마리아인의 이야기를 강조하는 가르침이 있다. 그런 가르침에 영향을 받은 메르켈은 2011년에 시작된 시리아 내전에서 탈출한 난민 백만 명을 받아들이기로 결정했다. 다른 기독교 국가들도 서둘러 그런 결정을 따랐을 것 같지만 사실은 그렇지 않았다. 그 일로 메르켈은 널리 비판받았으며 고통받는 난민의 곤경은 정치적·문화적 논쟁으로 바뀌었다. 이런 사람들은 마치 도움을 받을 수 있거나 도움을 받아야 하는 인간이 아닌 듯했다.

그러나 메르켈은 꿋꿋이 자신의 결정을 밀고 나갔다. 메르켈은 대중에게 이렇게 안심시켰다. "우리는 해낼 수 있습니다." 그렇다. 해낼 수 있다. 우리가 약자를 위해 싸우지 않는다면, 약자를 위해 할 수 있는 일을 하지 않는다면 누가 그런 일을 할까? 더욱이 약자가 착취당하거나 고통을 받도록 내버려 둔다면 우리에게 무슨 의미가 있겠는가?

스토아학파 철학자이자 고대 로마의 정치인이었던 소(小)카토는 어릴 때부터 약자를 괴롭히는 사람들을 싫어했다. 그와 관련하여 이런 일화가 전해져 온다. 한 무리의 소년이 친구의 생일 파티에서 로마시대의 도둑잡기 놀이를 하던 중에 아주 어린 한 소년이 더 나이 많은 소년에게 잡혀 컴컴한 방에 갇히게 되었다. 겁에 질린 그 어린 소년은 카토를 소리쳐 불렀다. 그러자 카토는 문을 지키고 있는 소년을 밀쳐낸 뒤 겁에 질린 소년을 부모가 있는 집으로 데려다주었다. 그런가 하면 십 대였을 때 카토가 가정교사와 함께 술라의 집에 초대받은 일이 있었다. 당시에 술라는 로마를 다스리는 잔혹한 독재자였다. 가정교사는 사람들이 모두 왜 술라를 두려워하는지를 카토에게 설명해 주었다. 그때 그는 얼굴 표정이 돌연 비장해지는 것을 보았다. 카토는 진심을 담아 이렇게 말했다. "이 나라의 노예들을 자유롭게 풀어줄 수 있도록 제게 검을 주시는 것이 어떻겠습니까?" 카토는 나이가 들면서 점점 더 로마의 부패를 싫어했다. 그 부패로 더 나은 대우를 받을 자격이 있는 주민들이 희생되었기 때문이다. 카토를 비롯한 대부분의 스토아학파 철학자는 권력을 약자에게 남용하는 사람과 반대 방향으로 사람들을 이끌었다. 라틴어로 '압제자는 언제나 이렇게 파멸하리라'라는 말이 있다. 이 표현은 기원전으로 거슬러 올라가 스토아철학의 신조를 따랐던 위대한 장군 스키피오 아이밀리아누스가 했던 말이라고 전해진다.

카토의 생애를 본보기로 삼은 조지 워싱턴은 카토의 탁월한 표현처럼 '온화한 철학의 차분한 빛'에 의한 냉철함으로 모든 상황을 살피고자 했다. 워싱턴의 정의에 대한 관점, 좋은 정부와 공정한 세상이라는 목표에 대한 관점은 그가 성경에서 인용한 이 구절에 담겨 있었다. "각 사람이 자기 포도나무 아래와 자기 무화과나무 아래에 평안히 앉을 것이라 그들을 두렵게 할 자가 없으리."

조지 워싱턴은 1790년 로드아일랜드에서 열린 한 유대인 집회 연설에서 "종교적 편견이나 박해에는 어떠한 지원도 하지 않는다"라는 미국의 지향점을 이야기하며 포도나무와 무화과나무 이야기를 인용했다. 워싱턴은 관용과 보호에 대해, 다양성과 사랑과 희망에 대해 말했다.

압제자, 약자를 괴롭히는 자, 어리석은 자는 정의의 적이다. 이들은 용납할 수 없고 배려할 수 없는 사람들이다. 가난한 자를 착취하는 인터넷상의 폭도부터 경제체제까지, 의견을 달리하는 사람을 업신여기며 괴롭히고 갑질하는 상관부터 시민을 착취하는 정부까지 모두가 압제자들이다. 이들의 압제는 우리를 모두 위험에 빠뜨린다.

흑인 인권 운동이 일어났던 당시 애틀랜타의 한 유대 사원에서 끔찍한 폭탄 테러가 발생했는데, 이후 미국 언론인 랠프 맥길은 일간지 〈애틀랜타 컨스티튜션〉의 사설에서 당시의 정황에 완벽하게 들어맞는 기사를 썼다. "한 민족을 향해 증오의 늑대들이 풀리면 아무도 안전하지 않다." 자신들의 삶을 위해 투쟁하고 있었던 민권운동가들도 1964년에 유대인들이 왜 남부로 와서 흑인들 대신에 구타당했는지, 또 흑인 지도자들이 왜 베트남 전쟁이나 해외 탄압에 반대하는 목소리를 냈는지 잘 알고 있었다.

마틴 루서 킹은 1966년에 이렇게 말했다. "소련에서 유대인 형제들이 문화적·정신적 삶에서 절멸의 위기에 처하는 동안 길가에 안일하게 앉아 있을 수는 없습니다. 다른 사람들이 고통을 감내하며 분투하는 동안 안주하며 사는 사람들은 불명예스럽게 조용히 침묵하고 있을 겁니다. 어딘가에서 인권을 거부당하는 일은 모든 곳에서 인권을 인정받지 못하도록 위협받는 일과 같습니다."

세상은 하나이기 때문에 세상의 모든 약하고 무기력한 존재를 향한 동정심이 필요하다. 다른 나라에서 핍박을 받았던 이 민족들도 언젠가 다시 하나가 될 수 있다. 다른 편의 입장에 서서 자신을 바라볼 수 있다면 말이다. 세상은 불공정하고 잔인하다. 우리는 그런 세상이 되도록 일조하고 있을까, 아니면 그런 세상이 되지 않도록 노력하고 있을까?

19세기에 활동한 인권운동가 프랜시스 왓킨스는 우리가 모두 하나의 거대한 인류 집단에 속한다고 설명한 후 이렇게 말했다. "사회가 가장 힘이 없고 세력이 약한 구성원들을 짓밟는다면 그 사회의 영혼은 반드시 저주받게 됩니다." 아무도 짓밟히지 않고, 누구나 잠재력을 발휘할 수 있도록 격려받으며 자유롭게 사랑하고, 자유롭게 종교를 갖고, 자유롭게 생각하고 말하는 세상을 우리는 만들어갈 수 있다.

거물 변호사 클래런스 대로는 미국의 거의 모든 대기업과 이해관계자들과 함께 일하면서 오랜 경력을 쌓았다. 물론 모두가 늘 매우 호의적이었던 것은 아니었다. 사업은 여러 이해관계를 조율하는 일이지만 대로는 한 가지 입장에 대해서만큼은 매우 확고했다. 대로는 "약자들을 억압하거나 무고한 사람에게 죄를 씌우려는 일에는 도움을 주지 않을 것이며 또한 그런 일은 하지도 않을 것"이라고 말하곤 했다. 그 원칙을 지키기 위해 그는 노조와 큰 분쟁 중인 예전의 고객들, 즉 철도회사와 맞서 싸우기 위해 수익성 좋은 일에서 손을 뗐다.

정의로운 사람은 약자를 비판하고 공격하지 않으며, 그런 짓을 하는 사람도 용서하지 않는다. 인종적·종교적 편견이나 박해에 어떤 지원도 하지 않고 오히려 그 반대로 행동한다. 편견에 맞서고 박해받는 사람들을 돕는다.

다윗이나 골리앗 중 누구를 응원하고 있는가? 압제에 맞서 싸우고 있는 자인가, 아니면 압제자인가? 진실을 말하는 사람인가, 아니면 거짓말하는 사람인가?

자유는 매우 중요하다. 그러나 가장 중요한 자유는 두려움에서 벗어날 자유다. 우리의 사명은 약자가 보호받고 두려움 없이 살 수 있도록 싸워야 하는 일이다. 그들이 우리이고 우리가 그들이기 때문이다.

13

시끄럽고 소란스러운 정의

미국의 프로 테니스선수 아서 애시는 세상에서 가장 예의 바르게 행동하는 운동선수 중 한 명이었다. 다른 테니스선수 중에는 비싼 차를 몰고 다니거나 바람을 피우는 사람도 있었다. 그런가 하면 성질을 부리거나 화를 못 참고 경기 도중 테니스 라켓을 부러뜨리는 사람도 있었지만, 아서는 언제나 품위 있게 행동했다. 어떤 테니스선수는 돈을 좇았지만 아서는 미국 육군 사관학교에 들어가 나라를 위해 헌신했다. 또 어떤 테니스선수는 방종에 휩쓸렸지만 아서는 절제력 있는 삶을 살았다.

아서가 성격이 소극적이었거나 정치에 무관심했던 것은 아니다. 그는 그저 아버지를 본보기로 삼아 감정을 잘 통제하는 법, 불필요한 주의를 끌지 않고 목표를 향해 침착하면서도 분명하게 노력하는 법을 배웠다.

그런 아서가 1985년 1월 아버지에게 전화를 걸어 "아버지, 제가 어쩌면 워싱턴에서 내일 체포될 수도 있어서 알려드리려고요"라고 말했을 때 그의 아버지는 얼마나 놀랐을까? 아서의 아버지는 이것이 인종차별정책에 맞서는 일이란 것을 곧바로 알 수 있었다. 아서의 가족은 흑인들의 테니스 대회 참가가 금지됐을 정도로 인종차별이 극심했던 버지니아주 리치먼드시에서 계속 살고 있었기 때문이다.

아서의 아버지는 이렇게 말했다. "그래, 네가 꼭 그 일을 해야 한다고 생각하면 나도 네가 꼭 해야 한다고 생각한단다." 아서는 이렇게 대답했다. "네, 아버지. 저는 이 일을 꼭 해야 해요." 윔블던과 호주 오픈과 US 오픈의 우승자이면서 데이비스컵의 미국 팀 주장이었던 아서는 다음 날 남아프리카공화국 대사관 앞에서 약 50명의 공립학교 교사들과 함께 체포당했다.

이 일은 아서의 팬들을 놀라게 했고 후원자들을 화나게 했다. 상황은 그렇게 흘러간다. 대부분의 변화, 대부분의 정의에는 본질적으로 혼란이 수반된다. 정의의 현실은 혼란스러운 상황을 불러일으키고, 사람들을 화나게 하고, 위험을 감수하는 일이다. 심지어는 무례하고 불쾌하며 모욕적인 말을 듣는 일이다. 세상에는 미리 막을 수 있는 고통이나 국가가 허용한 불의가 있다는 사실을 사람들은 알고 있지만 그런 세부적인 일에 더는 관심을 두지 않는다.

민권운동가 존 루이스 또한 청년이었을 때 인종차별의 징후를 느꼈다. '백인'과 '유색인종'을 구별하여 말하는 사람들이 있었는데 이는 세상을 인종차별로 분리하는 징후, 치명적인 폭력을 암묵적으로 용인하는 위협이 감지되는 징후였다. 존 루이스는 이게 무슨 의미인지 부모와 조부모에게 물었고 이런 대답을 들었다. "세상의 이치를 거슬러서는 안 된다. 그건 위험한 일이야. 그럴 가치가 없단다."

그러나 그때 흑인 인권 활동가 로자 파크스가 등장했다. 로자는 놀라울 정도의 용기와 절제로 그런 징후에 도전했고, 옳다고 생각하는 행동을 했다. 수년 후, 루이스는 좋은 본보기가 된 로자의 활동이 자신에게 영감을 주었다고 설명했다. "말하자면 그는 선의의 문제, 꼭 필요한 문제를 일으키는 방법을 찾도록 영감을 주었습니다."

그 뒤로 존 루이스는 평생 선의의 문제를 계속 일으켰다. 루이스는 하원의원으로 있었을 때 다섯 번을 포함해 총 마흔다섯 번 정도 체포당했다. 루이스가 거의 일흔이 되던 2009년에는 수단공화국 서부의 다르푸르 지역에서 발생한 집단 학살에 반대하는 시위를 하다 비밀정보부에 체포당했다. 이런 혼란이 일어날 필요가 없다면 얼마나 좋을까? 법에 따라 최선의 행동을 하는 것이 올바른 일을 행하는 것과 같은 의미라면 얼마나 좋을까? 그러나 세상은 이런 식으로 돌아가지 않는다. 역사는 분명히 그렇게 전개되지 않았다.

정의를 추구하면 현재의 상황을 따르지 않아야 하는 경우가 발생한다. 불의가 존재한다면 그 문제를 해결하기 위해 현재의 상황을 거부해야 한다. 니체가 관습에 맞선 철학자의 투쟁을 무기를 든 모습으로 표현했는데, 이는 민권 운동가의 현실을 완벽하게 설명하고 있는 셈이다.

정의를 이루기 위한 싸움은 잔혹하다. 문제 가까이에서 직접 맞서야 한다. 이런 투쟁은 탱크 앞을 가로막고 서 있는 시위대처럼 자신의 목숨을 내던지는 행위를 의미할 수 있다. 사람들은 상처를 입고 사회는 완전히 파괴될 수 있다. 또한 침묵하지 않고 사람들이 듣고 싶어 하지 않는 진실을 반복해서 외치는 행위를 의미하기도 한다. 그들은 누구를 위해 그런 투쟁을 하는 걸까? 바로 약자를 위해, 투쟁할 수 없는 사람을 위해 투쟁한다. 그것이 바로 정의를 위해 투쟁하는 모습이다.

미국의 정치인이자 작가인 클레어 부스 루스는 엘리너 루스벨트에 대해 이렇게 말했다. "엘리너 루스벨트만큼 괴로운 사람을 편안하게 해주거나, 아니면 편안한 사람을 괴롭게 만드는 여성도 없었다." 예수와 간디도 그와 똑같은 말을 들었을 것이다. 아서 애시처럼 그들은 선택해야 했다. 그들은 예의를 지키는 일보다 불의를 수호하는 일을 더 싫어하지 않았을까?

적이 생긴다는 생각에 무력감을 느끼거나 두려워할 필요가 없다. 수상 경력이 있는 극작가 래리 크레이머는 에이즈(AIDS·후천성면역결핍 증후군)에 대한 인식을 높이기 위해 끊임없이 노력했던 동성애자 인권 활동가였다. 크레이머가 늘 세상과 균형을 잘 맞췄던 것은 아니었다. 그는 많은 친구와 소원해진 사람으로 악명 높았다. 그러나 그런 고비에도 크레이머는 사람들을 일깨우고자 했고 위험한 일을 마다하지 않았다. 그런 만큼 그의 활동은 다소 호전적이었다.

에이즈로 동성애자들의 인권이 유린되기 시작하자, 래리 크레이머는 동성애자 공동체에 단도직입적으로 이렇게 말했다. "여러분 모두 5년 이내에 사망할 수도 있습니다. 당신들 동성애자들 모두 말이오. 뭔가 대책을 세워야 하지 않겠습니까? 그냥 이렇게 가만히 앉아서 차별당할 이유는 없지 않습니까? 나가서 본때를 보여줄 대단한 역사를 만들어야 하지 않겠습니까?"

크레이머는 액트 업(ACT UP)이라는 인권단체를 조직하여 자신이 한 말을 행동으로 옮겼다. 이들은 여성참정권 운동가들이 했던 것처럼 공공 행사에 등장해 정치인들을 방해했다. 액트 업은 에이즈로 죽은 사람들의 재를 백악관 잔디밭에 뿌렸고 동성애를 혐오하는 미국 상원의원의 집을 거대한 콘돔으로 둘러쌌다. 또한 뉴욕 증권거래소와 세인트 패트릭 성당에 난입했으며 시위를 벌이며 미국식품의약국의 운영을 방해했다.

그로부터 약 2년 후, 장애인 인권운동가들은 크레이머와 비슷한 전략으로 미국 국회의사당을 고통스럽게 기어오르는 시위를 벌였다. 그들은 장애인들이 일상에서 마주하게 되는 어려움을 증명하기 위해 휠체어와 목발을 내던지고 미국 국회의사

당의 계단을 기어 올라갔다. 이에 국회의원들이 어떻게 반응을 안 보일 수 있단 말인가? 이런 시위는 설득력 있는 의사전달 방법 중의 하나이고 억압적인 지도자들과 대중에게 세상의 절반이 어떻게 살고 있는지를 보여주는 방법이다. 이런 방법은 문제를 빨리 해결해야 한다는 분위기를 만들어내며 그 압력은 회합과 정책 변화로 이어진다. 물론 당국이 형편없거나 더 과격한 대응을 보이기도 한다. 액트 업 시위자들 또한 수도 없이 체포당했다. 하지만 당국의 이런 대응은 자신들의 도덕적 권위를 더욱 약화시켰을 뿐이다.

선의의 문제를 일으키는 일은 대의명분을 위한 선한 과업을 행하는 것이다. 물론 선의일지라도 문제를 일으키는 데에는 결과가 따른다. 사회운동가들, 여성참정권 운동가와 시민권 운동가들에게 감옥은 당연하게도 불쾌하고 위험한 곳이었다. 루이스를 비롯한 여러 사회운동가들이 모두 자신의 공로를 인정받았던 것도 아니었다. 그러나 자신의 행동에 대해 아무런 해명을 하지 않아 그것이 오점으로 남기도 했다.

래리 크레이머는 자신이 목격한 그 일의 중요성을 잘 알고 있었다. 그리고 그 사실에 침묵하기를 거부했다. 크레이머는 사람들이 귀 기울일 때까지 중요한 사실을 끊임없이 알리려고 했다. 더 많은 의사, 행정관, 정치인들이 더 빨리 귀 기울였다면 심장 수술을 받았을 때 에이즈에 감염된 혈액을 수혈받아 일찍 세상을 떠난 아서 애시를 포함한 수천 명의 무고한 사람들은 고통스러운 삶을 살지 않았을 것이다.

우리는 더 많은 선의의 문제를 일으킬 더 많은 사람이 필요하다. 플로렌스 나이팅게일은 선의의 문제를 많이 일으켰다. 그러나 전쟁이나 식민주의에 반대하는 운동에 그가 참여했을까? 베트남전쟁 당시 8년간 가혹한 포로 생활을 하며 무수한 고문과 회유 시도에도 자신의 신념을 굽히지 않고 끝까지 버틴 제임스 스톡데일은 동료 포로에게 놀라울 정도의 영향력을 미쳤다. 그러나 고국으로 돌아간 후 베트남전쟁의 마지막 2년 동안, 전쟁을 멈추지 않았던 닉슨 행정부의 행보에 그가 어떤 압력을 가했다고 볼 수 있을까?

선의의 문제를 일으킨 것보다 선의의 문제를 일으키지 못한 것에 비판받을 수도 있다. 부조리한 세상이라면 현실의 불합리하고 부조리한 상황들을 그대로 따라서는 안 된다. 도움을 주기 위해, 상황을 더 좋게 만들기 위해 싸울 줄 알아야 한다. 우리의 목표는 잘 보이기 위함이 아니다. 우리의 목표는 바로 정의 실현이다.

미국의 농구선수이자 흑인 인권운동가 빌 러셀도 아서 애시처럼 힘든 일을 선택했다. 1950년대와 1960년대에 백인들만이 스포츠 경기에 참여할 수 있었을 때 빌 러셀은 그 문제에 의의를 제기하기로 선택했다. 러셀은 시위를 벌였고 인종차별에 맞서기로 선택했다. 이런 투쟁이 늘 인정받거나 그에 따라 변화가 일어나지는 않는다. 그러나 러셀의 말처럼 "학대, 분쟁, 대립, 모략, 폭력 등 세상의 문제를 무시하는 것보다, 방관자가 되는 것보다 받아들이는 것이 훨씬 더 낫다." 러셀은 또 이렇게 말했다. "문제를 제기하는 사람들은 늘 성공을 거두었거나 성공한 사람들의 뒤를 이었다." 그렇다면 우리는 어느 쪽을 선택할 것인가? 우리는 어떤 문제를 찾아낼 것인가? 우리는 어떤 선의의 문제를 일으킬 것인가?

14

처음의 목적으로 계속 돌아가기

유대계 폴란드 법학자 라프하엘 렘킨은 처음에는 아르메니아에서, 그다음에는 유럽에서 사람들이 서로에게 행한 끔찍한 일들을 세상에 일깨우려고 노력하는 데 20세기 전반기를 보냈다. 그러나 아무도 그의 말에 귀를 기울이지 않았다. 문제는 새로운 기술문명이 표현조차 어려운 규모의 폭력을 가능하게 만들었다는 것이다. 1941년에 처칠은 히틀러에 대해 이렇게 말했다. "히틀러의 군대가 진격하면서 전 지역의 사람들이 몰살당하고 있다. 우리는 이름 없는 범죄에 직면하고 있다."

처칠은 항상 적절한 표현을 썼으나 이번에는 그러지 못했다. 그래서 렘킨이 처음으로 그 범죄에 대한 용어를 발명했다. 왜냐하면 아직까지 그 범죄를 일컫는 이름이 없었고, 나치 독일은 그 범죄를 변명하면서 부인했고, 그 범죄를 합리화할 거짓 범죄를 만들었으며, 그렇게 시간이 지나면 그 범죄에 대해 아무도 책임지지 않을 것이기 때문이었다.

1943년, 렘킨은 한 인종을 체계적이고 의도적으로 파괴하는 범죄를 설명하기 위해 제노사이드(Genocide·집단 학살)라는 말을 만들어 역사를 바꾸었다. 토머스 클라크슨이 노예무역에 대한 강력한 이미지를 보여주어 대중의 인식을 돌이킬 수 없도록 바꿔놓았듯이, 이 단어도 세상의 도덕적인 영역을 바꿔놓았다. 제노사이드라는 단어는 1950년에 메리엄웹스터 사전에 등록되었다. 이리하여 그 범죄에는 부정할 수 없는 이름이 생겼다.

제노사이드라는 말이 도입된 후에는 제노사이드를 범죄로 규정하고 처벌할 법률적 근거를 마련하기 위해 끊임없이 싸웠다. 제2차 세계대전이 끝난 후 렘킨은 뉘른베르크 재판소에서 이루어진 제노사이드에 반대하는 유엔 선언을 지지하며 법정 복도에서 밤을 지새웠다. 또한 제노사이드를 보도하기 위해 기자들을 끈덕지게 따라다니거나 정치인들에게 편지와 연구 자료들을 보냈다. 그리고 외교관들을 붙들고 제노사이드에 관한 이야기를 늘어놓거나 관련 논평 기사를 끊임없이 기고했다. 이 일은 모두 대의명분을 지키기 위해 일으킨 선의의 문제였다.

그의 노력이 빛을 보기까지 4년 이상이 걸렸다. 마침내 1948년에 유엔총회에서 제노사이드를 금지하는 만장일치의 협약이 제정되었고 그 기초가 되는 원칙을 선두로 세계인권선언이 결의되었다. 이로써 나치 정권이 렘킨의 어머니를 살해했을 때 저지른 이름 없는 끔찍한 일, 제노사이드는 범죄로 규정되었다. 그 소식을 들은 렘킨은 감정을 주체하지 못하고 눈물을 흘릴 수밖에 없었다.

싸움은 이제 시작일 뿐이었다. 유엔이 제노사이드협약을 통과시켰지만 미국은 수십 년 동안 그 협약을 비준하지 않았다. 1967년이 되어서야 윌리엄 프록스마이어라는 미국 상원의원이 그 책임을 떠맡았다. 프록스마이어는 이렇게 공언했다. "상원이 그 문제를 행동으로 옮기지 못한 일은 국가적 수치가 되었습니다. 저는 오늘부터 날마다 상원에서 그 일을 상기시키며 미국이 제노사이드협약을 비준하도록 촉구하겠습니다."

이 말은 그저 자신의 옳음을 과시하려는 말이 아니었다. 바로 그 시기에 나이지리아에서 기독교를 믿는 이그보족을 집단 학살하는 일이 일어나고 있었기 때문이다. 몇 년이 지나지 않아 방글라데시에서는 파키스탄 군대가 수백만 명을 살해했다. 또 부룬디에서는 후투족을 집단 학살하는 일이 발생했다. 그 후 캄보디아에서도 집단 학살이 일어났다. 그렇게 또 다른 집단 학살은 계속 이어졌다.

프록스마이어의 연설은 성과를 거두지 못했다. 그러나 프록스마이어는 그 무관심을 받아들이지 않고 결국 이겨냈다. 동료 상원의원들이 귀를 기울일 때까지 계속 반복해서 제노사이드협약에 대해 연설하여 3000회 이상의 연설 기록을 남겼다. 프록스마이어는 낙담하지 않았다. 끈질기면서도 실용적인 사고를 지닌 프록스마이어는 제노사이드협약을 비준하는 데 필요한 상원의원 67명의 동의를 얻기 위해 천천히, 꾸준히 수많은 협의를 해왔다.

1988년 10월, 프록시마이어는 제노사이드에 대한 마지막 연설을 하기 위해 일어났다. 프록시마이어가 제노사이드에 대한 연설을 시작한 지 20년이 넘었고 렘킨이 제노사이드 협약을 위해 노력한 지 40년이 지난 시점이었다. 그 연설은 20년이 지나면서 이제 3211번째가 되었다. 그러나 이제 프록시마이어는 상원의원들이 제노사이드협약을 최종 표결 처리했다는 사실을 발표할 수 있었다. 이로써 세상은 정의를 위해 싸우는 데 이용할 새로운 수단을 갖게 되었다. 보호가 가장 절실히 필요한 사람들을 지켜내기 위해서였다.

세상이 정의롭게 흘러가고 사람들이 절로 선하고 늘 옳은 일을 행한다면 매우 좋을 것이다. 안타깝게도 사람들은 대체로 선하지 않고 옳은 일도 하지 않는다. 이런 사실은 삶에서 가장 가슴 아프고 좌절감을 주는 일 중 하나다. 사람들은 보통 옳은 일을 하지 않을 뿐만 아니라 적법하지 못한 일을 한 후에도 온갖 변명을 쏟아내고, 공식적인 절차에 따라 형벌을 받은 후에도 잘못을 계속 저지른다. 완강하게 버티며 그만두지 않는다.

그것이 인종차별이 심한 시기 미국 남부가 취했던 전략이었다. 남북전쟁 후 미국 남부는 상황을 어렵고 고통스럽고 위험하게 만들면 미국 북부가 자유로운 흑인의 권리를 포기할 것이라고 희망하여 인종차별주의자 관료들과 함께 저항했다. 그래서 흑인 인권 운동은 그저 시위에 그치지 않았으며 훨씬 많은 일들이 뒤따랐다.

끝없는 법정 사건이 이어졌다. 사건을 심리하는 데 수년이 걸리고 법정에 출두하여 변론하는 데 수년이 걸리며 옳은 평결을 내리는 데 수년이 걸리는 일이었다. 그러나 그 옳은 평결은 남부의 정치인들과 법 집행관들에 의해 종종 무시되었다. 인종차별을 철폐하고 미시시피대학에 최초로 입학한 흑인 제임스 메러디스의 경우, 법무부의 인권국 수석검사인 존 도어가 미시시피대학에 입학할 수 있다는 정당성을 변론하기 위해 수백 개의 자료를 모으고 여러 판사 앞에서 끊임없이 호소하여 얻어낸 결과였다. 도어는 인종차별정책을 없애는 일이든, 살인자를 기소하는 일이든 검사인 자신이 실행했던 법적 전략에 대해 이렇게 말했다. "그냥 처음의 목적으로 계속 돌아가면 됩니다."

인종차별정책을 없애기 위한 법정 다툼은 법원의 명령이 불리해도 문제가 되지 않았다. 시장이나 주지사가 옳은 평결을 무시한다고 끝나는 것도 아니었다. 폭도에 둘러싸여도, 어느 누구도 수사에 협조하지 않아도 문제가 되지 않았다. 여전히 저항을 이어나갈 시간이 있었고 또 다른 문제 제기, 새로운 재판 장소, 항소, 아직 발견되지 않은 중요한 일 등이 있었다.

중요한 것은 선한 사람들이 끝까지 그만두지 않았고, 낙담하지 않았다는 점이다. 그들은 정의를 위한 투쟁에서 반드시 이길 것이라고 확신했다. 돌이켜 보면, 미국의 정말 많은 문제가 재건 시기가 지나치게 빨리 끝난 데서 유래되었다는 사실을 쉽게 확인할 수 있다. 1877년의 타협으로 미국 북부의 정치인들이 남부를 떠났던 탓에 존 도어는 처음의 목적으로 계속 돌아가야 했다.

제임스 메러디스는 머리에 총을 맞은 이후에도 흑인 인권 운동을 포기하지 않았다. 도어도 인권 담당 연방 공무원으로서 자신의 역할을 다했다. 렘킨과 프록스마이어처럼 정의를 위해 끊임없이 분투했다. 연설이 계속 이어지듯, 소송도 계속 이어졌다. 그들은 끈질기게 노력했고, 처음의 목적으로 계속 돌아갔다. 그리고 마침내 그들은 아주 작은 진전을 이뤄냈다. 그들이 자신들의 책무를 다했기 때문이다.

스토아학파는 우리가 한 걸음 한 걸음씩 행동으로 계속 옮기면서 삶을 만들고 변화를 이뤄낸다고 말했다. 마르쿠스 아우렐리우스는 『명상록』에 "그런 우리를 아무도 막을 수 없다"라고 썼다. 그리고 그는 세상에, 우리의 내면에 선의 샘이 있다고 했다. 우리는 그 선의 샘이 계속 솟아 나오게 해야 한다. 아무도 우리의 대의 실현을 그만두게 할 수 없다. 그것이 우리가 통제할 수 있는 유일한 일이다. 상대는 우리에게 저주를 퍼붓거나 무수히 많은 장애물을 세울 수 있다. 그들은 우리에게 무기와 주먹으로 공격할 수도 있다. 끝없는 서류작업으로 우리를 지치거나 미쳐버리게 할 정도로 일의 진행을 질질 끌 수도 있다.

그러나 그렇다고 해서 우리가 힘든 상황을 외면하거나, 프로젝트를 포기하거나 조직을 떠나기로 결정할 수 있을까? 물론 그런 결정도 늘 우리에게 달려 있다. 하지만 우리는 작게 시작하고, 협력자를 만들고, 약자를 돌볼 수 있다. 우리는 우리의 영향력이 작고 무시되더라도, 위험한 곳으로 뛰어든다는 생각이 들더라도 우리의 대의를 위해 행동할 수 있다. 평생 그 영향력이 느껴지지 않을 것 같더라도 말이다.

목표를 너무 쉽게 성취할 수 있다면, 아무런 저항 없이 변화를 이룰 수 있다면 과연 우리는 옳은 싸움을 하고 있는 것일까? 우리가 패배와 좌절과 싸운다면, 이는 우리가 충분히 목표를 높게 잡고 있다는 의미이고 우리가 중요한 일을 추구하고 있다는 증거이다.

난관에 직면하면서 계속 나아갈 수 있다. 한 번에 한 걸음씩. 그 과정을 따르며 우리는 할 수 있는 만큼의 진전을 이룬다. 추진력을 쌓았다면 처음의 목적으로 계속 돌아가면 된다. 세상을 환하게 밝히도록 횃불을 든 우리는 반드시 성공을 거둘 것이다. 그런 다음 우리는 무엇을 해야 할까?

프록스마이어가 마지막 연설을 한 후 남긴 말을 기억하고 이에 따라 행동하면 된다. 성공을 축하하려는 욕구를 무시하고 지금의 성공에 안주하지 않을 것. 우리는 정의 실현이 완전히 이루어지지 않을 것임을 잘 알고 있기 때문이다. 프록스마이어

가 말했듯 우리는 웃으며 이렇게 말할 것이다. "다른 문제를 찾
으러 주위를 둘러볼 것입니다."

15

개인보다 더 중요한 것

그리스도는 "다른 사람을 위해 살라"고 말하지는 않았지만, 한 개인의 삶과 다른 사람의 삶에는 차이가 전혀 없다고 말했다.

—오스카 와일드

우리는 완전히 이기적으로 태어난다. 자신의 필요성, 자신의 기본적인 생존에만 관심을 기울일 뿐이다. 그러나 태어나자마자 완전한 이타심을 경험하게 된다. 그건 바로 부모의 조건 없는 사랑이다. 우리가 약하고 무방비 상태일 때 돌봄을 받았기 때문에 우리는 지금 이렇게 존재할 수 있다.

삶이란 의존하는 존재로 태어나 타인이 의존할 수 있는 존재로 옮겨가는 일이다. 자녀를 낳기로 결심했다면 이런 이타심은 자녀를 위해서만이 아니라 타인을 위해, 신념을 위해, 대의를 위해, 정의 자체를 위해 발휘될 것이다.

히에로클레스라는 스토아학파 철학자는 이런 개념을 일련의 동심원으로 설명했다. 히에로클레스에 따르면, 우리는 각자 자신과 관련 있는 이런 원들의 중심에서 태어났다. 시간이 흐르면서 사랑하는 이와 주변인들뿐 아니라 비슷한 사람들에 대한 관심이나 동정심의 원들을 확장한다. 그러나 내부의 원 너머에는 세상 곳곳에 퍼져 있는 동료들, 동물들, 자연환경, 심지어 우리가 만나지 못한 미래세대로 구성된 더 큰 세상이 놓여 있다. 철학은 외부 원을 내부로 더 가까이 끌어당기는 과정, 즉 자신을 돌보는 만큼 타인을 돌보는 과정이라고 히에로클레스는 말했다.

우리는 태어날 때부터 모두 하나의 커다란 가족의 일부이고 각각은 서로 연결되어 있다. 원이 더 커질수록 마음도 더 커지고 세상은 더 좋아진다.

히에로클레스는 이런 글도 남겼다. 인간의 삶이 서로 관련되어 있는 이유는 "우리에게 애정이 없는 사람들과 자연스럽게, 그리고 의도적으로 연결되기를 바라는 가장 완벽한 광기 때문이다. 가능한 한 최대 범위에 속한 사람들에게까지 가족과 같은 유대감을 부여하기를 바라는 광기 말이다."

그러나 이 광기는 아름답다. 더 나은 미래를 위해 지칠 줄 모르고 애쓰는 사람들, 다른 사람의 권리를 위해 투쟁하는 사람들, 세상의 절반이 어떻게 사는지에 관심을 기울이는 사람들, 적을 사랑하는 방법을 찾는 사람들, 악한 세상에서 선을 행하는 방법을 찾는 사람들의 아름다움이다. 잔혹성에 맞서는 하나의 투쟁에서 다음 투쟁을, 품위를 위해 나아가는 한 걸음에서 다음 걸음을 생각하게 만드는 아름다움이다.

우리를 돌보지 않는 사람들, 우리를 돌볼 수 없는 사람들, 우리에게 관심이 없는 사람들을 향해 관심을 갖는 것이 우리의 책임이며 우리의 고결한 소명이다. 이것이 우리의 과업이다.

3부

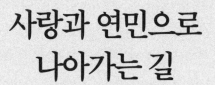

사랑과 연민으로
나아가는 길

: 세상을 향한 정의

그래도 인생이 살 만하다고 여기게 만드는 것은 어느 곳에서나 나타났던 성자들이었다. 그 성자들은 이타적이며 훌륭하게 행동하는 사람들이었다.

– 커트 보니것

청렴한 사람 그 이상이 되는 일, 타인에게 배려와 연민을 갖는 태도 그 이상의 일이 있다. 바로 선량함으로서 위대해지는 일이다. 세계 문화와 전통마다 성자가 존재한다. 그런 성자는 용기와 정의로 소명에 응하는 정도가 아니라, 초인적인 평정심과 품위를 지니고서 매우 이타적으로 행동하는 사람이다. 그들의 그런 행동은 거룩하고 성스러운 일이 된다.

그런 성자들은 '우리'라는 집단에서 미덕을 실천하지 않는다. 세상의 모든 존재가 포괄적이고 근본적으로 연결되어 있다고 생각한다. 그들에게 '우리'는 모든 사람뿐 아니라 아직 태어나지 않은 세대까지 포함한, 확장된 개념이다.

이 성자들은 사람들이나 원칙 그 이상을 생각하며 세상의 모든 것을 똑같이 소중히 여긴다. 옳은 일을 그저 행하는 것이 아니라, 대가를 치르더라도 옳은 일을 행한다. 어떤 경우에는 모

든 대가를 치르더라도 옳은 일을 행한다. 그렇다면 이들이 초인
간적인 존재일까? 그렇지 않다. 정의에 헌신함으로써 완전히 바
뀌어 고결한 존재가 되었을 뿐이다. 이들의 방식을 따라 헌신한
다면, 우리도 마찬가지로 이런 성자가 될 수 있다.

01

증오 대신 사랑을

평화를 위해 살아온 간디는 삶의 대부분을 전쟁 속에서 폭력적이고 잔혹한 적에 대항하며 보냈다. 대영제국에서 비롯되었든 인간의 무자비함에서 비롯되었든 모든 투쟁마다 상대가 불가능할 정도로 강력한 세력들과 마주해야 했다. 그러나 간디는 투쟁에서 매번 승리를 거두었다. 더군다나 적들을 자기편으로 만들기까지 했다. 간디는 관직에 있거나 군대를 지휘한 것도 아니었고, 재산이나 수입이 있었던 것도 아니었다. 그는 무장을 하는 대신 고대의 전사들처럼 샌들을 신고 반나체의 옷차림을 하고서 싸웠다.

가장 난해하고 복잡한 현상을 쉽게 이해할 수 있었던 알베르트 아인슈타인도 그런 간디의 모습에 감탄할 수밖에 없었다.

아인슈타인은 한 인간이 소박한 인간의 존엄성으로 유럽의 잔혹성에 맞설 수 있으며 모든 장애물과 유혹, 고난에도 불구하고 늘 우위에 설 수 있다는 사실에 놀라움을 표했다. 아인슈타인은 이렇게 말했다. "미래세대는 이런 육신을 한 사람이 이 세상을 걸어 다녔다는 사실을 믿을 수 없을 것이다." 간디는 그렇게 살았고 맨몸으로 세상의 불의에 맞서 많은 투쟁을 했다.

모한다스 카람찬드 간디는 1869년 인도의 포르반다르에 있는 한 상인계급의 집안에서 태어났다. 아마 그는 그 지역에서 정치 활동을 하며 편안한 삶을 살 수도 있었을 것이다. 그러나 부처가 그랬듯 앞으로 나아가라는 내면의 소리를 들었다. 힌두교의 신 크리슈나가 전사 아르주나에게 평범한 삶에서 벗어나 영웅의 여정을 향해 나아가라고 조언했듯이 그 내면의 신은 간디에게 스스로를 넘어 더 큰 무언가를 향해 나아갈 것을 요구했다. 하지만 간디는 이런 운명을 깨닫고 소명에 따르기 위해서 먼저 자신을 이겨내야 했다.

학창 시절 간디는 시험에서 영어 철자를 잘못 쓴 일이 있었다. 학생들의 완벽한 성적으로 자신의 경력을 높이길 바랐던 영어 교사는 간디에게 옆에 있는 급우의 정답을 그대로 베끼라고 몸짓했다. 유혹이 고개를 내밀었으나 간디는 거부했다. 그는 속임수를 써서 이기는 것보다 실패하는 것이 낫다고 생각했다. 이에 간디는 어떤 대가를 치러야 했을까? 간디가 매우 존경하던 그 교사는 그에게 "멍청한 녀석"이라고 중얼거리며 가버렸다.

간디는 성자로 태어나지 않았다. 물론 누구도 성자로 태어나지 않는다. 간디는 열다섯 살 때 형의 돈을 훔쳤다. 돈을 얼마나, 왜 훔쳤는지는 몰랐지만, 세월이 지나면서 죄책감이 계속 그를 따라다녔다. 간디는 아버지에게 자신의 죄를 밝히고 처벌받기를 청하는 편지를 썼다. 당시에 누공으로 죽어가던 아버지는 병상에서 일어나 앉아 아들의 편지를 읽었다. 간디의 아버지는 아무 말도 하지 않고 편지를 찢고 나서는 다시 쓰러지듯 누웠다. 그렇게 아버지의 용서를 받은 간디는 감정을 주체하지 못하고 한없이 눈물을 흘렸다.

간디는 그때가 두 사람의 마지막 만남이 될 줄은 몰랐다. 얼마 지나지 않아 아버지의 건강은 악화되었다. 그때 갓 결혼한 간디는 아버지의 간호를 잠시 삼촌에게 부탁했는데, 간디가 신혼을 즐기던 중에 문을 강하게 두드리는 소리가 들려왔다. 아버지가 세상을 떠난 것이었다.

아버지에게 작별 인사를 하지도 못한 간디는 아버지의 임종을 지키지 못했음을 계속 괴로워하며 수년 동안 이렇게 한탄했다. "아버지가 돌아가신 중요한 순간에 내가 육욕을 추구했던 부끄러움은 결코 지울 수도, 잊을 수도 없는 오명이다." 이 상실감은 그의 삶의 방향을 바꾸어놓았다. 한편으로는 마음의 상처를 남겼으나 또 다른 한편으로는 그를 자유롭게 해주었다. 간디는 인도에 머물 이유가 없어져 새로운 기회를 찾고자 했다. 그래서 친척들의 권유로 법학을 공부하기 위해 런던으로 향했다.

간디의 어머니는 그에게 런던에 있는 동안 술이나 고기를 먹지 않고 여자를 가까이하지 말라는 조건을 내걸었다. 그래서 간디는 거의 수도자와 같은 삶을 보내며 어머니와의 약속을 깨지 않으려고 노력했다.

인도에서 거의 8000킬로미터 떨어진 런던에서 간디는 정신적인 성장을 이루었다. 그는 그곳에서 힌두교의 중요한 경전 중 하나인 『바가바드기타』를 처음 읽게 되었는데, 그 경전에는 힌두교의 신 크리슈나가 고대 인도 왕국의 왕자 아르주나에게 전사의 길을 안내해 주는 이야기가 담겨 있었다. 스무 살 무렵 간디는 그 성전을 반복해서 읽었다. 친한 친구들이 증언하듯 이후 그가 내린 모든 결정은 『바가바드기타』의 가르침을 따르려는 시도였다.

그러던 어느 날, 성경을 판매하는 사람을 우연히 만난 간디는 그 뒤로 서양의 중요한 종교 문헌을 읽는 데 시간을 보냈다. 간디는 구약성서는 대부분 지루했으나 기독교 신앙생활의 근본적인 원리와 도덕적 가르침을 담고 있는 '산상설교'는 "자신의 마음에 바로 와닿았다"라고 말했다. 간디는 한쪽 뺨을 맞아도 다른 쪽 뺨을 내밀라는 가르침을 읽고 몹시 기뻐했다. 물론 간디는 기독교로 개종하지는 않았으나 산상설교를 삶에서 실천하려고 노력했다.

가난한 외국인 학생으로서 하루에 약 1실링으로 생활했던 간디는 무소유에 가까울 정도로 욕구를 줄이는 것이 무엇을 의미하는지를 저절로 깨닫게 되었다. 그처럼 그는 삶의 즐거움을 좇는 것에 전혀 관심이 없었고 소박한 생활 방식을 즐겼다. 이후 그는 그런 검소함으로 유명해지게 되었다.

영국에서 대중 연설 수업을 들은 간디는 꽤 좋은 학점을 받았다. 또 채식주의자를 위한 클럽에도 들어갔고 영국인 친구들도 사귀었다. 간디는 전혀 다른 종교를 믿는 사람들도 만났다. 그리고 페미니스트와 철학자들뿐 아니라 의사와 사회주의자와 옥스퍼드대학의 학자들도 만났다. 간디는 두 영국인에게 『바가바드기타』를 가르쳐주는 대신 그들로부터 신지학을 배웠다. 신지학은 신비적인 계시와 직관을 통해 신에 관한 지식을 얻는, 종교적이고도 광범위한 학문이었다. 간디의 집안 식구들은 대부분 인도를 떠난 적도, 집을 떠난 적도 거의 없었다. 당시에도 인도의 문화나 카스트제도에서 벗어나 사회 활동을 하는 사람은 소수에 불과했다. 영국에서 간디는 날마다 새로운 사람과 새로운 사상과 새로운 문화를 접했다.

간디의 업적을 깎아내리려는 영국인은 이렇게 설명한다. "간디가 동양의 사고에만 머물러 있었다면 혼자 조용히 사색하는 개인적인 삶을 추구하는 데 만족했을 겁니다. 간디를 적극적인 사회개혁가로 만든 계기는 서구의 가르침입니다." 간디가 도덕적 진리를 추구하려 한 열망은 이 경솔한 말처럼 동양과 서양의 사고 차이에서 비롯된 것이 아니다. 그보다 훨씬 중요한 이유에서 비롯되었다. 간디는 평화, 평등, 정의, 그리고 무엇보다 최고의 가치인 사랑 등의 보편적 이상을 진정으로 믿었기 때문에 사회개혁가가 되었다.

간디는 두 가지 충격적인 경험을 계기로 평범하고 소극적인 법학도에서 세상을 바꿔놓을 개혁운동가로 변했다. 첫 번째 일은 간디가 법학과를 졸업한 직후 인도에서 일어났다. 간디의 형제가 한 영국 식민지 관료와 말썽이 일어났을 때였다. 간디는 상황을 잘 수습하기 위해 상대를 만나러 갔다. 런던에서는 영국인이나 인도인이나 평등한 대우를 받았기 때문에 간디는 인도에서도 당연히 동등한 인간으로 이야기할 수 있을 거라 생각했다. 더욱이 지역에서 영향력 있는 집안의 사람이었고, 이제는 숙련된 변호사로서 고국으로 돌아왔기 때문에 그는 인간 대 인간이라는 평등한 권리를 행사할 수 있을 것이라 생각하며 공식적인 절차에 따라 일을 처리하려 했다. 그러나 결과는 어땠을까? 영국 식민지 관료들은 간디를 거칠고 난폭하게 다루었다.

두 번째 일은 간디가 의뢰받은 소송 사건 때문에 기차를 타고 남아프리카연방의 프리토리아로 가던 중에 생긴 일이었다. 그는 1등석 기차표를 구매했지만 인종차별로 3등석에 앉아야만 했다. 이를 거부한 간디는 짐과 함께 기차에서 쫓겨났고 철로 옆에서 혼자 춥고 긴 밤을 보내야 했다. 다음 날 역마차를 타고 이동하기로 한 간디는 백인들이 앉아 있는 안쪽에 함께 앉으려다가 저지되고 마부에게 폭행까지 당했다. 이런 잔혹성은 무슨 의미가 있는 걸까? 누구를 위한 것인가?

이후 간디는 삶에서 가장 뜻깊었던 경험을 말해달라는 요청을 받았을 때 불평등이 합법화되어 굴욕을 당하고 인간성이 말살되었던 그때의 이야기를 했다. 간디는 이렇게 설명했다. "내가 당한 시련은 표면적이었고 인종 편견이라는 고질병의 한 증상일 뿐이었습니다." 토머스 클라크슨이 교차로에서 그랬던 것처럼 간디도 그때 기차역에서 악을 묵과할 수 없다는 생각이 문득 들었고, 다른 사람들처럼 "인종 편견이라는 고질병을 근절하고 그 과정에서 시련을 겪으려는 자격이 주어졌을 뿐"이라고 생각했다.

얼마 지나지 않아 남아프리카연방에서 인도인들의 투표권을 박탈하는 법안이 논의되고 있다는 소식이 널리 알려졌다. 영국이 인도 노동자들을 겨냥해 계획한 많은 차별 정책의 시발점이었다. 그 법안이 논의된 이유는 영국인이 식민지를 건설하는 데 이용하기 위해 들여온 인도 노동자들이 이제는 사회적·경제적 계급으로서 두려운 존재가 되었기 때문이었다. 당시 남아프리카연방의 나탈에 와서 몇 가지 법적 사건들을 조사하고 있던 간디는 곧 인도의 포르반다르로 귀국할 생각이었다. 그런데 충격적인 인종차별을 이제 법으로까지 제정하기 위해 시도하고 있다는 사실을 알게 된 간디는 결국 몇 개월 더 머물기로 했다. 그리고 간디가 이끈 인종차별에 대한 투쟁은 그 후 20년 동안 계속 이어지게 되었다.

간디의 저항은 초기에는 작은 일부터 시작되었다. 간디는 가난한 노동자들뿐 아니라 종교적 이유로 법정에서 모자를 벗지 않기를 원하는 이슬람교도까지 대변했다. 또한 간디는 인도인들의 평등권을 주장하는 소책자 몇 권을 발행하고 소규모 신문도 창간했다. 그리고 영국에 있는 정치인들에게 부당함을 알리는 서신을 보냈고, 최초의 정치조직인 '나탈 인도 의회'를 설립했다. 헨리 폴락과 헤르마는 칼렌바흐를 포함한 친구들과 협력자들도 생겨났다. 이 두 유대인은 평생 간디를 도와주었으며 조언을 아끼지 않았다. 간디는 인도의 빈민가를 방문하여 처음으로 세상의 절반이 어떻게 사는지를 파악했다. 그리하여 같은 인도인들로부터 날마다 모욕과 부당한 대우를 받는 이른바 불가촉천민들의 고통까지 알게 되었다.

그동안 간디는 근면한 변호사로서 선하고 품위 있는 삶을 살았다. 그리고 남아프리카연방에서 함께 살기 위해 고국으로 돌아가 가족을 데리고 올 정도로 가정에도 충실했다. 간디는 고국으로 돌아가는 도중에 인종 간의 증오로 피해를 입는 경험을 했다. 세 번째였던 그 경험은 다른 때보다 훨씬 더 위험했다. 몇백 명의 인도인들과 함께 아프리카 해안에 있는 배에 타고 있을 때였다. 그때 간디를 비롯한 동료 선객들이 몰래 들어온 불법 이민자들이라는 잘못된 소문이 퍼져 있었다. 현재의 지배층을 몰아내고 그 자리를 차지하려 하는 기생충 같은 무리라는 소문이었다.

한 연설자가 그 해안에 모인 성난 군중에게 이렇게 말했다.

"이런 유순하고 연약한 사람들의 의도는 이 나라의 통치자들이 그들에게 주지 않았던 유일한 것, 즉 시민권을 소유하는 것입니다. 이들의 의도는 스스로 의회에 진출하여 유럽인에 관한 법률을 제정하는 것입니다. 이는 그들이 가정의 재정 관리를 떠맡고 유럽인들에게는 주방을 맡기려는 행위나 다름없습니다."

어둠을 틈타 하선하면 더 안전할 거라는 말을 들었지만 간디는 아무 의미도 찾지 못하는 겁쟁이가 되기를 거부했다. 군중과 맞닥뜨린 간디는 폭행을 당했다. 구타와 채찍을 견뎌야 했다. 군중은 간디를 "썩은 사과나무"에 매달 것이라고 외쳤다.

옥스퍼드대 학자이자 간디의 친구인 에드워드 톰슨은 이렇게 말했다. "간디는 삶이 끝날 때까지 모든 백인을 싫어했어도 마땅했다." 아프리카 해안에서 일어난 사건으로 간디는 한 가지 의미만 확고해졌다. 간디는 군중을 용서했으나 삶에서 끝까지 완수해야 할 대의를 품게 되었다. 더욱이 간디는 자신의 추종자가 최악으로 치닫지 않고 더 좋은 사람이 되도록, 그래서 함께 대의를 실현할 수 있도록 가르치고자 했다.

간디가 인도에서 이뤄낸 비폭력 저항은 많이 알려져 있으나 남아프리카에서 벌인 투쟁은 대부분 모른다. 그 투쟁이 있기 전까지 간디는 남아프리카에 머물며 일하고 있었는데 그때부터 백인에게 차별 대우를 받고 있었던 힌두교 이민자와 이슬람교 이민자들의 권리를 보호하려고 노력하기 시작했다. 이런 노력은 다음 세기로 넘어가면서 수백만 명이 희생되는 투쟁으로 이어졌다. 이런 비폭력 투쟁은 간디의 명성을 알렸을 뿐 아니라, 인간의 자유와 권리를 위한 투쟁에 큰 돌파구가 되었다.

1900년대 초에 간디는 인도인들이 더 좋은 대우를 받도록 영국 식민지부에 압력을 가하기 위해 여러 차례 런던을 방문했다. 영국 국민으로서 인도인들의 권리를 요구하기 위함이었다. 그런데 그곳에서 그는 여성참정권 운동가들의 시위를 목격했다. 그 무렵 영국에서는 여성참정권 운동이 막 불붙기 시작하고 있었다. 간디는 그들의 집회에 참석하여 여성 운동가 에멀린 팽크허스트와 이야기를 나누기도 했다.

간디는 영국에서 남아프리카로 이런 편지를 보낸 적도 있었다. "오늘 영국 전체가 여성참정권 운동가를 비웃고 있고, 이 운동가의 편에는 소수의 사람만 있습니다. 그런 상황에도 굴하지 않는 이 여성들은 꿋꿋하게 자신의 대의를 위해 투쟁하고 있습니다. 그들은 반드시 성공하여 투표권을 획득할 것입니다. 행동이 말보다 낫다는 단순한 이유 때문입니다."

1908년 1월 11일, 간디는 모든 인도인에게 지문을 등록하고 등록 서류를 항상 소지할 것을 요구하는 '아시아인 등록법'을 무시하고 남아프리카로 돌아왔다. 변호사로서 고객들이 감옥에 들어가지 않도록 수십 번도 더 노력했던 간디는 이 일로 직접 법정에 서게 되었다. 간디는 판사에게 법에 따라 선고를 내려달라고 청했다. 며칠 후, 간디를 따르는 지지자들 수백 명이 간디를 따라 투옥되었다.

남아프리카에서 인도인들은 열등한 집단, 정치적으로 무력한 집단, 힌두교도, 이슬람교도, 부유한 자, 가난한 자, 자유로운 자, 영구 계약을 맺은 자 등 절망적으로 분열된 집단이라고 여겨졌기 때문에 차별 대우를 받았다. 그러나 이곳에서 인도인들은 남녀노소를 막론하고 조직적으로 결성된 집단이 물결을 이루며 침묵으로, 그리고 멈춤 없이 부당한 법에 맞서 저항했다.

간디는 사람들을 통솔하며 "감옥이 메워지도록 저항해야 한다"고 말한 적이 있었다. 그러자 정말로 사람들은 감옥이 메워질 정도로 저항했다. 간디의 최측근 정치 협력자는 이렇게 서술했다. "간디는 내면에 주변의 평범한 사람들을 영웅과 순교자로 바꿔놓는 놀라운 영적인 힘을 지니고 있습니다."

간디는 자신의 행동을 이렇게 설명했다. "나는 사티아그라하 운동(Satyagraha·무저항 불복종 운동)을 처음 시작했을 때 혼자였습니다. 그러나 우리는 1만 3000명의 남자와 여자와 아이들이 되었고 우리를 탄압하는 한 국가에 맞서 투쟁할 수 있었습니다. 나는 내 말에 귀를 기울이는 사람이 있을 줄은 몰랐습니다. 그 모든 일은 순식간에 일어났습니다. 1만 3000명이 모두 저항한 것은 아니었고 많은 사람이 물러나기도 했습니다. 그러나 인도인의 권리는 구제되었습니다. 남아프리카의 사티아그라하 운동으로 새로운 역사가 쓰였습니다."

'사티아그라하'라는 단어는 그 새로운 역사에서 가장 중요한 말, 아마도 인류 역사상 가장 중요한 말 중 하나일 것이다. 간디의 사촌이 '확고한 대의'라는 의미의 사다그라하(Sadagraha)를 생각해 냈는데, 간디는 이 말을 '확고한 진리'나 '사랑의 힘'이라는 뜻의 사티아그라하(Satyagraha)로 바꾸어 사용했다.

당시에 여성참정권 운동가들이 만들어낸 '소극적 저항'이라는 말이 어느 정도 알려져 있었으나 간디는 그 말이 충분하지 않다고 느꼈다. 간디가 실천하는 투쟁은 능동적이었기 때문이다. 간디의 투쟁은 불의에 맞서 정의를 실현하기 위한 비폭력 저항이었다. 그 비폭력 저항으로 정의는 모든 면에서 우월함을 증명했으나 불의는 그 모순과 잔혹성을 낱낱이 드러낼 수밖에 없었다.

희생자들은 인내와 용기를 통해 압제자나 무관심한 대중에게 자신들의 인간성과 존엄성과 품위를 증명했다. 과연 사티아그라하 운동은 늘 이기거나 정치적 목표를 달성했을까? 간디는 그렇지 못한단 사실을 기꺼이 받아들였겠지만, 사티아그라하 운동은 그 선함을 입증하는 과정에서 결코 실패하는 일이 없었다. 사티아그라하 운동은 이를 실천하는 사람이 더 높은 정신 수양에 도달하는 데 도움이 되었다.

간디는 1909년의 연설에서 이렇게 말했다. "우리의 목표인 강하고 순수하고 아름다운 성품을 길러내는 데 가장 큰 도움이 되는 힘은 고통을 이겨내는 인내력입니다. 자제력, 이타심, 인내력, 관대함과 같은 이런 힘은 스스로 고통을 받아들이면서도 타인에게 고통을 주지 않는 사람들의 자리에서 피어나는 꽃들입니다. 요하네스버그, 프리토리아, 하이델베르크, 볼크스루스트의 암울한 감옥은 이런 신의 정원으로 향하는 네 개의 관문과도 같습니다."

간디는 처음으로 감옥에 갇혔을 때 헨리 데이비드 소로의 『시민 불복종』을 읽었다. 『바가바드기타』를 비롯한 인도의 여러 경전을 읽은 소로는 노예제도의 확대에 항의하다가 투옥된 적이 있었다. 남아프리카에서 간디는 또한 레프 톨스토이의 글에 푹 빠져 있었는데, 그 작품은 소설이 아니라 비폭력과 동정심을 전하고 신의 왕국이 개개인에게 내재해 있다는 기독교에 관한 에세이였다.

간디는 톨스토이, 소로, 에멀린 팽크허스트, 산상설교, 『바가바드기타』, 『코란』 등 이 모든 요소를 아우르고자 했다. 프랑스 철학자 피에르 테야르 드 샤르댕은 간디처럼 들것 운반병으로 전쟁에 참전했던 용감한 인물이다. 샤르댕의 설명에 따르면, 자신에게 충실하고 깨달음과 사랑을 향해 나아가는 사람들은 "여러 방면에서 시작하여 똑같은 오르막길을 거쳐온 사람들 모두와 함께 결국 정상에서 만나게 된다는 것을 깨닫는다. 오르다 보면 모든 것은 한곳에 모이기 마련이기 때문이다." 이렇듯 같은 뜻을 품고 있었던 개념이 모든 것을 변화시키는 적시의 순간에 간디에게 도달한 것이다.

간디의 비폭력 저항이 등장하기 전에 독재 정권에 반대한 사람들은 어떻게 시위를 벌였을까? 폭력으로 항의했다. 사람들은 어떤 방법으로 폭정에 대항할 수 있었을까? 또한 폭력으로 대항했다. 그리고 정권은 이런 사람들의 위협에 어떻게 대응했을까? 마찬가지로 폭력으로 대응했다. 양측 모두 비인간적인 행위를 서로에게 행했던 셈이다. 이런 폭력은 잔혹성, 체념, 절망을 더욱 커지게 하여 모두를 최악으로 몰고 가는 악순환만을 가져왔다. 이는 간디가 후일 남긴 말처럼 "모든 세상의 눈이 머는 일"이었다. 간디의 비폭력 저항이라는 유산은 마르크스와 레닌의 '혁신'을 따랐던 혁명과 대조를 이룬다. 이 혁명으로 인해 최소 약 1억 명 이상의 사람들이 사망했을 것으로 추정된다.

간디는 1899~1902년 영국의 식민지 팽창에 맞서 남아프리카 지역에 정착해 살던 네덜란드계 보어인 사이에 일어난 전쟁, 보어전쟁으로 상처를 입은 사람들을 돌보면서 바로 가까이에서 전쟁을 목격했다. 간디는 사람들이 서로에게 거리낌 없이 해를 가하는 참상을 목격했다. 폭력이 아닌 다른 방법이 있다고 확신했기에 간디는 위험을 무릅쓰고 그 방법을 입증하고자 했다. 마틴 루서 킹은 이후 간디에 대해 이렇게 말했다. "간디는 폭력적인 저항자 못지않은 혈기와 힘으로 악에 저항했으나 증오 대신에 사랑으로 저항했다. 진정한 평화주의는 사악한 힘에 비현실적으로 굴복하는 것이 아니다. 오히려 사랑의 힘으로 용기 있게 악에 맞서는 것이다."

간디와 마틴 루서 킹은 모두 압제자들의 종교를 그 압제자들에 맞서는 데 이용했다. 두 사람은 압제자들의 종교로부터 이상을 받아들이고 그 이상을 투쟁을 위한 수단으로 바꾸었다. 두 사람은 성자와 같은 이상주의와 세속적인 실용주의를 결합했다는 탁월한 공통점이 있었다. 특히 간디는 젊었을 때 더더욱 실용적인 면모가 돋보였다. 남아프리카에서 변호사로 활동한 간디는 법정에서 전통 모자를 쓸 수 있도록 이슬람교도의 권리를 위해 싸운 적이 있었다. 그런데 감옥에 들어갔을 때 간디는 자신의 신념을 지키는 상징이었던 모자를 기꺼이 잠시 벗어 놓고 "더 큰 투쟁을 하기 위해" 힘을 비축했다.

처음으로 감옥에 들어간 직후, 간디는 남아프리카연방의 정치 세력들과 타협하기도 했다. 간디는 인도인에게 가장 부담스러운 법적 의무를 해제하는 타협의 대가로 자신이 항거해 온 인도인 등록 요건들을 자발적으로 따르기로 했다. 다만 합법화된 차별은 받아들이지 않았다. 합법화된 차별이 시작되면, 어디에서 끝날지 모르기 때문이었다. 일부 지지자들은 그가 타협하는 모습에 화를 냈으나 간디는 할 수 있는 최선의 거래라고 주장했다. 사실 이런 방식이 간디가 그동안 경력을 통해 변함없이 추구한 일이다. 아주 조금이라도 상황을 좋게 만들기 위한 거래였다. 간디는 이상주의자이면서 순수주의자였고, 또한 점진주의자였다. 실용주의는 일을 완수하는 데 효과적인 방식이었다. 소설가 조지 오웰은 간디에 대해 이렇게 썼다. "거의 성자와 다름없는 이 사람에게는 매우 기민하고 유능한 측면도 있었다."

간디는 무엇이든 할 수 있는 사람이었다. 간디는 변호사로서 막대한 돈을 벌어들이고 해변의 멋진 집을 살 여유가 있을 정도로 유능했다. 그러나 간디는 그 모든 것을 포기하고 힌두교도들이 수행하며 거주하는 아슈람에서 공동생활을 했다. 그리고 변호사업을 이어갈 수 없을 정도로 대의를 위해 점점 더 많은 시간을 쏟아부었다. 간디는 인도인들이 원하는 대로 여행할 권리를 위해 싸웠으나 자신은 일부러 삼등 칸의 열차를 이용했고, 인도인뿐 아니라 남아프리카의 모든 가난한 사람들이 겪는 시련을 몸소 체험하기를 바랐다. 또한 금욕주의를 실천했다. 개인적인 이익보다 이타심을 추구하려는 포부를 갖게 된 간디는, 지지자들이 감사의 뜻으로 전해준 예물을 자녀들의 미래를 위해 받으라고 아내가 청했음에도 거절했다. 나중에는 그런 예물이 들어오면 나탈 인도 의회에 긴급 자금으로 투입하라고 말하곤 했다.

간디도 트루먼처럼 스스로 변화할 놀라운 능력이 있었다. 남아프리카에서 보낸 대부분의 시간 동안 간디는 영국 식민지부의 부당성에 맞서 싸우면서 자신 역시 식민주의자였음을 뒤늦게 깨달았다. 간디는 인종차별자의 용어를 사용하여 아프리카 원주민을 '미개인'이나 더 심한 단어로 언급한 적이 있었다. 간디는 처음부터 아프리카 원주민의 권리에 특별한 관심이 있었던 것은 아니다. 오히려 영국이 인도인들을 아프리카 원주민들과 법적으로 합쳐서 취급할 것을 두려워했다.

그런 간디가 스스로 깨우치기 시작한 때는 들것 운반병으로 전쟁에 참전했을 때였다. 간디는 수년 후 이렇게 말했다. "죄수복을 입은 줄루족이 등에 찢어진 상처를 치료받으려고 우리에게 찾아왔습니다. 백인 간호사가 그들을 치료해 줄 준비가 되어 있지 않았기 때문입니다." 간디는 이렇게 차별하는 기독교인들의 위선이 역겨웠다. 그러면서 이 일로 자신의 위선을 돌아보게 되었다. 교육이나 부가 우월성의 잣대가 되어서는 안 되는데, 그 잣대가 식민주의자들이 약자를 다루는 방식임을 깨달았다. 카스트제도와 불가촉천민 계급의 파괴자로서 등장한 간디는 자신의 잘못을 돌아보며 그곳에서 새로 태어났다.

워싱턴에서 마틴 루서 킹이 꿈에 대한 그 유명한 연설을 남기기 약 50년 전에, 간디는 그와 같은 개념이지만 하나의 의무에 대한 연설을 남겼다. 1908년, 요하네스버그에서 간디는 청중에게 이렇게 말했다. "미래를 생각한다면 모든 다양한 인종들이 모여서 세상이 아직 본 적이 없는 문명을 만들어낼 수 있어야 하지 않겠습니까?" 간디는 이런 식으로 나탈에서 식민지 법에 거듭 저항하며 투쟁했고, 그 과정에서 성장하는 세계적인 인물로, 또한 영리한 정치 조직자로 바뀌어갔다.

1914년경, 간디는 소수집단의 권리를 보호하기 위해 남아프리카 정부와 수용할 수 있는 타협안에 도달하면서 남아프리카에서의 과업을 이뤄냈다. 간디의 오랜 적수였던 남아프리카 연방의 얀 스뮈츠 장군은 안도하며 이렇게 말했다. "난 이 성자가 우리의 해안을 영원히 떠났기를 진심으로 바라오."

이때 간디는 마흔네 살이었다. 간디는 지금까지 해온 활동에 만족하고 은퇴하거나 변호사로 돌아갈 수도 있었다. 그러나 간디는 인도로 돌아가는 배에 올라 다음 투쟁을 준비했다. 간디는 남아프리카에 두고 온 인도인들에게 이렇게 말했다. "나는 당신들을 위해 계속 헌신할 겁니다. 당신들은 5년 동안 나라는 한 사람과 계약했겠으나 나는 평생 인도의 모든 3억 명과 계약되어 있습니다. 나는 그 헌신을 계속할 것이고 당신들을 내 마음에서 쫓아내지 않을 겁니다."

젊었을 때 영국에서 법학 학위를 취득해 변호사가 된 간디는 남아프리카로 가서 운동가가 되었고 총 250일 동안을 감옥에서 보냈다. 모한다스 카람찬드 간디는 이제 인도로 다시 돌아가서 위대한 영혼이라는 뜻의 '마하트마'가 되었다.

간디는 인도에서 귀를 열어두고 입을 다물며 다음 해를 보냈다. 당시 인도는 엄청나게 가난하고 고통을 겪는 나라였다. 인도에서는 매년 수십만 명이 결핵으로 사망했고, 수백만 명이 말라리아에 걸렸다. 기근도 매우 흔했다. 인도는 영국에 자원을 약탈당하고 영국의 식민지가 되었다. 겨우 몇십만 명의 영국인들이 수억 명의 인도인을 다스렸고 의도적으로 인도인들이 분열되도록 나누어 착취하고 학대했다. 간디는 거의 200년 동안 지배당한 부당함에서 인도를 벗어나게 할 수 있으리라고 확신했다. 그러나 어떻게, 그리고 언제 그 대의를 실현할 것인가? 간디는 징후를 기다렸다.

간디는 "우리가 인도의 5분의 1에 해당하는 사람들을 영원히 지배하에 두기를 바란다면 영국으로부터의 자유는 무의미한 말"이라고 했다. 간디가 언급하는 사람들은 바로 '불가촉천민'이었다. 수백만 명의 힌두교도들에 해당하는 불가촉천민은 예부터 이어온 카스트에 속하지 못하는, 최하층의 계급이었다. 이들은 거의 인간 이하로 취급받고 사원에 들어가는 것이 금지되어 있으며 닥치는 대로 폭력을 당하는 등 핍박과 학대를 받는 대상이었다. 이후 간디는 불가촉천민을 '신의 아이들'이라는 뜻의 하리잔(Harijans)으로 부르기 시작했다. 간디는 이렇게 말했다. "명칭을 바꾼다고 해서 신분이 바뀌는 것은 아니지만 적어도 그 자체만으로도 비난의 대상이 되는 용어를 사용하지 않을 수는 있습니다."

1915년, 인도에서 독립운동을 시작할 무렵에 간디는 아슈람에서 함께 살도록 불가촉천민을 초대했고 나중에는 한 불가촉천민을 딸로 입양함으로써 사람들을 놀라게 했다. 한 후원자가 그에 대해 반발하며 후원금을 취소하자, 간디는 필요하다면 기꺼이 빈민가에서 불가촉천민들과 함께 살겠다고 말하며 어깨를 으쓱였다. 이 불가촉천민들은 간디가 남아프리카에서 그들의 용기에 대해 경의를 표한 사람들이었다. 간디는 이렇게 말했다. "내 양심에 비추어 생각해 보면 힌두교도로서 불가촉천민의 미천함을 용납할 수 없습니다. 힌두교사회는 이런 사람들을 불가촉천민으로 어리석게 여기며 죄를 쌓아왔고 그 죄를 오랫동안 묵인해 왔습니다. 그 죄를 없애는 데 내 모든 삶을 바치는 일이 무의미하다고 생각하지 않습니다. 그 일에 제가 완전히 전념할 수 없다는 것이 미안할 뿐입니다."

간디가 그 일에 완전히 전념할 수 없었던 이유는 아마다바드에 있는 방직공들로부터 전화를 받았기 때문이었다. 그때는 인도와의 분쟁이 아직 영국에 그렇게 불리하지 않았다. 노동자들 대부분은 그저 인도인 공장주로부터 더 나은 임금을 받기를 원했을 뿐이었다. 간디가 불가촉천민을 지지한다고 후원금이 중단되었던 상황에서도 그는 본능적으로 약자의 편을 들었다. 파업한 지 3주가 지났을 때 노동자들의 의지는 무너졌다. 간디가 노동자들을 격려하자 그들이 말했다. "이 일이 당신과 무슨 상관입니까? 당신은 자동차로 왔다가 가고 또 값비싼 음식을 먹을 테지만, 우리는 죽을 것 같은 극도의 고통을 겪고 있습니다. 당신이 집회에 참석한다고 굶주림을 막을 수는 없습니다."

이에 대한 응답으로 간디는 1918년 3월 15일에 자신이 노동자들과 연대하여 단식투쟁을 할 것이라고 알렸다. 간디는 이전에 정신 수련을 위해 금식한 적이 있었고 아슈람에서 분쟁을 해결하기 위해 단식투쟁을 한 적도 있었다. 그러나 정치적 영향력에 대한 감각은 거의 없었다. 이번 단식투쟁은 간디가 노동자들을 격려하고 자신의 진정성을 보여주기 위한 행동이었다. 그러나 공교롭게도 간디는 공장주들에게 고통스러운 압력을 가하게 되었다. 마침내 3일 뒤, 양측은 중재를 받아들였다. 노동자들에게 35퍼센트의 임금 인상을 지급하라는 중재였다.

사티아그라하는 이제 또 하나의 놀라울 정도로 강력한 무기를 갖게 되었다. 곧 간디는 영국의 인도 점령에 항의하는 전면 파업, 하르탈(Hartal) 운동을 내세우기 시작했다. 영국을 상대로 벌인 이런 비협력 운동은 간디가 원하는 인도 독립을 향한 핵심이 되었다. 인도인들은 어떻게 압제자들과 계속 협력할 수 있었을까? 또 어떻게 그토록 명백하게 의존했음에도 자유로울 가치가 있다고 주장할 수 있었을까? 이들은 이용하던 기차, 늘 정기적으로 내던 세금, 즐겨 마시던 술, 갖고 싶었던 물건, 영국식 복장, 다니던 학교 등 영국과 관련된 모든 일에 대해 하르탈 운동을 벌였다. 그리고 그 대가는 자유가 아니라 간디가 말했던 스와라지(Swaraj), 즉 인도의 '자치'였다. 법적으로 독립하기 위해서는 우선 정신적·종교적·윤리적으로 자유로워지는 독립을 해야 한다. 이런 독립은 목적이 아닌 수단인 셈이다.

간디의 유명한 '소금 행진'은 이런 비폭력 저항 운동을 가장 잘 반영하고 있었다. '소금 행진'은 영국의 소금 전매권에 항의하며 인도를 가로질러 24일 동안 걸으며 행진한 운동이었다. 이 왜소한 남자가 소금 한 줌을 집어 들고 사람들에게 자신을 따르라고 몸짓했을 때 세상도 숨 가쁘게 따라왔다. 6만 명 이상의 사람들이 간디의 뒤를 따라 체포되면서 또다시 감옥이 메워졌다. 인도인들은 자국의 천연자원을 사용할 가장 기본적인 권리를 주장했지만 그들의 머리는 총의 개머리판에 맞아 금이 가고 손가락은 군화에 밟히는 등 남녀 할 것 없이 모두가 무자비하게 폭행당했다. 단 한 번의 대화로 영국 당국의 모든 가식은 무너졌다. 그들에게 남은 것은 권력뿐이었다. 그리고 그 권력은 간디의 끊임없는 항의로 서서히 무너지고 있었다.

프레더릭 더글러스가 목숨을 걸고 더 이상 노예로 살지 않듯이 인도는 자유를 선택했다. 자치의 합법적인 세부 요건이 해결되려면 수년이 걸리겠지만 인도인들은 이제 유리한 상황에 놓여 있었다. 간디는 말 한마디로 나라에 불을 지필 수도 있었다. 폭동, 파괴 행위, 암살, 전면 전쟁 등이 일어날 수도 있었다. 인도는 간디의 손에 달려 있었고 간디의 명령을 기다리고 있었다. 인도인에게 많은 사랑을 받은 간디는 길을 걸을 때마다 몰려드는 지지자들 때문에 날마다 특별한 건강관리가 필요할 정도였다. 간디는 영국을 더 빨리 압박할 수 있는 방법도 있었다.

그러나 간디는 그 방법을 사용하지 않았다. 간디는 30년 넘도록 비폭력 저항을 엄밀히 지켜나갔다. 영국인들이 간디를 따르는 사람들을 학살하며 온갖 잔인한 행위를 했을 때도 간디는 비폭력 저항을 이어갔다. 간디는 그런 영국에 대응하면 분쟁만 확대되고, 또 그렇게 되면 자신과 인도의 민족성이 돌이킬 수 없이 바뀔 것임을 잘 알고 있었다. 그래서 간디는 마음이 찢어질 듯한 고통을 참고 견디며 비폭력 저항을 밀고 나갔다.

간디는 반드시 인도가 독립할 거라고 믿었다. 지금 중요한 것은 그들이 매 순간 옳은 일을 했다는 점이다. 간디는 엄청나게 많은 군중에게 연설했을 때 손을 들어 손가락을 하나씩 펴며 말했다. "첫 번째는 불가촉천민의 평등을 위한 것입니다." 두 번째는 여성의 평등, 세 번째는 힌두교와 이슬람교의 공존, 네 번째는 술과 아편을 비롯한 여러 욕구의 절제, 다섯 번째는 물레, 즉 경제적인 자급자족을 위한 것이었다. 이런 손가락들이 모두 연결된 손목은 비폭력 저항을 위한 것이라고 했다.

간디는 영국인에게 이렇게 말했다. "당신들이 무슨 짓을 하든, 우리를 아무리 억압하든 우리는 언젠가 당신들로부터 내키지 않는 뉘우침을 받아낼 것입니다. 그리고 늦기 전에 당신들이 무슨 짓을 하고 있는지를 깨닫기를 바랍니다. 3억 명의 인도인을 당신들의 영원한 적으로 만들지 않기를 요청합니다." 영국인들은 귀를 기울였을까? 물론 그러지 않았다. 간디는 몇 번이고 체포되었다. 인도인들은 몇 번이고 폭행당하고 짓밟혔다. 그래도 소용이 없었다. 소용이 있을 리가 없었다.

죽음을 두려워하지 않는 사람에게는 기관총의 위력이 소용없다. 자유를 소중히 여기는 사람에게 돈의 힘은 통하지 않는다. 한 영국 학자는 간디에 대해 이렇게 경고한 적이 있었다. "감각적 쾌락에 관심이 없고, 안락이나 찬사나 승격에도 관심이 없으나 자신이 옳다고 믿었던 것을 행할 각오가 되어 있는 사람을 다룰 때 주의하시오. 그는 위험하고 불편한 적이오. 그의 몸은 늘 정복할 수 있지만 그의 영혼은 거의 꺾을 수 없기 때문이오."

그때도, 그 이후에도 사람들은 20세기의 잔혹 행위를 고려하며 간디의 방법에 의문을 품었다. 단식투쟁이 어떻게 탱크를 멈출 수 있을까? 적이 포로를 가스실로 보낼 때 사티아그라하가 어떤 희망이 있을까? 비폭력 저항이 늘 답이라고 했던 간디의 주장은 가볍게 던진 말이 아니었다. 만일 현대의 과학기술을 잘 몰라서 인간이 서로에게 무슨 짓을 할 수 있는지를 이해하는 데 한계가 있었다 하더라도, 간디는 비폭력 저항을 가장 중요하게 여겼을 것이다.

간디는 〈내가 체코인이라면〉이라는 유명한 논설에서 폭정과 대량 학살에 맞선 대규모의 시민 저항이 효과가 있다고 주장했다. 그런 저항은 폭군의 권위를 무너뜨릴 뿐 아니라 국제적인 동정심을 불러일으킬 수 있기 때문이다. 히틀러는 최대한 많은 유대인을 죽이는 데 열중했던 잔혹한 살인자였다. 인도의 경우처럼 이런 폭력이 세상에 알려졌더라면 그 압제자의 통치는 더 짧았을 것이고 국제적인 지원은 더 빨랐을 것이라고 간디는 믿었다.

전쟁이 일어났을 때의 비폭력 저항에 대해 간디는 이렇게 말했다. "그럴 경우 비폭력의 진정한 가치가 시험대에 오르게 됩니다. 고통을 겪는 사람들은 평생 그 결과를 볼 필요가 없습니다. 비폭력 저항이 옳다고 믿는다면 결국에는 분명히 자유를 쟁취할 것이라는 신념이 있어야 합니다. 폭력의 방법은 비폭력의 방법보다 더 큰 것을 보장해 주지 않습니다."

간디도 도덕적 문제가 무엇인지, 비극이 무엇인지를 잘 알고 있었다. 오웰은 간디에 대해 이렇게 썼다. "그는 폭력을 완전히 포기한 뒤에도 전쟁에서는 보통 한쪽 편을 들어야 한다는 사실을 알고 있을 정도로 솔직한 사람이었다."

명백한 사실은 비폭력 저항이 인도에서 효과가 있었으며 간디를 변화시켰다는 점이다. 기대와 갈망을 버리고 죽음을 겁내지 않고 사심 없는 대의에 완전히 자신을 맡긴 간디는 전혀 두려움이 없었다. 간디는 영국인 총독과의 대담이 마련되자 미소를 지으며 이렇게 말했다. "고맙소." 감옥에서 간디를 몇 번이고 구타했던 그 총독은 간디를 사형시킬 힘이 있는 사람이었다. 그때 간디는 목도리의 접힌 부분에 손을 넣더니 소금 행진을 할때 갖고 다녔던 소금을 꺼내 냉소적으로 이렇게 말했다. "이 소금을 차에 조금 타서 그 유명한 보스턴 차 사건을 회상해 보면 어떻겠소."

간디는 눈에 보이는 영역을 훨씬 넘어 여러 의미에서 '건드릴 수 없는 존재'가 되었다. 더 나아가 간디를 정신적인 지주로 선택한 수백만 명의 고통받는 가난한 사람들도 마찬가지였다. 한편으로 간디는 영국인들에게 귀를 기울이고 그들을 이해하려 노력하며 그들 내면의 너그러운 마음에 호소하도록 노력할 것을 강조했다. 간디는 자신을 따르는 이들에게 이렇게 설명했다. "우리가 적들의 입장에 서서 그들의 관점을 이해한다면 세상의 불행과 오해의 4분의 3이 사라질 것입니다."

간디는 적들을 잘 대하려고 끊임없이 노력했다. 한번은 영국인 의사로부터 수술을 받기 전에 그 의료 팀을 불러서 치료에 감사하고 수술이 잘못되면 미리 용서하겠다는 공개 성명서를 작성한 일도 있었다. 간디는 자신의 지지자들이 폭력을 행사할 것을 가장 두려워했기에 폭동으로 번질 것 같은 행사는 모두 조금도 망설이지 않고 취소했다.

간디는 영국이 철도 파업 문제로 골머리를 앓고 있을 때 그저 순수한 배려심으로 시위를 취소한 적도 있었다. 또한 기독교인들이 대다수인 투쟁 상대가 가족과 시간을 보낼 수 있도록 크리스마스와 새해에는 시위를 중단했고 부활절에 있을 시위도 연기했다. 두 번의 세계대전이 일어났을 때도 간디는 여러 번 시위를 중단하여 영국이 처한 힘겨운 상황을 공감한 적도 있었는데, 심지어 영국의 탄압으로 고통받고 있었을 때도 그런 배려를 보였다.

간디는 시위를 하기 전에 자신이 어디에서 무엇을 할 것인지 상대에게 설명했다. 말하자면 상대에게 생각을 바꿀 마지막 기회를 주는 일이었다. 간디는 협상과 대담으로 문제를 해결하고자 했고, 간디를 이기기 위해 영국인 총독이 교체될 때마다 일이 좋게 해결되리라 기대했다. "나는 내 입장을 설명하기 위해 나를 반대하는 사람을 늘 만나야 합니다"라고 간디는 말했다. 그러나 그런 일은 거의 성사되지 않았다.

간디는 아들에게 보낸 편지에 이렇게 쓴 적도 있었다. "어떤 영국인은 절대 양보하지 않으려다가 시위의 강압에 못 이겨

어쩔 수 없이 양보한단다."

간디는 사람들의 선량한 본성에 계속 호소하며 설득했고, 자신이 더 많은 영향력이 생겼을 때에도 선량한 본성을 잃지 않을 것을 고집했다. 이유는 무엇일까? 그렇게 하면서 자신을, 자신을 따르는 사람을, 그리고 영국인을 더 나은 사람으로 만들었기 때문이다. 간디는 이런 농담을 하기도 했다. "사람들은 내가 정치에서 자신을 희생하고 있는 성자라고 말합니다. 사실 나는 성자가 되기 위해 최대한 노력하고 있는 정치인입니다."

한편 간디와 협상해야 한다는 사실을 견딜 수가 없었던 처칠은 이렇게 말했다. "선동적인 영국 변호사 자격을 가진 간디를 만나는 것은 놀랍고도 역겨운 일이다. 유명한 고행 수도자인 체하면서 반쯤은 벌거벗은 채로 총독부의 계단을 성큼성큼 걸어 오르다니. 그러면서 왕과 황제를 대표한다는 명목으로 협상하기 위해 여전히 시민불복종운동을 조직하고 지휘하고 있다." 처칠의 이 말은 간디에게 견줄 상대가 없다는 의미에서 옳았다. 영혼을 정화하고 고결하게 해주는 사티아그라하의 힘을 통해 간디는 모든 면에서 자신을 월등한 존재로 만들었다.

서구의 기독교적 이상과 힌두교와 이슬람교의 이상을 이용하여 서양인을 거스르고 자신의 지지자들을 결집한 간디는 그 두 가지 이상으로 지지자들이 스스로의 결점을 명백하게 확인할 수 있게 했다. 간디는 단순히 이런 이상에 대해 이야기하고 있는 것이 아니었다. 간디는 무소유로 살고, 자발적으로 고통을 겪고, 끝없이 신뢰하고, 끊임없이 용서하고, 모두가 더 잘하도록 촉구하는 등 이런 이상들을 구체화했다. 인도인이든 영국인이든 모두가 간디를 존경한다는 사실을 간디의 적들조차 부인할 수 없었다.

34년 동안 열여덟 번이나 시행했던 그의 단식투쟁은 매우 효과적이었다. 그 누구도 간디를 죽이기는커녕 간디를 실망시키는 일조차 하고 싶어 하지 않았다. 이런 일은 영국의 얀 스뮈츠 장군의 경우 가장 분명하게 드러났다. 스뮈츠 장군은 남아프리카에서 간디와 맞섰으나 이후 간디의 협력자가 되었다. 그는 간디를 투옥하지 말고 선의를 갖고서 간디와 협상하라는 서신을 영국 정부에 자주 보냈고, 간디에게 더 지속하면 위험하다며 21일간의 단식투쟁을 끝내라고 설득한 적도 있었다. 이처럼 간디는 적이었던 사람들을 친구로 만들었다.

20세기가 흘러가면서 트루먼처럼 간디도 막강한 권력을 위임받았다. 간디는 세계 무대의 압박 속에서 자신의 근본적인 품위를 잘 지켜냈을까? 간디는 폭정이나 보복이나 부패를 일삼는 일도 없었고, 적의나 야심도 없었으며, 불성실한 짓을 한 적도 없었다. 또한 간디는 공적인 인물이었을 때와 사적인 인물이었을 때의 차이도 전혀 없었다.

한번은 간디가 하루 동안 인도의 독재자가 된다면 무엇을 하겠느냐는 질문을 받은 적이 있었다. 그 질문에 간디는 간단히 대답했다. "독재 자체를 받아들이지 않을 것이오." 그리고 꼭 선택해야 한다면 하루 동안 자신은 불가촉천민의 거주지를 청결하게 해놓을 것이고 자신의 관저를 병원으로 바꿀 것이라고 대답했다. 그리고 두 번째 날이 주어지더라도 그런 식으로 계속 실천해 갈 것이라고 말했다.

간디는 정치 투쟁가로 지낸 수십 년의 세월 동안 2300일 이상을 감옥에서 보냈다. 인간의 의지와 고통에 대한 상식을 벗어난 시험과도 같은 그 모든 시련 속에서도 간디는 흔들리는 법이 없었다. 간디는 자신의 원칙을 저버리지 않았고, 지름길을 택하지 않았고, 두려움에 굴복하지 않았으며, 청탁을 받아들이지도 않았다. 오웰은 간디가 죽은 후 그를 이렇게 평가했다. "우리 시대의 다른 정치인들과 비교해 보면 그가 남긴 향기는 얼마나 맑은가!"

간디는 그저 한결같이 자신의 원칙을 반복하고 인내하고 정성을 들이며 지켜왔다. 그는 이렇게 말했다. "서로에게 고통을 주는 일에 진저리가 나면 우리는 인종과 종교의 차이에도 불구하고 함께 살 수 있음을 깨닫게 될 것입니다."

결국 영국인들은 간디의 그 숭고한 신념에 도전하지 못했다. 그 신념이 절망적일 정도로 순진하다고 말한 이들도 있었다. 하지만 1947년에 영국인들은 마침내 떠났다. 그 일은 천천히, 그러나 한꺼번에 일어났다. 여러 신앙을 가진, 여러 계급의 인도인들을 하나로 단결시킨 외부의 적은 사라졌다. 간디는 총을 쏘지 않고 정복자들을 몰아냈다. 히틀러와 스탈린이 뭉쳐도 무너뜨리지 못했던 대영제국을 물리친 것이다.

승리는 달콤하면서도 씁쓸했다. 영국인은 떠났으나 인도가 하나로 통일될 수 있었던 기회가 날아가 버렸기 때문이었다. 인도는 힌두교와 이슬람교의 대립으로 민족 분열과 분쟁이 일어나는 비극을 맞았다. 인도가 분리되면서 엄청난 폭력 사태가 벌어져 수백만 명이 목숨을 잃기도 했다.

간디는 78세가 되었으나 삶은 최악의 상황으로 향하고 있었다. 콜카타로 가는 도중에 간디는 이렇게 말했다. "난 그곳에 가지 않으면 평온을 찾지 못합니다." 간디는 두 종교 사이의 평화를 간청했으나 그렇게 되지 않자 마지막으로 목숨을 걸었다.

"나는 오늘 밤 8시 15분부터 단식투쟁을 시작할 것이고 콜카타에 평화가 다시 돌아오면 그때 끝내려 합니다." 간디는 포용력을 강조하기 위해 이슬람 지역에서 한 이슬람교도 가족과 함께 머무르며 이렇게 선언했다. 수천 년 동안 이어진 종교적 차이로 생긴 이런 갈등은 매우 다루기 어렵고 해결하기도 힘들었다. 그러나 간디는 두려워하지 않았다.

한 작가는 이렇게 말했다. "왜 그런지는 몰라도 우리는 간디의 단식투쟁을 끔찍한 경험으로 생각하지 않는다. 정치적 공작이나 파업이나 선전 행위와 같다고 생각한다. 그러나 간디의 단식투쟁은 그 사람에게 있어서 하나의 과정이었다." 1943년에 21일간 단식투쟁을 벌였던 간디는 체중의 20퍼센트가 줄었다. 간디는 매우 늙었으며 천천히 그러나 몹시 고통스럽게, 어쩌면 폭력에 굴복하기도 전에 죽을 수도 있었다. 간디는 한 사람의 영혼을 구할 수 있다면 기꺼이 목숨을 내놓을 것이었다.

영국의 마지막 인도 총독인 마운트배튼 경이 영국으로 이런 답장을 보낸 적이 있었다. "펀자브에서는 우리 병력이 5만 5000명이었으나 대규모 폭동이 일어났지만, 벵골에서는 우리 병력이 한 사람이었으나 폭동은 일어나지 않았다." 벵골에서 힌두교도와 이슬람교도가 간디에게 몰려와 무기를 넘겨달라고 하자 간디는 그들에게 이렇게 경고했다. "평화가 다시 깨지면 나는 돌아와서 죽을 때까지 단식할 것이고 필요하다면 목숨도 내놓을 것입니다." 그 말은 불가능하거나 최소한 단기간에 이뤄지기 어려운 희망이었을지도 모른다. 간디는 돌아올 만큼 오래 살지 못했다. 한 반이슬람 극우파가 간디에게 폭력을 행사했기 때문이었다.

간디는 수년 전에 이런 말을 한 적이 있었다. "나는 순교를 위해 행동하지 않습니다. 그러나 순교해야 한다면…. 나는 기꺼이 받아들였을 겁니다. 그러면 미래의 역사학자가 이렇게 말할 수도 있습니다. 불가촉천민을 폐지하기 위해 필요하다면 목숨을 내놓겠다고 하리잔 앞에서 했던 맹세가 정말로 실현되었다고 말입니다." 1947년 10월, 간디는 손자에게 작별 인사를 하며 인류의 일곱 가지 사회악을 다음과 같이 나열한 작은 종이 한 장을 건네주었다.

노동 없는 부

양심 없는 쾌락

인격 없는 지식

도덕성 없는 상업

인간성 없는 과학

희생 없는 종교

원칙 없는 정치

간디는 살면서 이런 불의와 폭력의 근본 원인을 해결하는 일이 자신의 과업이었다고 말했다. 그리고 가족과 추종자들이 이런 과업을 계속 이어가기를 바랐다.

1948년 1월 30일 오후, 기도 모임에 참석하기 위해 길을 나선 간디는 비를라 하우스의 정원을 따라 걷고 있었다. 총성이 크게 울렸다. 한 암살자가 아주 가까운 거리에서 간디를 향해 총을 세 발 쏜 것이었다. 그 암살자는 간디가 이슬람교도 편을 든다고 생각한 힌두교 민족주의자였다. 간디는 마지막 말을 내뱉었다. "오! 신이여."

간디는 이런 식으로 끝날 것이라는 사실을 언제나 예상했던 듯하다. 오래전에 간디는 이런 예언을 했었다. "죽음은 모든 삶의 예정된 종말이다. 형제의 손에 죽는 것은 질병이나 다른 방법으로 죽는 것보다 훨씬 낫기 때문에 나로서는 전혀 슬퍼할 일이 아니다." 또 이렇게 말했다. "나는 나를 공격하는 사람에게 아무런 분노도 증오도 느끼지 않는다. 그렇게 하면 나의 영원한 행복이 한층 더 높아질 것이고, 나를 공격한 사람도 이후에 나의 완벽한 결백함을 알게 되리라고 생각한다."

간디는 기회가 있었다면 무엇보다도 총을 쏜 사람을 용서하고 싶어 했을 것이다. 간디는 『바가바드기타』의 영웅처럼 미소를 지으며 자신뿐 아니라 생전에 자신과 함께 싸웠던 모든 사람을 축복했을 것이다. 간디의 시신은 다음 날에 화장용 장작더미 위에서 화장되었다. 간디는 자신의 장례식이나 기념비를 바라지 않았다. 간디의 유산은 그가 평생 실천해 온 과업에 있었고, 그의 정신 속에 살아 있었으며, 그것을 계승하는 사람들에 의해 그 유산이 이어졌다.

간디의 후임자 자와할랄 네루는 간디를 추도하는 연설에서 이렇게 말했다. "생명을 지켜주던 빛이 꺼져버렸고 세상은 암흑으로 변했습니다. 그 빛이 꺼져버렸다고 말했으나 제 말은 틀렸습니다. 이 나라를 비추던 그 빛은 보통 빛이 아니었기 때문입니다. 지금까지 오랫동안 이 나라를 비춰왔던 그 빛은 앞으로 더 많은 세월 동안 이 나라를 비출 것이고, 앞으로 천년이 넘도록 이 나라에 남아 있을 것이며, 온 세계가 그 빛을 보게 될 것이고, 그 빛은 무수히 많은 인간의 마음을 위로해 줄 것입니다. 그 빛은 살아 있는, 영원한 진리를 의미하기 때문입니다."

어두운 방을 비추는 그 작은 빛은 이제 우리에게 희망을 안겨준다. 우리는 간디의 코칭 트리에서 갈라져 나와 그 역할을 계속 이어갈 수 있다. 자기희생과 고통의 감내, 높은 수준의 개인적 품성, 우정과 관용, 불행하고 약한 사람들에 대한 포용, 도덕적 실용주의, 세상을 변화시킬 비폭력의 힘, 끊임없는 용서와 사랑 등의 미덕을 통해 더 나은 세상을 만들 수 있다.

이런 과업은 긴 여정이 될 것이다. 우리가 승리를 확인할 때까지 살아 있을 수 없는 싸움이 될 수도 있다. 그러나 우리는 이런 미덕을 더 많이 베풀수록 더 많은 가치를 얻을 수 있다.

02

두 번째 산 오르기

야구 선수 루 게릭은 처음 35년 동안 엄청난 절제력을 발휘하는 삶을 살았다. 루 게릭에게 야구는 그냥 전부가 아니라 유일하게 소중한 것이었고 그만큼 경기에 헌신했다. 루 게릭이 이뤄낸 이 모든 결과는 한 세대에 한 번 볼 수 있는, 어쩌면 야구 경기 역사상 한 번 나타날 순수성을 지닌 위대함이었다. 루 게릭은 어떤 공이든 쳐낼 수 있었고, 무슨 일이든 잘 견뎌낼 수 있었으며, 우승에 필요하다면 무엇이든 할 수 있었다.

그리고 마침내 루 게릭은 좋은 성과를 거두었다. 월드시리즈 우승을 6회 차지했고 2130경기 연속 출장 기록을 세웠다. 또한 연속으로 올스타와 MVP로 선정되었고 타율·타점·홈런에서 동시에 1위를 차지했을 때 수여하는 삼관왕에 오르기도 했다.

그리고 통산 홈런 약 500개를 기록했다. 그런 성과를 이룬 루 게릭은 팬들에게 기쁨과 행복을 선사했고, 또한 그런 모습이 동료들에게 힘이 되어줘 팀은 더 좋은 경기를 치를 수 있었다.

그러나 얼마 지나지 않아 그 모든 일은 무너졌다. 근위축성 측색경화증(ALS)이 달리고 공을 잡는 그의 뛰어난 능력을 앗아가 버렸다. 루 게릭의 경력은 갑자기 중단되었다. 그리고 뉴욕 양키스에서 보낸 영광의 날들은 영원히 끝이 나고 말았다.

그러나 자신이 "세상에서 가장 운이 좋은 사람"이라는 유명한 연설을 남겼듯 루 게릭은 자신을 가엾게 여기지 않았다. 병 때문에 자신이 빼앗긴 것에 대해 불평하지도 않았다. 루 게릭은 운명이 그를 위해 준비한 선고를 품위 있고 침착하게, 그리고 대담하게 받아들였다. 그런데 루 게릭이 다음에 무엇을 했는지 알고 있는 사람은 얼마나 될까? 루 게릭은 자신이 부지런히 모은 돈으로 얼마 남지 않은 마지막 삶을 편안하게 보낼 수 있었지만 그렇게 하지 않았다. 오히려 그는 다른 직업을 얻었다.

퇴임 이후의 트루먼처럼 루 게릭도 온갖 제의를 받았다. 레스토랑에 이름만 빌려주는 데 3만 달러, 행사에 정기적으로 출현하는 데 4만 달러 등 높은 금액을 제안받은 일도 있었다. 그러나 이 모든 일을 거절하고 그는 뉴욕시의 가석방위원회 감독관이라는 직책을 맡았다. 1년에 겨우 5700달러를 받고 오랜 시간을 눅눅한 감옥과 답답한 사무실에서 보내야 했어도 그는 그 일을 기꺼이 받아들였다.

루 게릭의 전기 작가는 이렇게 기록했다. "불운은 그에게 진정한 행복을 주었던 아내와 그를 떼어놓으려 했다. 그렇기에 그는 마지막 열정을 정신없이 살면서 낭비하고 싶지 않았다. 마지막 날들을 조용히 봉사하며 보내기로 했다. (…) 그리고 그에게 남아 있는 힘이 무엇이든 아낌없이 주려고 했다."

루 게릭은 건강이 나빠졌어도 매일 차를 몰고 사무실로 나가 서류를 자세히 검토했고 때론 매우 어려운 결정을 내리기도 했다. 다만 자신의 이름을 직접 서명하기가 힘들었기에 고무도장을 찍었다. 시어도어 루스벨트는 루 게릭의 이직을 전적으로 지지하며 이렇게 말한 적이 있었다. "미식축구 경기에서 뛰어난 하프백이 되는 것이 좋은 일이긴 하지만, 40세를 바라보는 한 남자가 그냥 뛰어난 하프백만으로 살았다고 한다면 그리 좋은 일은 아니다." 루 게릭은 30대 중반이었고 자신에게 소중했던 야구 경기는 이제 할 수 없었지만, 전혀 다른 방식으로 뛰어날 수 있는 길을 찾았다. 그리고 그 길이 자신에게 아주 많은 사랑과 격려를 보냈던 도시와 사람들에게 보답하고 봉사할 기회라고 여겼다.

미국의 작가 데이비드 브룩스는 고통을 딛고 다시 시작하는 것을 '두 번째 산'을 오르는 일이라고 표현했다. 브룩스의 설명에 따르면 우리는 사업이나 스포츠나 예술 분야 등에서 인생 과업을 수행하는 일, 즉 삶에서 첫 번째 산의 정상에 오른다. 그건 정말 멋진 일이다. 무엇보다 재정적인 보상도 따른다. 그리고 다른 사람들과 세상을 위해서 좋은 일이 될 수도 있다. 그러나 우리의 마음 한구석에는 무언가 만족스럽지 못한 느낌이 든다. 우리는 자신의 왕국을 살피며 이런 의문에 휩싸인다. '이게 내가 바라던 전부인가?'

우리도 루 게릭과 같은 진단을 받거나 사고를 당하거나, 또는 깊은 절망에 빠질 수도 있다. 아니면 누군가가 우리에게 중요한 사실을 알려줄 수도 있다. 우리에게 다른 세상은 어떠한지, 세상 절반의 삶은 어떠한지 엿볼 기회를 줄 수도 있다. 이렇듯 삶은 우리에게 뭔가를 알려줄 때가 있다. 삶의 공허함이 느껴진다면 그것이 바로 삶이 우리에게 보내는 신호이다.

그럴 때 우리는 이런 질문을 던져볼 수 있다. 그냥 늘 살아왔던 방식으로 돌아갈 것인가? 아니면 또 다른 산, 나의 자부심이 되어주던 산보다 훨씬 높은 산을 찾을 것인가? 그 산이란 나만의 이익을 추구하는 길이 아닌 더욱 포용력 있고 공동체를 생각하는 길이며, 더욱 진정한 의미에서 잠재력에 도달할 수 있도록 도전하게 만들어주는 두 번째 산을 말한다.

혜택을 누린 다음에는 타인에게 도움을 베풀어야 한다. 미국의 가수이자 배우인 새미 데이비스 주니어는 '성공하는 것만 생각하는 데' 수년을 보냈고 성공한 다음에는 그 성공을 즐기는 것만 생각했다. 그러나 그다음엔 어떻게 되었을까? 그는 이렇게 말했다. "사람은 또 다른 것, 더욱 중요한 것을 원할 때가 있다. 돈과 명성과 쾌락만으로는 삶을 정당화할 수 없기 때문이다."

그래서 새미는 인권운동에 뛰어들었고 불우한 사람을 도와주는 데 헌신했다. 수십 년 후 또 한 명의 명가수 데이비드 리 로스도 삶의 갈림길에 서 있는 자신을 발견하고는 뉴욕시의 전문응급 구조사가 되기로 했다. 두 번째 산이 무엇인지는 중요하지 않다. 그냥 자신의 행복보다 더 소중하게 생각하는 일이면 된다.

버락 오바마는 미국의 역사가 도리스 컨스 굿윈과 함께 나눈 담화에서 우리는 대부분 어릴 때 얼마나 '흔한' 야망을 갖고 있었는지에 대해 언급한 적이 있었다. 부자가 되기를 바라고, 아버지가 자랑스러워하는 사람이 되기를 바라고, 세상에 이름을 떨치기를 바란다. 그러나 나이가 들면서 야망 하나를 이룰 정도로 운이 좋더라도 그 야망을 각자의 방식대로 없애버려야 한다고 오바마는 말했다. 그 대신에 더 넓고 더 깊은 중요한 일을 그 자리에 채워야 한다고 했다. 그의 북극성은 "서로 다른 민족이나 배경이나 종교를 가진 사람들이 서로의 인간애를 알아보고, 모든 아이가 사회적 배경에 상관없이 노력해서 잠재력을 실현할 수 있는 세상을 만드는 일"이 되었다.

우리는 어떨까? 또 한 번의 배당수익, 응원하는 스포츠 팀의 우승, 큰 고객 유치와 같은 일이 북극성이 될 수는 없다. 우리 중 누군가는 이미 이런 경험을 했을 수 있다. 수없이 많은 사람이 그랬을 수도 있다. 그러나 지금은 북극성을 따라가 다음 정상에 오르고 다음 도전을 성취하길 열망해야 한다. 이런 도전은 물질적인 욕구가 아닌 정신적인 기쁨을 채우며, 타인에 대한 책

임을 갖고 우리와 타인이 함께 더 나은 삶을 살아가게 하는 일
이다.

이때 말하는 도전은 연기에 도전하는 음악가, 자격증을 취
득하고 초등학교 교사에 도전하는 은행장처럼 사람들이 흔히
하는 도전을 의미하는 것이 아니다. 또한 다음 정상은 폭력이나
파괴는 물론, 개인의 성공이나 물질의 행복을 의미하는 것도 아
니다. 두 번째 산을 오르는 일은 거의 모든 사람, 모두를 위한 공
동선을 추구하기 위한 도전이다.

03

행동하되 잊어버릴 것

돈 돌랜드라는 작가는 믿을 수 없을 정도로 놀라운 일을 했다. 그는 전혀 모르는 사람에게 신장을 기증했다. 말 그대로 자기 몸에서 신장 하나를 내주어 누군가의 생명을 구했다. 그러자 훨씬 더 아름다운 일이 벌어졌다. 돌랜드의 기증이 수혜자의 배우자에게 감흥을 주어 그 배우자도 이식받기에 적합한 다른 누군가에게 신장을 기증한 것이다. 돌랜드가 자신의 기증과 수술 회복 과정에 대해 소셜네트워크에 글을 올리기 시작하자 친구들은 아낌없는 격려를 보내주었다. 하지만 돌랜드는 어떤 한 지인이 자꾸만 신경 쓰였다. 동료 작가인 소냐 라슨이 이상할 정도로 침묵을 지키고 있었기 때문이다. 그래서 돌랜드는 그 친구에게 편지를 써서 이유를 물었다. 그 행동이 두 사람에게 영원히 후회할 순간이 되고 말았다.

그 후 비극적이면서도 우스꽝스러운 갈등이 이어졌고, 그 갈등은 가장 상상력이 풍부한 소설가도 예측할 수 없을 정도로 고조되었다. 자신의 선행이 인정받기를 바란 돌랜드의 지나친 욕망, 라슨의 냉소와 예민함, 사교적 결례, 연약한 자아, 변덕스러운 창작 과정, 사회 매체의 영향력 등이 복잡하게 얽혔고 소냐 라슨이 '백인 구세주' 콤플렉스에 사로잡힌 한 여성에 대해 저술한 노골적인 단편소설을 내면서 처음 수면 위로 떠올랐다. 그리고 이 일은 결국 소송, 표절 혐의, 쇄도하는 언론의 관심으로 이어졌다.

돌랜드의 선행은 자기도취증에 빠진 익살극으로 변하게 되었다. 자신의 작품을 변호하는 상황까지 갈 필요가 없었던 라슨도 돌랜드와 법정 공방을 벌이는 데 많은 돈을 들여야 했다. 라슨이 쓴 소설에서 관심을 받고 싶은 돌랜드의 욕구가 희화화되어 묘사되었기 때문이다. 이런 일들은 모두 일어나지 말았어야 했다. 범죄가 아니라면 비난하지 말았어야 했고 순수한 친절이 아니라면 행하지 말았어야 했다.

옛 선인들은 자신의 선행을 인정받거나 감사를 받으려고 집착하면 좋은 결과가 없다는 가르침을 주었다. 마르쿠스 아우렐리우스는 스스로에게 이런 질문을 했다. "당신이 선을 행했고 다른 사람이 그 선행으로 이로움을 얻었다면 그것으로 충분하다. 그런데도 왜 당신은 어리석은 자들처럼 사람들이 선행을 인정해 주거나 어떤 보답을 해주는 등의 또 다른 무언가를 바라는 것인가?"

마르쿠스는 『명상록』에서 그런 사고를 자주 성찰하곤 했다. 마르쿠스도 최선을 다해 노력한 일이 보답을 받기는커녕 공감이나 인정을 받지 못할 때마다 좌절감을 느꼈기 때문이다. 이후 마르쿠스는 선한 일을 하면서도 나쁜 평판을 얻는 것이 지도자의 운명이라고 농담하기도 했다. 예부터 선한 사람이 되는 일은 힘들기만 하고 보상은 못 받는 과업이라는 말이 있다. 그러나 인정받으려고 좋은 일을 한다면 과연 그것이 진정한 선행일까?

돌랜드가 그랬듯이 인정받으려고 선행을 하는 건 스스로를 곤경에 빠뜨리게 할 뿐 아니라 우리가 행한 선행의 가치까지 떨어뜨린다. 어떤 의미에서 돌랜드의 두 가지 행동은 이해할 수 없다. 사실 돌랜드가 '넌 왜 내가 했던 이런 놀라운 일을 인정하지 않는 거지?'라고 친구에게 서신을 보낸 것은 매우 과도한 행동이었다. 또한 돌랜드가 만난 적도 없는 사람을 위해 몸의 중요한 장기를 내주었다는 사실 역시 과도한 행동이었다. 더욱이 타인에게 인정받으려는 집착은 선행의 아름다움을 퇴색시키기까지 한다.

처칠이 제2차 세계대전 이후 유럽을 구제하기 위한 미국의 원조계획을 "역사상 가장 고결한 행동"이라고 했을 때, 트루먼이 그런 행동을 인정받지 않으려 했다는 사실을 일부 언급한 바 있다. 트루먼은 이렇게 설명했다. "나는 명성을 얻기 위해 이 일을 한 것이 아닙니다. 옳은 일이기 때문에 행했고 우리가 모두 살아남으려면 반드시 해야 하므로 행한 일입니다."

트루먼의 유럽원조계획은 대가를 바라지 않고 이타심을 발휘하는 행동이었기에 그만큼 훌륭한 과업이 되었고 또한 매우 전략적으로 뛰어난 일이 되었다. 당시 전쟁 후의 재건과 부흥을 계획할 형편이 되지 않았던 소련이 유럽원조계획의 제의를 거부함으로써 좌절을 겪어야 했기 때문이다.

트루먼은 유럽원조계획에 자신의 정치 자본을 모두 사용했는데 당시에는 그런 트루먼의 업적에 특별한 감동을 받는 이들이 드물었다. 그러나 그런 반응은 트루먼이 이전에도 경험한 일이었다. 수십 년 동안 트루먼의 정치적 청렴결백은 인정받지 못했다. 심지어 트루먼이 부패한 정치인이라고 잘못 알려진 적도 있었다. 트루먼이 '도대체 왜 다들 내가 부패했다고 생각하는 거지?'라고 여길 정도였다. 그 소문은 거짓이었으나 해명할 길이 딱히 없는, 어쩔 수 없는 일이었다.

잘못을 저지르고 처벌받지 않는 것보다 옳은 일을 하고 보상받지 않는 것이 낫다. 게다가 옳은 일은 그 자체가 하나의 보상이다. 놀라운 일을 하는 것에 놀라움을 느껴보라. 그때 그런 내 모습을 알려줄 다른 사람은 필요 없다.

신약성서의 〈마태복음〉 6장 2절에서는 "선행을 한 것을 알리는 나팔을 불지 말라"고 일깨운다. 또한 예수는 자신을 따르는 사람들에게 쟁기질을 하며 뒤를 돌아보면 밭이랑이 비뚤어진다고 가르쳤다. 자신이 했던 일을 되돌아보며 특별함이나 관대함을 즐기고 감탄하면 안 된다. 이런 태도는 판단 착오이며 우리를 앞으로 나아가지 못하게 만든다. 물론 그러지 않기란 어렵다.

우리는 부모님께 '자랑스럽다'라는 말을 듣길 바라고, 배우자에게 '고맙다'는 말을 들으며 인정받기를 바란다. 행하고 베풀고 희생한 일에 감사 표현을 받길 원하고 선행을 하면 칭찬받기를 바란다. 그런 바람들이 그토록 불합리한가? 그렇다. 불합리하다. 그 이유는 '우리는 해서는 안 되는 선행을 한 것'이 아니었기 때문이다. 재능 있고 총명한 사람으로서 선행을 하는 것은 우리의 사명이다. 할 수 있는 일을 한 것이고, 해야 할 일을 한 것일 뿐이다. 선한 행동이 그렇게까지 특별하게 받아들여지지 않는다는 것은 어떤 면에서는 그 자체로 칭찬이다. 우리의 평소 모습을 잘 알기에 그 선행에 놀라지 않는다는 뜻이니 말이다. 물론 선행은 대단하다. 누군가를 도왔거나 의로운 일을 했거나 내 잘못이 아니어도 책임을 졌다. 그런 일을 우리보다 누가 더 잘하겠는가?

놀라운 일은, 아니 더 정확히 말하면 실망스러운 일은 선행을 한 사실이 그릇된 이유로 밝혀지는 것이다. 그런 선행은 이타심보다는 이기심에 더 가까웠다는 의미다. 또한 용기와 너그러움에서 비롯된 것이 아니라, 불안이나 갈망에서 비롯되었다는 의미다. 사후의 명성을 누리고 싶어 '유산'을 남길 궁리를 하며 지내는 사람만큼 타산적인 이들도 없다. 다시 말하자면 선행을 왜 했는지를 아는 기쁨에 그치지 않고 그 이상을 바라는 건 보람 없는 일이란 의미다.

헛된 일임이 드러났지만, 돌랜드가 지인의 인정을 얻으려고 노력하는 대신 다음 선행을 계속 이어갔더라면 어땠을까? 훨씬 더 많은 사람이 신장을 기증하도록 설득하는 데 에너지를 쏟고 그 선행의 행렬을 계속 이어갔더라면 어땠을까? 그러면 라슨은 침묵으로 일관하지 않았을 것이고 어느 누구도 냉소와 의심을 내세워 몰아세우지 않았을 것이다.

그 선행은 돌랜드가 선택한 사명이다. 우리는 자신이 할 수 있는 선행을 하는 데 집중하면 된다. 칭찬이나 감사받으려는 생각은 떨쳐버리는 게 좋다. 선행을 타인으로부터 인정받을 필요는 없다. 선량하므로 선행을 할 뿐이다. 그렇지 않다면 그 선행은 과도한 행동이다.

04

희망의 영향력

프레더릭 더글러스가 확신하지 못할 만한 충분한 이유가 있었다. 또한 분노할 만한 충분한 이유가 있었다. 더글러스는 인간의 위선뿐 아니라 완전한 타락을 목격했고 그 희생자가 되었기 때문이다. 그는 노예가 아닌 자유인이 되고서도 투쟁을 계속 이어갔다. 더글러스는 조선소에서 자신의 옆에서 일하기를 거부한 북부 노동자들을 상대로, 아들에게 입학을 허락하지 않은 학교를 상대로, 그저 말만 내세우는 듯 보이는 노예제 폐지 운동가와 정치인의 무관심과 무능력을 상대로 투쟁했다. 더글러스는 계속해서 다시 시작하면서 끊임없는 투쟁을 이어갔다.

더글러스의 이런 투쟁은 수년이 흘러도 거의 진전을 보이지 않았다. 마틴 루서 킹이 표현했듯이 "격변으로 촉발된 세상에 절망의 바람이 매섭게 휘몰아치는 듯한" 날들이 더 많았다. 결국 더글러스는 어느 날 자연스럽게 청중 앞에서 모든 감정을 거침없이 드러낼 수밖에 없었을 것이다. 그것이 1852년에 오하이오주 세일럼에서 노예제를 반대하는 청중에게 했던 연설이었다. 더글러스는 자제력을 잃었으며 그의 메시지는 점점 어둡고 폭력적인 성향을 띠고 있었다. 또한 더글러스는 희망을 모두 잃어가는 듯 보였고 아주 개인적인 일에 분노하며 푸념했다.

더글러스의 그런 연설에 청중들은 아연실색했다. 청중 앞에서 더글러스는 굳건한 투사에서 절망적인 허무주의자로 바뀌며 정신이 딴 데 팔려 있는 사람처럼 보였다. 그러나 그때 목소리 하나가 그 공간의 우울한 침묵을 깨뜨렸다. 그 목소리는 소저너 트루스였다. "프레더릭, 신이 죽었나요?" 트루스가 소리쳤다. 그 말은 마법과도 같았다. 트루스는 최악의 상태에 있는 그 친구에게 희망을 주고 있었다. 트루스는 더글러스에게 절망할 권리가 없다는 사실을 상기시키고 있었다. 또한 더 나은 세상이 오리라는 희망과 그런 세상을 만들려는 열정을 빼앗으면 안 된다는 것을 깨닫게 해주고 있었다.

기독교 작가 코리 텐봄의 여동생이 강제수용소에서 죽기 전에 했던 마지막 말을 통해 전하려 했던 것도 똑같은 교훈이었다. 그 여동생은 신에 대해 이렇게 말했다. "구덩이가 아무리 깊을지라도 신의 사랑보다 더 깊지 않습니다." 며칠 후 코리는 행정 착오로 가까스로 죽음을 모면하여 라벤스브뤼크 강제수용소에서 풀려났다. 포기했더라면 코리는 살아남지 못했을 것이다.

우리에게 어떤 의미를 지니든 신은 죽지 않았다. 절망은 선택이고, 냉소는 핑계일 뿐이다. 이런 태도는 더 나은 세상을 만들지 못한다. 우리는 필요하다면 선의의 문제를 일으키며 현재의 불의에 맞서 싸우는 것 못지않게 허무주의나 경솔함이나 절망도 물리쳐야 한다.

워커 퍼시는 삼촌이 매우 좋아하는 스토아철학을 일부 근거로 삼아 『영화광』이라는 유명한 소설을 저술한 일이 있었다. 소설에는 "이 세상에서 선량함은 패배할 운명이다"라는 말이 등장한다. 희망적으로 들리지 않지만, 퍼시는 오히려 희망을 강조하기 위해 그 말을 남겼다. 그는 이렇게 덧붙였다. "그러나 인간은 끝까지 싸워야 한다. 그것이 승리이기 때문이다." 우리가 좌절하지 않고 다시 도전하고 앞으로 나아가는 데 집중하는 일, 그것이 바로 승리다. 우리의 북극성은 늘 머리 위에서 빛나고 있다. 우리는 그 북극성을 따르기만 하면 된다.

역사 속 위인들의 삶을 보면, 절망은 자신이 믿고 따르는 신념을 벗어나는 이단과 같다. 과거의 어느 시기에서든 위인들은 자신이 믿고 따르는 신념을 선택했다. 그래서 거의 모든 일이 과거보다 지금 더 나아진 것이 아닐까? 세상이 과거보다 더 나아진 이유는 우리처럼 굳은 신념을 지닌 사람들이 세상을 더 좋게 만들었기 때문이다. 또한 좌절할 때는 볼 수 없었던 일이 지금 알 수 있는 것보다 더 많은 영향을 미치기 때문이다. 그래서 우리는 여전히 나아가야 하고, 계속 믿어야 하며, 또한 절망에 굴복해서는 안 된다.

영웅들이 포기했더라면 우리는 어떤 세상에 살게 되었을까? 30년 만에 두 번째 세계 전쟁이 임박하고 있었던 1940년에 간디가 비폭력 저항을 포기했더라면 어떻게 되었을까? 인도의 독립은 미뤄졌거나 영원히 이뤄지지 못했을 뿐 아니라 전쟁이후 훨씬 더 끔찍한 일들이 벌어졌을지도 모른다. 교회에서 폭탄이 터지는 사건으로 마틴 루서 킹이 미국의 영혼은 구원될 수 없다고 자포자기했더라면 어떻게 되었을까? 노예해방선언이 있기 10년 전, 프레더릭 더글러스가 오하이오주에서 연설했던 그날 자신의 신념을 포기했더라면 어떻게 되었을까? 우리가 포기한다면 세상은 어떻게 될까?

1978년 11월, 하비 밀크는 자신이 암살당한 후 공개될 마지막 말을 남기고 있었다. 편견이 아주 심한 사람의 손에 곧 죽을 것이라는 예상에도 불구하고 밀크는 인권운동을 중단하기를 거부했다. 하비 밀크는 자신을 죽일지도 모를 사람에 대해 이렇게 말했다. "나는 어떤 사람들이 좌절하고 광분하는 것을 막을 수 없습니다." 이 녹음을 하고 불과 9일 뒤에 하비 밀크는 암살당한다.

밀크는 계속해서 말을 이었다. "그러나 나는 사람들이 좌절과 광기를 어떤 형태로든 보여주는 대신에 견뎌내기를 희망합니다. 나는 그들이 강한 신념을 갖고 다섯, 열, 백, 천 명이 일어나기를 바랍니다." 그리고 밀크는 상대가 승리하게 둘 수 없고, 사람들의 기세를 꺾도록 둘 수 없다고 말했다.

자신이 암살당할 것이라고 확신하기 때문에 유언장을 써야 한다면 어느 누가 절망하지 않을 수 있을까? 그러나 밀크는 시의원에 선출된 후 첫 연설에서 "사람들은 희망만으로 살 수 없으나 희망이 없으면 인생은 살 가치가 없다"고 말했다. 그래서 자신이 죽을 것이라고 예상했어도 그 신념을 굳게 지켰다. 밀크는 신념을 깨지 않았다. 메시지를 녹음할 때 목소리에도 흔들림이 없었다. 말을 끊거나 멈추지도 않았다.

불과 일주일 전에는 펜실베이니아주 앨투나에서 밀크의 선거에 고취되었다고 연락이 온 사람도 있었다고 밀크는 설명했다. 밀크는 하고 싶은 이야기를 마무리 지으며 이렇게 말했다. "모두 이런 일 때문입니다. 개인적인 이득 때문이 아니고 자아나 권력 때문도 아닙니다. 펜실베이니아주 앨투나에 사는 젊은이들이나, 저 밖의 우리 모두에게 희망을 주는 일이죠." 그리고 밀크는 마지막 말을 남기며 중요한 메시지를, 자신이 한 사람 한 사람에게 넘겨주고 싶었던 의무를 반복해서 말했다. "그들에게 희망을 주어야 합니다." 타인에게 희망을 주는 일은 드골이 용기를 갖고 프랑스를 위해 했던 일이고, 간디가 근본적인 선량함으로 인도를 위해 했던 일이다. 그리고 우리가 각자의 작은 방식으로 해야 하는 일이다.

사랑과 마찬가지로, 정의도 승리의 행진을 이어가는 일이 아니다. 정의는 길고도 아주 힘든 일이다. 그 여정에서 우리는 몸과 마음이 아플 때도 있고 여러 관계가 끊어질 때도 있으며 현실의 고통과 마주해야 할 때도 있다. 물론 그 여정에서 의구심이 든다. 우리가 하는 일이 가치가 있는지, 해낼 수 있는지 궁금해한다. 아무도 저 바깥의 세상이 어둡지 않다고 말하는 이는 없다. 사실 더 어두워질 수도 있다.

이런 절망은 누구에게 도움이 될까? 절망은 희망을 불러일으키지 못한다. 선한 사람에게 격려가 되지 못하고, 자녀들이나 제자에게도 도움이 되지 않는다. 정의를 외치고 정의를 위해 애쓰는 사람에게도 아무런 도움이 되지 않는다.

절망하며 꿈을 버릴 수 없다. 우리는 희망을 계속 품어야 할 뿐 아니라 세상에 희망을 전해야 한다. 희망의 횃불을 들어야 한다. 그 희망의 횃불로 다른 사람을 따뜻하게 해주고 그들만의 횃불을 밝히도록 도와주어야 한다.

05

타인은 자기 자신이다

1895년, 마흔이 조금 넘은 오스카 와일드는 자유를 포함해 한 사람이 빼앗길 수 있는 거의 모든 것을 빼앗겼다. 핍박을 받았고 파산했고 굴욕을 당했으며 아내는 떠났고 자식들도 다시는 볼 수 없었다. 또한 명성을 잃었고 자신이 쓴 글의 저작권마저 빼앗겼다. 무엇 때문이었을까? 와일드가 남자를 사랑했기 때문이었고 앞으로 100년 동안 영국에서 변함 없을 부당한 법 때문이었다.

그는 마지막 공판을 위해 감옥에서 파산 법정으로 끌려가면서 비참한 수모를 겪었다. 상실감에 빠진 와일드는 수갑을 차고 감옥의 긴 복도를 따라 걸었다. 군중들이 와일드에게 비웃음과 비난을 던지며 굴욕감을 주기 위해 몰려들자 경관들이 더 빨리 이동하려고 와일드를 거칠게 밀었다. 그 끔찍한 복도를 따라 발을 한 걸음씩 옮길 때마다 그는 수치심으로 계속 고개를 떨구고 있었다. 그러다가 단 한 번 고개를 들었다. 그런데 그 순간 와일드는 자신의 마음속 보물 창고에 영원히 간직할 광경을 목격했다. 이후에 표현했듯이 "수많은 눈물로 이뤄진 몰약과 계피로 방부처리하고 향기롭게 재워둔" 소중한 광경이었다.

와일드의 동료 작가이자 오랜 친구인 로비 로스가 그 끔찍한 복도의 한 곳에 앉아서 가장 미천한 순간의 와일드에게 미소를 지으며 고개를 끄덕여 경의를 표한 것이다. 아무 말도 하지 않았으나 로스는 작은 몸짓으로 이렇게 말했다. "나는 널 버리지 않았어. 넌 혼자가 아니야." 로스는 존재만으로 말하고 있었다. "넌 쓸모없는 사람이 아니야. 포기하지 마."

와일드는 이후 그 순간을 이렇게 묘사했다. "지혜로운 말이 내게 아무런 도움을 주지 못하고, 철학은 불모지와 같고, 위안을 주었던 선자들의 격언이나 문구가 내 입속에서 티끌과 재처럼 맴돌았을 때, 조용히 침묵하던 그 작은 사랑의 행위에 대한 기억은 나를 위해 연민의 우물을 막아놓았던 모든 봉인을 풀고, 사막을 장미처럼 활짝 꽃피우게 했다. 그리고 고독한 유배의 쓸쓸함에서 나를 끌어내 상처받고 무너진 세상의 모든 위대한 영혼들과 조화를 이루도록 만들었다."

로비 로스가 오스카 와일드를 위해 했던 일은 그 누구도 하지 못했던, 우정이나 의리의 행동 그 이상이었다. 그 일은 마치 은총을 내리는 몸짓 같았다. 와일드도 그 친구의 행동을 가난한 자들의 발을 씻기거나 나환자의 뺨에 입을 맞추는 성자의 행위에 비유했다.

로스의 은총은 복도를 걸었던 그 순간 이후에도 계속 이어졌다. 와일드가 풀려났을 때도 로스는 그곳에 있었다. 또한 로스는 와일드의 작품 저작권이 매물로 나왔을 때 그 저작권들을 자비로 구매했고, 와일드의 아이들을 위한 문학 유산으로 관리했다. 그리고 와일드가 죽어가고 있었을 때 그의 곁을 지켰으며 신부를 불러 임종하는 순간에도 와일드를 편하게 해주었다.

지미 카터의 가족은 1971년에 조지아 주지사의 관저로 이사했을 때 메리 프린스라는 한 여성을 알게 되었다. 메리 프린스는 감옥 재소자들을 위한 업무 프로그램의 일환으로 카터의 직원으로 배치를 받았다. 지미 카터의 아내 로절린 카터는 메리 프린스와 함께 지내면서 프린스를 깊이 알게 되었고 곧 그의 무죄를 확신했다. 그러다 그가 유죄 판결을 받게 된 상세한 이유를 알고 충격을 받았다. 흑인 여성이었던 프린스는 변호사에게 과실치사와 살해 혐의를 인정하도록 강요당하여 결국에는 종신형을 선고받은 것이었다.

프린스는 카터 가족의 도움으로 카터의 어린 딸 에이미의 유모로 일하게 되었고 결국 가석방과 사면까지 받았다. 그리고 백악관에서 카터의 가족과 함께 살게 되었다. 대통령이 된 후 카터는 프린스에게 조지아주 플레인스에 있는 카터의 생가 근처의 집을 사 주었다. 지금은 여든에 가까운 프린스는 아직도 카터 가족과 가까운 친구로서 지내고 있다. 2006년에는 카터가 『우리의 위태로운 가치관(Our Endangered Values)』이라는 책을 쓰면서 프린스에게 헌정하기도 했다.

어떤 관료는 잘못하여 누군가의 자유를 빼앗고, 또 어떤 관료는 한 낯선 사람을 가족으로 받아들여 그의 자유를 위해 싸운다. 우리는 어느 편에 해당할까? 세네카의 말처럼 "신들이 우리를 대하기를 바라는 대로 타인을 대하도록" 노력해야 한다. 다시 말하면 우리는 동정심으로, 끝없는 인내심으로, 무한한 이해심으로, 사랑과 너그러움으로 대우받기를 바란다. 신은 그런 우리의 바람을 잘 알고 있다. 그래서 최소한 우리도 그 바람을 담고서 타인을 대우하려고 노력할 수 있다. 천사들이 존재하는지는 아무도 모르지만, 중요한 것은 우리가 이 세상에서 천사들 못지않은 일을 할 수 있다는 사실이다. 우리는 선한 사람이 될 수 있다. 특히 우리가 사랑하고 관심을 기울이는 사람들을 위해 선한 일을 할 수 있다.

예컨대 삼촌 윌이 워커 퍼시를 위해 그렇게 했다. 삼촌 윌은 퍼시를 비롯해 세 명의 형제들이 고아가 되었을 때 그들을 받아들이고 길러주었다. 또한 딘 애치슨도 앨저 히스를 위해 선한 일을 했다. 애치슨은 어느 정도 히스의 유죄를 의심했어도 그를 저버리지 않았다. 애치슨은 "마태복음 25장의 가르침처럼 더 고결한 의무가 영향을 미치고 있음을 확신한다"고 설명했다. 이어 기독교에서 강조하는 자선과 형제애에 기반을 둔 다음의 유명한 성경 말씀을 인용했다. "벗었을 때에 옷을 입혔고, 병들었을 때 돌아보았고, 감옥에 갇혔을 때 와서 보았다." 애치슨은 히스를 위해 그걸 실천했다. 누구에게 책임이 있는지는 잊어버려라. 다른 사람이 어떻게 생각할지도 잊어버려라. 다만 이렇게 생각하라. '신의 은총이 없었더라면 나도 저리되었으리라….'

다른 사람이 모두 외면했을 때가 세상이 우리의 관심을 필요로 하는 때이다. 친절하고 품위 있고 절실하게 필요한 일을 행해야 한다. '선한 사마리아인의 비유'가 의미하는 것이 바로 그런 행동이다. 단순히 도와주거나 자선이나 동정심을 베푸는 일이 아니다. 그 비유는 다른 사람이 도와주기를 거부한 사람을 위해 도움이나 자선이나 동정심을 베푸는 일을 가리킨다. 이런 행동은 초인적이면서도 매우 순수하고 매우 인간적이다. 그리고 매우 아름답다. 인간애가 거의 없고 선량함이 사라지는 순간이 되어버리면 그런 일은 가장 힘들어진다. 다른 사람들이 도와주기를 거부한 사람을 위해 우리는 기꺼이 나서서 돕고 곁에서 버팀목이 되어주어야 한다.

그 감옥 복도에서 고개를 끄덕여 경의를 표하고, 군중들이 더 이상 몰려들지 못하게 하고, 감옥에 편지를 보내고, 삶을 송두리째 날려버린 사람에게 손님방을 기꺼이 내 주는 로비 로스처럼, 우리가 그렇게 하지 않으면 누가 할 것인가?

다른 사람들이 도와주기를 거부한 사람이 스스로 목숨을

버리거나 쇠하여 죽게 내버려둔다면, 대체 우리는 어떤 사람인 것인가? 또 세상은 어떻게 될 것인가? 그때 우리에게 정의는 무슨 의미가 있겠는가?

06

용서라는 무기

지미 카터는 그가 베트남전쟁 시기에 징집을 피해 도피했던 사람들을 사면했을 때, 앞으로 자신이 어떤 정치적 입지에 처할지는 계산하지 않았다. 카터는 단순히 기독교도의 의무에 대해서만 생각했고, 화해와 평화를 이루는 일에만 힘썼다. 그래서 카터는 그 목표를 달성하기 위해 대통령 재선도 기꺼이 희생하려 했다. 그런 행동은 보기 드물게 훌륭한 일이다.

이익을 계산하지 않고 자신이 마땅히 해야 할 의무가 무엇인지를 먼저 생각하는 모습은 시민권운동에서도 쉽게 찾아볼 수 있다. 시민권운동은 힘겨루기와 같은 권력투쟁이나 기본권을 위한 싸움 그 이상이었다. 더 나은 세상이 분명히 가능하다는 믿음이었다.

시민권운동가들은 서로에게 눈을 떼지 말라고 말했다. 그대가는 바로 '화해'라는, 마법과도 같은 일이었다. 마틴 루서 킹이 꿈꾸는 세상은 백인들이 저지른 잔인한 악행과 범죄 행위에도 불구하고 흑인과 백인이 한데 어울리고 서로를 사랑하고 서로의 미덕을 알아볼 수 있는 세상이었다.

시민권운동가들은 그렇게 용서를 중심으로 이루어진 운동을 펼쳤다. 이는 예수가 십자가에 못 박히는 끔찍한 고통 속에서 "아버지, 저들을 용서하소서. 그들은 자기가 하는 일을 알지 못하나이다"라고 기도했을 때의 용서와 동일하다. 제임스 로슨이 연좌 농성을 위해 한 세대의 젊은 운동가들을 지도했을 때뿐만 아니라 1968년에 자신의 소중한 조언자이자 영적인 형제인 마틴 루서 킹이 암살당한 후에도 이런 용서를 현실에서 실천하려 노력했다.

기독교도이자 비폭력 철학의 진정한 실천가였던 로슨은 마틴 루서 킹의 암살자 제임스 얼 레이를 만나서 용서해야 한다고 생각했다. 그 신념으로 로슨은 마틴 루서 킹이 암살당한 후 수년 동안 상당한 시간을 레이와 함께 보냈고, 그의 약혼녀를 소개하는 자리에도 나갔다. 그러나 이 모든 놀라운 용서와 자제력에도 레이로부터 감옥에서 치르는 결혼식의 주례를 맡아달라는 뜻밖의 부탁을 받았을 때 로슨은 고민에 빠져들었다.

매우 고통스러울 정도로 큰 고민이었다. 레이의 부탁을 들어주는 것은 비윤리적인 일일까? 잘못된 판단이지 않을까? 그래서 로슨은 저녁 식사 자리에서 가족에게 자신이 어떻게 해야 할지를 물었다. 무거운 대화가 잠시 오고 갔다. 그리고 이야기가 끝나갈 즈음에 로슨의 17살 아들이 고개를 들 필요도 없다는 듯 식사에 집중하며 이렇게 말했다. "저는 아버지가 지금까지 수년 동안 자신이 설교해 왔던 내용을 모두 믿는다면, 그 부탁을 들어줄 수도 있을 것 같아요." 아들의 말이 옳았다. 로슨은 레이의 부탁대로 자신이 존경하던 영웅을 무분별하게 살해한 사람의 결혼식을 주재하게 되었다. 로슨의 그런 행동은 은총을 베풀뿐 아니라 증오와 폭력에 맞선 싸움에서 누가 진정으로 승리했는지를 보여주는 일이었다.

예수가 용서를 설파한 것은 십자가에 못 박혔을 때만이 아니었다. 그전에 예수는 베드로에게 용서에 대한 질문을 받은 적이 있었다. 용서가 중요하다는 것을 깨달은 베드로는 자기 형제가 죄를 지으면 몇 번이나 용서해야 하는지를 물었다. 한 번의 잘못에 한 번 용서를 해주어야 할까? 형제가 다시 잘못을 저지르면, 일곱 번 잘못을 저지르면 어떻게 해야 할까? 베드로는 형제를 일곱 번 용서해야 할까? 그 질문에 예수는 이렇게 대답했다. "네게 이르노니 일곱 번이 아니라 일흔일곱 번까지라도 용서해야 한다." 어떤 성경 주해에는 예수가 '일곱 번을 일흔 번까지도 용서해야 한다'고 말했다고 전해진다.

이 말도 축소된 것이다. 기독교의 기본 교리를 보면, 신이 모든 사람을 완전히 용서하기 때문에 기독교인도 모든 사람을 완전히 용서해야 한다고 가르친다. 이런 사실을 보면 우리가 전혀 모르는 친절하고 관대한 누군가가 적어도 한번은 우리를 용서한 셈이다. 실제로 삶은 우리에게 수없이 많은 두 번째 기회를 주었다.

우리는 서로에게 용서의 빚을 지고 있고, 타인을 용서함으로써 그 빚을 갚아나갈 수 있다. 아니면 우리에게 죄를 지은 누군가에게 은총을 베풀 기회가 있을 때마다 적극적으로 용서를 베풀어 자신과 세상을 풍요롭게 만드는 힘을 발휘할 수 있다. 물론 이렇게 하기는 무척 어려운 일이다. 어쩌면 가장 힘든 일이 되기도 한다.

우리 중 어느 누구도 성자로 태어나지 않았다. 그래서 실례를 범한 사람에게 은총을 베풀 정도로 갑자기 변할 수는 없다. 그러나 자연스러워질 때까지 날마다 조금씩 용서를 베풀면서 계속 노력해 나갈 수 있다. 마르쿠스 아우렐리우스는 레슬링이건, 나라를 다스리는 일이건 모든 일에서 더 나아지는 자신을 발견했다. 그러나 마르쿠스는 자신이 더 잘해야 한다는 것을 알고 있었다. 특히 잘못을 더 잘 용서하는 사람이 되어야 한다고 생각했다.

용서의 의미는 기독교에서 가르치는 종교적 미덕에만 그치지 않는다. 용서는 때로 우리의 자아를 더욱 단단하게 형성하는 길이기도 하다. 마르쿠스는 가장 신뢰했던 장군 아비디우스 카시우스에게 배반당한 일을 그와 같은 기회라고 언급했다. "이 일은 전쟁과 승리의 위대한 전리품을 쟁취할 기회이다. 그 전리품은 인간이 아직 획득하지 못한 위대한 상이다. 그렇다면 그 상은 무엇인가? 잘못을 저지른 사람을 용서하는 것이고, 우정을 배신한 사람에게 우정을 베푸는 것이고, 신의를 깬 사람에게 계속 충성을 보이는 것을 말한다." 마르쿠스는 '모든 문제를 잘 해결할 수 있는 올바른 방법이 있다는 것을 모든 인류에게 보여주는 일'이 자신의 목표라고 말했다.

그 상이란 간디가 불의를 견뎌낸 삶의 미덕이 아닌가? 간디가 증오에 얽매이지 않고 사랑과 용서를 선택한 마음에서 비롯된 철학이야말로 바로 인도를 위한 정의였을 뿐 아니라 비폭력을 끌어내는 방법이었다. 제임스 로슨과 마틴 루서 킹도 이런 용서라는 미덕을 사용했다. 간디는 옛 격언을 인용하면서 이렇게 말했다. "용서는 용기를 더욱 빛나게 해주는 태도이다." 자비와 관용을 베푸는 미덕은 지도자가 갖출 수 있는 가장 훌륭한 품성이다.

하비 밀크는 이렇게 말한 적이 있었다. "누군가가 나를 동성애자라고 손가락질할 때마다 그 사람을 향해 돌아서서 감정을 주체하지 못하고 화를 내며 내 수준을 깎아내릴 수도 있다. 하지만 나는 그런 사람이 되고 싶지 않다." 누군가가 자신에게 했던 말이나 행동마다 집착하고 마음을 졸였다면, 자신이 겪은 불의를 용서하지도 잊지도 못했다면 어떻게 더 나은 세상을 향해 앞으로 나아갈 수 있었겠는가? 상대에게 용서를 베풀지 않았더라면 밀크는 다른 사람에게 희망을 주기는커녕 자신도 희망을 품을 수 없었을 것이다.

시련을 극복하고 앞으로 나아가는 데에만 집중하자. 그 많은 증오와 분노의 빚을 가혹하게 받아낼 필요는 없다. 그 빚을 영원히 간직하고 있을 수 없다. 더 큰 희망을 품고 더 좋은 사람이 되기 위해 증오와 분노는 버려두는 것이 좋다. 상대를 이해하고 용서하고 사랑하는 것은 상대를 위해, 자신을 위해, 세상을 위해 나아가는 길이다. 용서는 정의를 위한 길이다.

용서는 순교가 아니다. 고통을 이겨내고, 자신이 처한 상황과 자기 자신을 초월하는 일이다. 용서만큼 악을 좌절시키는 힘도 없다. 용서는 그 대가로 증오를 얻지 않으므로 증오를 더욱 무력하게 만든다. 그래서 용서는 우리가 휘두르는 위대한 무기가 된다.

07

아직 남은 더 나은 삶

영국의 정치인 존 프러퓨모는 신중하지 못하고 무책임한 사람이었다. 많은 사람은 그의 이름만 들어도 영국의 정치 역사상 최악의 성 추문 사건을 떠올릴 것이다. '프러퓨모 사건'은 프러퓨모가 아내를 속이고 19세의 클럽 댄서와 불륜을 저지른 데다가 이 사실을 의회에서 위증하여 파장을 불러일으킨 일이다. 그리고 이 불명예스러운 사건은 국가 보안 문제로 확대되었고, 영국 총리가 사퇴하는 등 당시 집권하고 있던 보수당 내각이 몰락하는 계기가 되었다.

프러퓨모는 불명예로 사임하고 공직과 정치적 삶에서 물러났다. 그리고 그는 이 상황에 격분하거나 회피하거나 변명하는 대신 완전히 다른 삶을 살아갔다. 사임 후 불과 몇 주 만에 영국의 빈곤 퇴치를 위한 자선 시설인 '토인비 홀'에 자원봉사자로 나타난 그는 자신의 죄를 그대로 인정하며 삶을 영원히 바꿔놓을 겸손한 임무를 시작했다.

그렇게 프러퓨모는 토인비 홀에서 가장 오랫동안 봉사를 한 자원봉사자가 되었다. 육체노동 봉사를 시작으로 기금 모금 행사를 책임지기까지 그는 공로를 인정받거나 기념행사를 여는 일 없이 40년 동안 수만 시간 이상을 자원봉사에 쏟아부었다.

모두가 삶의 어두운 굴곡을 조용한 품위와 선량함으로 채워가려 한다면 얼마나 좋을까? 그러나 대부분은 자신의 죄나 악행을 속죄하고 보상해야 한다는 생각을 잘 하지 못한다. 본질적으로 인간이 불완전하기에 적어도 잘못을 해결하는 기술만큼은 완벽할 거라 생각하기 때문이다. 게다가 삶 속에서 우리의 수많은 실수와 죄를 보상할 기회는 충분하다.

간디도 자신이 완벽하지 않다는 사실을 잘 알았다. 그래서 재빨리 실수를 인정했고, 재빨리 자신의 행동에 책임을 졌다. 간디는 아버지가 세상을 떠날 때 임종을 지키지 못한 일을 평생 속죄할 정도로 자책감을 느꼈다. 실수를 인정하고 행동에 책임지는 능력이 없다면 정의도 없다.

링컨도 그런 인물이었다. 남북전쟁이 일어나기 훨씬 전이었던 어느 날, 링컨은 제시 토머스라는 정적에게 조롱을 당했다. 모욕적인 말을 들었던 링컨은 군중이 떠나기 전에 연설하기 위해 서둘러 도시 중심가로 갔다. 그곳에서 링컨은 평소와 달리

토머스의 걸음걸이와 말투를 거의 완벽하게 흉내를 내기 시작했다. 군중들은 그 순간을 즐기며 내내 폭소를 터뜨렸다. 그 분위기에 힘을 받은 링컨은 계속해서 토머스를 조롱하고 비판하기까지 했다. 정도가 너무 심해서 한 목격자는 공개적으로 그런 행동을 하는 것을 '스스로 생채기를 내는 행위'라고 평했다. 청중 속에서 꼼짝달싹하지 못한 채 앉아 있던 토머스는 그 굴욕의 순간을 고통스럽게 지켜보아야 했다. 결국 그는 눈물을 머금고 그 자리를 떠났다.

그 일이 화젯거리가 되자 링컨은 자신이 얼마나 잔인했는가를 곧 깨달았다. 물론 링컨은 먼저 공격을 한 것도 아니었고 그만큼 큰 상처를 줄 의도도 없었다. 링컨은 직접 토머스를 찾아가 뉘우치고 사과했다. 그리고 링컨은 사과하는 것에 그치지 않고 도가 지나친 행동을 교훈으로 삼았다. 그 후 수년이 지난 후에도 링컨은 그 일을 여전히 '가장 유감스러운 순간'이라고 칭하며 되돌아보았다.

지성과 재능을 가진 사람이 재치를 발휘해 사람의 흥미를 유발하기는 쉬우나 그 일이 얼마나 지독하고 불친절한지를 깨닫기는 매우 어렵다. 자기 잘못을 인정하고 깨달음을 얻은 링컨은 매우 참을성 있고 너그러운, 현명한 사람이었다. 그런 사람이었기에 링컨은 노예제를 지지하는 남부의 명백한 죄악과 이에 대한 북부의 공모와 책임을 다루는 내용을 중심으로 두 번째 대통령 취임 연설을 펼칠 수 있었다.

그 후 거의 200년이 지났는데도 우리는 여전히 사람들이 과거에 저질렀던 죄를 인정하게 하기 위해 분투한다. 2007년에 서야 노예제도에 대해 사과한 버지니아주는 미국에서 노예제도를 공식으로 사죄한 최초의 주가 되었다. 노예제도를 중심으로 은행과 공장들이 운영되었던 북부의 주 중에서 얼마나 많은 주가 사과해야 한다고 생각했을까?

과거의 죄를 인정하지 않은 일이 미국에서만 있었던 것은 아니었다. 튀르키예는 수십만 명의 아르메니아인들을 추방하고 살해한 행동에 '집단학살'이라는 단어를 언급하기 꺼려 한다. 일본은 그 끔찍한 일본군 위안부 강제 동원과 일본 제국주의 시기에 저지른 다른 성범죄에 대해 한 번도 인정한 적이 없다. 로마 가톨릭교회는 자체에서 벌어진 끔찍한 성 추문을 은폐하고 부인하는 데에만 수십 년을 보냈다. 또한 여전히 차별당하는 성소수자들에게 해야 할 사죄도 남아 있다.

어떤 경우에는 이런 심각한 불의를 저지른 사람이 살아 있지 않기도 한다. 아무도 그 죄를 직접 마주하기를 바라지 않는다. 지금 죄가 없다고 해서 책임이 면제되는 것은 아니다. 오히려 그 죄를 확인하기를 꺼리고 은폐한다면 우리 모두가 공모자가 된다.

독일인들에게는 과거에 저지른 불의에 대해 공동으로 책임을 갖는 '과거 극복하기'라는 말이 있다. 독일 곳곳에는 '걸려 넘어지는 돌'이라는 뜻의 슈톨퍼스타인 동판이 7만 5000개가 설치되어 있다. 이 작게 도드라진 표식들은 홀로코스트와 같은 학살을 나타낸다. 인도와 도로 곳곳에 끼워 넣은 이 돌에 부딪히는 대다수의 사람은 그 돌이 상징하는 끔찍한 범죄가 행해졌을 때 살아 있지 않았을 것이다. 그러나 노예제도와 마찬가지로 이런 범죄의 영향은 계속 이어지고 있고, 그 불의 역시 여전히 존재한다.

우리는 과거를 바꿀 수는 없으나 과거를 부정하지 않으면서 더 나은 세상을 이룰 수 있다. 그렇게 할 때 과거에 일어난 일을 보상할 수 있다. 우리가 해야 하는 보상은 과거의 일을 치유하고 개선하고 더 나은 길로 향하는 일이다.

선교사이자 철학자이며 노벨평화상을 수상한 알베르트 슈바이처 박사는 아프리카의 병원에서 지칠 줄 모르고 실천했던 그의 선행이 이런 생각에 전제를 두고 있었다고 설명했다. "우리는 우리가 식민지로 삼았던 아프리카에 큰 빚을 지고 있습니다. 이런 혜택을 주거나 주지 않는 일은 우리가 선택할 수 있는 일이 아닙니다. 이 일은 우리의 의무입니다. 우리가 그들에게 행하는 일은 박애가 아니라 속죄입니다. 이를 토대로 '자선 행위'에 대한 모든 일을 숙고하기 시작해야 합니다."

링컨처럼 잔인한 보복을 했거나 프러퓨모처럼 불륜을 저질렀거나 학교폭력의 가해자였거나 결혼 생활에서 잘못을 범했어도, 우리에게는 각자 과거를 극복할 용기가 있다. 집단으로 행한 일이든 개인적으로 행한 일이든 말이다. 잘못을 인정할 뿐 아니라 상황을 더 좋게 만들 노력이 필요하다. 그 어떤 일도 과거를 되돌릴 수는 없지만 늘 더 나은 행동을 할 기회가 있다. 과거에 일어난 일의 결과로 더 나은 사람이 될 기회가 있다.

거부하는 것, 부정하는 것, 무시하는 것은 모두 세상을 불안하게 하는 태도이다. 이런 태도는 상황을 바로잡으려고 하지 않는 약한 사람과 약한 사회를 만든다. 그런 약한 사람은 사죄나 배상을 할 책임이 없다고 생각하는 이들이다. 우리에게 잘못한 사람들을 용서해야 하듯 우리는 자신이 저지른 죄에 대해 용서를 구하려고 적극적으로 노력해야 한다. 과거의 잘못을 일어나지 않은 척할 수는 없다. 상처받은 사람에게 빚졌기 때문이며 또한 자신에게 빚졌기 때문이다.

우리의 잠재력은 잘못된 상황에서 도망칠 때 발휘되는 것이 아니다. 상황을 극복할 때, 특히 어려운 상황을 극복해 나가며 그 잠재된 힘에 도달할 수 있다. 과거에 했던 일을 숨겨야 할 수치심으로 남겨놓는다면, 점점 깊어지는 상처가 되고 의욕을 잃게 하는 짐이 된다. 속죄는 우리를 변화시키는 중요한 일이자 구원하고 개선하는 수단이다. 과거를 속죄할 때 우리는 더 좋은 사람이 되고 세상을 더욱 정의로운 곳으로 만들 수 있다.

08

인류는 위대한 하나

1950년, 알베르트 아인슈타인은 소아마비로 어린 아들을 잃어 슬픔에 빠진 한 남자에게 편지를 썼다. 어떤 사람들은 아인슈타인이 과학자이기 때문에 인간이 처한 비극적인 상황을 그저 머리로 받아들였으리라 생각할지도 모르겠다.

인간으로 태어난 우리는 통제할 수 없고 이해할 수 없는 힘에 시달리다가 세상을 떠나기도 한다. 그런 죽음은 남아 있는 사람들에게 깊은 고통을 남긴다. 20세기 중반은 홀로코스트나 원자폭탄 투하 등 엄청난 사건들이 일어난 시기였다. 아인슈타인이 자신과 전혀 관련이 없는 한 아이의 죽음에 특별한 느낌을 갖지 않는다고 해도 딱히 이상하지는 않았을 것이다. 그런데 그의 편지에는 철학적이면서도 깊은 애도의 의미가 담겨 있었다.

아인슈타인은 이런 편지를 썼다. "인간은 '우주'라는 전체의 한 부분이며, 시간과 공간의 제약을 받는 존재입니다. 그런데도 인간은 자신의 사유와 감정이 주변의 다른 것들로부터 분리되어 있다고 착각합니다. 그 생각은 인간의 의식이 빚어낸 시각적 착각입니다. 이런 착각에서 벗어나려는 노력은 여러 종교에서 진정으로 탐구하고자 하는 문제이기도 하죠. 그런 착각을 키우지 않고 극복하고자 노력하는 것이야말로 마음의 평화에 이르는 길입니다."

아인슈타인은 물리학뿐 아니라 철학자와 성직자들도 동의할 것 같은 몇 가지 관점을 제시하고 있었다. 즉, 모든 일과 모든 사람은 생각보다 훨씬 더 많이 서로에게 연결되어 있다는 것이다. 여러 상황이 아무리 다르게 보일지라도 공통된 영향력을 주고받는다. 깊은 고통이나 슬픔에 빠지더라도 우리는 혼자가 아니라는 사실을 깨닫게 해주는, 영원하고 거대한 무언가에 연결되어 있다.

미국의 흑인 작가 제임스 볼드윈은 이런 글을 남겼다. "당신의 고통과 마음의 상처가 지금까지 이 세상에 한 번도 존재하지 않았던 일이라고 생각한다면 책을 한번 읽어보십시오." 볼드윈은 책과 역사와 철학을 통해 자신을 괴롭힌 일들이 '지금까지 존재했던 모든 사람과 자신이 연결되는 일'이었음을 깨닫게 되었다고 말했다. 우리는 모두 하나다. 우리가 너무 쉽게 잊어버리지만 이 말은 진실이다.

우주에서 지구를 바라보는 특별한 경험을 한 우주비행사들만큼 이 말에 깊이 공감하는 사람들도 없다. 미국인이든 러시아인이든 중국인이든 우주로 나간 모두가 조망 효과(Overview Effect)라는 상태에 완전히 압도되었다. 다시 말해, 어디에 살건 무엇을 믿건, 지구 밖에서 지구를 본 순간 전 세계인이 같은 배를 타고 있으며 모두가 하나라고 느끼는 의식 상태에 휩싸이게 되었다.

우주비행사들이 푸른 지구를 바라보며 경험한 조망 효과는 스토아학파 철학자인 히에로클레스가 약 2000년 전에 사람들에게 가르치려고 했던 동심원 이론과 같다. 물론 우리는 당연히 자신과 우리가 사랑하는 사람들을 가장 가까이 생각한다. 그러나 점차 사회적 관계를 형성하면서 우리는 그 관심의 고리를 더욱 크게 확장하여 살아 있는 모든 것을 하나의 거대한 유기체로 볼 수 있다. 비행기를 탄 적도 없고 높은 건물에서 인간을 내려다본 적도 없는 간디가 인류를 '위대한 하나'라고 했던 것을 우주비행사가 경험하는 것이다.

인류가 '위대한 하나'라는 사실에 진정한 경외심을 느끼게 되면 겸손에만 머물러 있지 않게 된다. 더욱 관대해지고 더욱 용기를 갖게 되고 더욱 옳은 일에 헌신하게 된다. 더욱이 터무니없는 하찮은 일, 무의미한 구분과 차별, 악의와 고통에도 거의 관심을 두지 않게 된다. 그것이 바로 극도의 행복감이며, 또한 인간 존재에 관한 굉장한 깨달음이다.

오리지널 〈스타트렉〉 드라마에서 '커크 선장'을 맡아 큰 사랑을 받은 배우 윌리엄 샤트너는 평생 영화에서 우주를 탐험한 후 마침내 90세에 실제로 우주를 여행했다. 샤트너는 우주에 가면 자신이 모든 광경을 바라보며 그 아름다움에 감탄하리라 생각했다. 그러나 샤트너는 우주에서 지구를 바라보았을 때 슬픔만 가득 밀려왔다고 회고했다. 모든 중요한 것이 저 아래 지구에 있지만 대부분의 사람은 그것들을 소중하게 여기지 않고 당연하게 여긴다는 사실을 깨달았기 때문이다. 인류는 지구의 아름다움을 파괴하고, 자원을 남용하고, 태어나지도 않은 세대로부터 그 아름다움을 훔치고 있었다.

노예제 폐지론자인 프랜시스 엘런 왓킨스 하퍼가 '우리는 모두 한 무리의 위대한 인류', '상호의존이라는 하나의 옷으로 함께 연결되어 있다'고 말한 것은 틀린 말이 아니다. 그러나 요즈음의 지구는 어떤 모습인가? 생태계는 언제 무너질지 모르게 위태롭고, 수십억 인구가 가난하게 살고 있으며, 수백만 명이 예방할 수 있는 질병으로 목숨을 잃고 있다. 우리를 하나로 연결한 천을 불의가 찢고 있다. 모든 것이 무너지기 전에 우리는 얼마나 더 오랫동안 버틸 수 있을까?

일부 시민들만 번영하고 공동체가 제 역할을 하지 못할 때보다 도시 전체가 번영할 때 시민들은 훨씬 더 잘 사는 것이다. 개개인이 잘 살고 있으나 나라가 무너지고 있다면 결국 그들도 함께 무너진다. 그러나 나라가 번영하고 있다면 분투하는 개개인은 훨씬 더 나은 희망을 품는다.

이 말이 요즘 정치인이 한 한탄처럼 보이는가? 또는 20세기 초 사회주의 혁명가가 발표한 성명서일까? 둘 다 아니다. 이 말은 기원전 431년 고대 아테네의 정치가 페리클레스의 연설이다. 정부와 시민이 맺은 사회적 계약의 진정한 의미는 이런 개념을 중심으로 만들어진다. 미국을 건국한 이들 중 한 사람이 말했듯 모든 정부는 공공의 복지를 유일한 목표로 삼고 있다.

다른 사람의 희생으로 우리가 성공한다면 그것이 무슨 소용인가? 우리의 안전을 위해 다른 사람을 위험에 처하게 한다면 과연 우리가 안전하다고 할 수 있을까? 다른 사람을 도울 수 없다면 무슨 소용이 있을까? 이렇듯 함께하는 삶으로 모두가 연결되어 있다. 이 지구를 모두가 함께 공유하고 있다. 이 사실을 잊어버리거나 우리의 행동이 다른 사람에게 미치는 영향력을 생각하지 않는다면 그때는 불의가 세상을 장악하게 된다.

"벌 떼에게 유익하지 않은 것은 한 마리 벌에게도 유익하지 않다"라는 마르쿠스 아우렐리우스의 말은 《뉴욕타임스》의 논평 기사에 실릴 만큼 정치 논쟁에서 쉽게 찾아볼 수 있다. 이 말은 마르쿠스도 끊임없이 떠올려야 했을 정도로 중요한 문구이다. 마르쿠스는 우주를 "하나의 생명체"로 생각하려고 노력했다. "우주는 하나의 실체와 하나의 혼을 가진 하나의 생명체이고 (…) 만물은 우주의 단일한 생각으로 돌아가고, 우주의 단 한 번의 움직임으로 모든 것이 이루어진다. 그리고 모든 존재하는 것들은 앞으로 존재하게 될 모든 것들의 공통된 원인이다. 또한 만물은 수많은 실이 서로 촘촘하게 짜여 있는 하나의 천과 같다." 그런데 마르쿠스는 이런 생각을 자신의 정책과 결정에 늘 반영했을까? 그렇지는 않았다. 고대 로마인들이 기독교 박해 같은 마르쿠스의 잘못은 우리가 궁극적으로 북극성을 놓쳤을 때 어떤 일이 일어나는지 그대로 보여주는 사례이다.

간디는 자신이 방문했던 곳에 대해 이렇게 말했다. "3개월 동안 영국을 포함해 유럽에 있으면서 '결국 동양은 동양이고 서양은 서양'이라는 생각을 단 한 번도 해본 적이 없다. 오히려 그 반대로 어떤 기후에서 자라든 인간의 본성은 동양과 서양을 막론하고 동일하다는 신념을 그 어느 때보다 더욱 확신했다."

그래서 간디는 증오를 품을 수 없었고 불의를 외면할 수도 없었다. 분열이 거의 일어나지 않는 더 나은 세상, 폭력이나 억압으로 문제를 해결하지 않는 더 나은 세상을 꿈꿨다. 간디는 히에로클레스의 동심원 이론처럼 설명했다. "삶은 맨 아랫부분이 맨 꼭대기를 떠받치고 있는 피라미드형이 아니다. 삶은 오히려 대양의 원과 같다. 그 중심에는 공동체를 위해 언제나 죽을 각오가 되어 있는 개개인이 있고, 또 그 공동체는 여러 공동체로 이루어진 하나의 원을 위해 죽을 각오가 되어 있다. 그리고 그 전체는 마침내 오만하거나 공격적이지 않고 늘 겸손한 개개인들로 이루어진 하나의 삶이 되어, 개개인이 필수단위로 구성된 장엄한 대양의 원을 공유한다."

그런 이유로 간디는 자신의 인생을 대양의 원과 같은 삶에 헌신했고, 인도의 독립뿐 아니라 불가촉천민의 평등과 이슬람교와 힌두교의 평화를 위해 기꺼이 목숨을 내놓았다. 간디는 이렇게 말했다. "나는 이슬람교도이자 힌두교도, 불교도, 기독교도, 유대인입니다."

우리 모두 마찬가지다. 우리는 하나이고 모두가 한 인류에 속한다. 인간은 모두 완벽하지 않으며 언젠가는 죽을 운명이다. 그러나 인간은 모두 놀라운 잠재력을 지니고 있다. 또한 모든 인간은 공정과 존중과 존엄을 누릴 가치가 있다. 모두가 특별한 존재이며 과거와 현재와 미래에서 인류의 일부이다.

09

공감의 원 확대하기

1932년, 로스앤젤레스에서 하계올림픽이 열렸을 때 기도 슌조라는 일본인 승마선수가 스포츠 역사상 가장 놀라운 행동을 보여주었다. 50개의 장애물이 있는 지구력 승마에 출전한 기도는 36킬로미터 지점에서 가까스로 선두를 차지하고 있었다. 지구력 승마는 기도가 정식으로 출전하지 않은 데다 그의 말도 훈련받지 못한 경기 종목이었다.

기도는 팀 동료의 부상으로 이 종목에 대신 출전하게 되었다. 그러나 마지막 점프를 앞두고 선두를 달리며 금메달을 거의 확보하려는 순간, 기도는 갑자기 말고삐를 잡아당겨 경기를 중도 포기하고 말았다. 왜 그랬을까?

말이 더 이상 견딜 수 없음을 알아챘기 때문이었다. 그는 자신이 경기에서 우승하더라도 말은 살아남지 못할 것임을 직감했다. 캘리포니아의 루비두 산길 한 곳에 위치한 우정의 다리에는 기도 슌조의 보기 드문 스포츠 정신을 기리는 명판이 하나 설치되어 있다. 그 명판에는 이런 글이 쓰여 있다. "기도 슌조 중령은 말을 살리기 위해 우승을 포기했다. 그는 영광의 큰 갈채가 아니라 자비의 낮은 목소리를 들었다."

자신을 위해 일하는 사람을 대하는 태도나 낯선 이들을 대하는 태도는 우리에 대해 많은 사실을 알려준다. 방어 능력이 없는 이들이나 의견을 말하지 못하는 이들을 어떻게 대하는가? 또한 인간이 아닌 다른 종들을 어떻게 다루는가? 간디가 말했듯이 우리가 약한 자들에게 한 행동이 무엇이든 이는 우리에 대해 많은 사실을 알려준다.

작가 밀란 쿤데라가 '프라하의 봄'과 소련군의 점령에 관해 저술한 『참을 수 없는 존재의 가벼움』에서, 세심하고 동정심이 많은 여주인공 테레자는 남편에게 이렇게 말한다. "대통령에게 탄원서를 보내는 일보다 땅에 묻혀 바둥거리는 까마귀를 꺼내주는 일이 훨씬 중요하지요."

물론 정치는 중요하고, 지금 이 시대의 대의를 위한 투쟁도 중요하다. 그러나 아주 사소한 일들도 중요하기는 마찬가지다. 기원전 6세기에 인도에서 발원한 종교인 자이나교를 믿는 사람들은 대체로 우기에는 순례를 떠나지 않으려고 했다. 모든 생명체를 중요하게 여긴 자이나교도들은 빗물을 머금고 새로 돋

아난 풀을 짓밟지 않으려 했기 때문이다. 우리 주변을 중심으로 작은 선행을 펼쳐나가는 일은 정말 아름답고 친절한 실천이다. 아주 작은 선행은 주변 세상으로 퍼지며 세상을 더 아름답게 만든다.

한 고대 철학자는 친절이 정의보다 대상의 범위가 더 넓다고 가르쳤다. 정의는 법과 인간에 대한 일이지만 친절은 동물을 비롯한 모든 생명체에 대한 일이라 생각했기 때문이다. 그래서 스토아학파는 친절과 정의의 영역을 더욱 확대하려고 했다.

레오나르도 다빈치는 뛰어난 그림과 창작물로 잘 알려져 있다. 그러나 다빈치의 친구들은 어땠을까? 그들은 다빈치를 시장에서 새장에 갇힌 새를 보고 불쌍히 여겨 구매한 뒤 방생하는 선량한 사람이라 평가했다. 노예제가 무엇인지 공부하기도 전에 링컨은 이복동생인 존 대니얼 존스턴이 거북이를 잡아 재미로 나무에 던졌을 때 도덕성에 눈을 뜨기 시작했다. 어린 링컨에게 거북이의 고통스럽고 무의미한 죽음은 큰 충격이었다. 이복누이가 말했듯이 그때 링컨은 동물을 학대하지 말라고 말하면서 "개미의 삶도 인간의 삶만큼 달콤한 것"이라고 주장하기 시작했다. 물론 수년 후 링컨은 쇠사슬로 묶여 뒤엉킨 노예들을 처음 보았을 때 매우 충격을 받았다. 링컨은 당시 자신이 목격한 노예들이 "정확히 표현하면 주낙줄에 걸린 매우 많은 물고기처럼 함께 연결되어 있었다"라고 생생하게 설명했다. 이런 대우는 사람에게든 동물에게든 해서는 안 되는 일이었다.

가던 길을 멈추어 새장 안의 새가 얼마나 고통스러울지 생각하지 않는 편이 더 쉽다. 또한 공장식 축산 농장을 지나갈 때 역한 냄새에 불평하거나, 슈퍼마켓에서 원산지가 다른 두 개의 상품을 따져보며 가격만을 기준으로 평가하고 선택하는 편이 더 쉽다. 가던 길을 멈추고 유기견을 구출하는 행동도 성가신 일이다. 그러나 세상의 절반이 어떻게 살아가는지에 관심을 기울여야 하듯, 우리는 이 지구의 다른 수십억 생명체의 삶을 깊이 생각해 보아야 한다.

카토의 증조부인 대(大) 카토는 자신의 농장에서 동물들을 심하게 부렸기에 당시 사람들에게 크게 비판받았다. 그는 동물을 부려서 이익을 얻는 데 만족하지 않고 동물을 죽을 때까지 이용한 다음 그 동물이 죽으면 쉽게 다른 동물로 대체했다. 그런 방식이 불법도 아니었고 그에게 확실한 이익을 가져다주기도 했지만 그렇다고 해서 옳은 일은 아니었다.

흠칫 놀랄 만한 이런 예시는 역사에서 살펴볼 수 있다. 불과 몇 세대 전에 만들어진 옛 지도를 살펴보면 우리 조상이 한 대륙을 자기들이 강탈할 수 있는 기준, 즉 황금 해안, 상아 해안, 노예 해안으로 나눴던 사실을 확인할 수 있다.

지구상의 거대한 종뿐 아니라 작고 귀여운 종이든, 또는 무화과나무와 같은 종이든 모두 보존될 가치가 있다. 나무의 덩굴은 비옥한 토양을 누릴 자격이 있고 강물은 오염되지 않고 바다까지 흘러갈 자격이 있다. 그리고 마르쿠스 아우렐리우스가 말했듯이 "풀은 자신의 무게로 휘어질 정도로 충분히 자랄 수 있어야 한다." 스토아학파는 전 세계가 하나의 신전이고 자연은 신이라고 말했다. 그래서 우리 인간이 자연을 남용하면 신성모독을 범하는 일이 되었다.

알베르트 슈바이처는 이런 글을 남겼다. "인간은 가능한 한 모든 생명을 도와줄 의무가 있다. 살아 있는 그 어떤 생명에도 해를 끼치지 않으려고 노력할 때 비로소 윤리적인 삶을 살았다고 할 수 있다. 인간은 이 생명 혹은 저 생명이 얼마나 가치 있는 존재로 보듬어야 하는지를 묻지 않고, 또한 그 생명이 느낄 수 있는 능력이 있는지 없는지, 있다면 얼마나 느낄 수 있는지에 대해서도 묻지 않아야 한다. 생명은 그 자체로서 인간에게 신성한 것이다." 그래서 슈바이처는 채식주의자가 되었고, 아프리카에서 병원을 운영하기 위해 자신의 개인적인 연구를 대부분 제쳐두었다.

자신이 소유한 동물의 삶에 그리 관심 없던 카토가 무자비한 노예 소유자였다는 사실은 놀랍지 않다. 바로 그 점이 문제다. 우리와 닮지 않아서, 우리와 멀리 떨어진 곳에 살아서 우리와 관련이 없다는 이유로 어떤 인간은 다른 인간보다 덜 중요하다는 말은 다른 종의 생명이 덜 중요하다는 말과도 같다. 정의의 원칙에 완전히 반대될 뿐 아니라 그런 주장을 펼치는 사람은 부패하기 쉽고 위험한 존재가 된다. 불친절, 무관심, 잔혹함이 한 영역으로 스며들게 되는 것이다. 이와는 대조적으로 한 영역에서 마음을 열면 열수록 다른 영역에서도 마음을 열 수 있다. 철학자 피터 싱어의 말을 빌리면, "공감하는 원을 확대함으로써" 우리는 더 좋은 세상을 이뤄낼 수 있고 우리 자신 또한 더 좋은 사람이 될 수 있다.

10

편견 대신 선택해야 할 것

하비 밀크가 조금 더 편협한 사고방식을 가졌더라면 여전히 살아 있을 수도 있다. 대부분의 사람은 댄 화이트가 하비 밀크를 암살하기 전부터 뭔가 이상한 낌새가 있었다고 증언했다. 전직 경찰관이었던 댄 화이트는 동성애에 매우 적대적인 성향을 띤 지역 정치인으로 변해가고 있었다.

한 이웃이 댄 화이트에 대해 하비에게 이렇게 말한 적이 있었다. "하비, 그는 아주 무례한 사람이오." 그렇지만 하비는 그런 생각은 단지 화이트를 잘 모르기 때문에 생기는 오해일 뿐이라고 보았다. "그는 노동자 계층이며 동성애에 관한 모든 편견을 가지고 자란 가톨릭 신자입니다." 밀크는 옹호할 이유가 없는 사람을 옹호하면서 이렇게 이야기했다. "나는 매일 그의 옆에 앉아서 우리가 그가 생각하는 만큼 나쁜 사람들이 아니라고 알려줄 겁니다."

사람들은 밀크에게 그가 시간을 낭비하고 있으며 후회할 거라고 말했다. 그래도 밀크는 노력했다. 그런 노력이 밀크가 협력자를 더 많이 만들어가는 방법이었기 때문이다. 하비는 이렇게 주장했다. "수년이 지나면 그 사람도 교화될 수 있습니다. (…) 사람은 자신을 제외한 다른 사람이 가망이 없다고 생각하는 경향이 있습니다. 하지만 사실 모든 사람은 모두 교화될 수 있으며 도움을 받을 수 있습니다."

하비 밀크와 댄 화이트는 서로 전혀 다른 삶을 추구하더라도 공통점을 찾고 친구가 되고 목표를 이루기 위해 협력했다. 밀크를 도로교통위원회의 위원장이 되도록 도와준 사람이 화이트였다. 밀크도 1977년에 화이트의 자녀가 세례를 받을 때 참석한 적이 있었다. 화이트는 밀크가 통과시킨 처음이자 유일한 법을 지지했으며, 또한 지역 학교 이사회가 동성애자 교사들을 공공연히 해고할 수 있는 의안에 반대한 일도 있었다. 그런데도 화이트는 샌프란시스코 시장과 밀크, 두 명을 암살했다. 두 사람과 계속 의견이 충돌하고 있던 화이트는 밀크에게 총을 다섯 발 쏘았고 마지막 두 발은 정확히 밀크의 머리를 관통했다.

친절은 효과가 있었을까? 친절은 가치 있는 행동이었을까? 밀크는 이런 질문을 하지 않았을 것이다. 문제는 밀크의 행동이 옳았는지가 중요했다. 밀크가 살아가는 동안 가장 중요하게 여기고 가장 희망을 품었던 길을 향했느냐가 중요했다.

하비 밀크가 모든 세상 사람에게 편협성이나 위험성만 찾고자 했다면 트럭 운전자 조합원들과 연대하여 시위를 벌이지 않았을 것이다. 밀크는 분명히 그 누구에게도, 그 무엇에도 희망을 찾을 수 없었을 것이고 사람들에게 희망을 줄 수도 없었을 것이다. '열방의 의인'이라는 명예로운 칭호를 받은 작가 코리 텐붐뿐만 아니라 심리학자 에디트 에바 에거가 글로 남겼듯이, 우리 각자의 내면에는 히틀러와 같은 잔혹성이 있다. 우리는 어떤 면을 드러내려고 하는가? 그리고 다른 사람에게서 어떤 면을 보려고 하는가?

남아프리카에서 오랜 수감 생활을 하는 동안 간디는 샌들을 만들며 시간을 보낸 적이 있었다. 1914년에 아프리카를 떠나 인도로 갔을 때 그는 그 샌들 중 한 켤레를 남아프리카 연방의 수상인 얀 스뮈츠 장군에게 주었다. 간디를 직접 감옥에 보낸 적도 있는 얀 스뮈츠 장군은 수없이 많은 문제로 간디와 복잡하게 얽혔던 인연이 있었다.

두 세계대전에 모두 참전하기도 했던 스뮈츠는 당대의 주요 정치인이었다. 그런 스뮈츠가 간디에게 샌들을 받고 그 샌들을 신기 시작하면서부터 간디에 대해 다르게 생각하기 시작했다. 그는 간디의 품위와 도덕적 소명과 용기에 대해 생각했다. 간디가 일흔 번째 생일을 맞았을 때 스뮈츠는 샌들을 간디에게 돌려주며 심정을 고백했다. "나는 그 이후로 여름이 될 때마다

이 샌들을 신었습니다. 물론 그토록 위대한 사람의 입장에 설 가치가 없다는 생각이 들기도 했습니다."

초기에 스뮈츠는 인도인을 차별하고 착취하는 제도에 공모했으나 이후에는 인도인의 입장을 대신하여 가치 있는 일을 했다. 그는 국제연맹을 창설하는 데 중요한 역할을 했고, 20년 후에는 유엔헌장의 초안을 작성했다. 또 홀로코스트 이후 유대인이 고국을 찾을 수 있도록 도와주었다. 스뮈츠는 "자신을 구원하고 낡은 사고방식과 무의미한 생각에서 벗어나게 해준 사람", 자신을 비롯한 모든 인류에게 "선행에 지치지 않도록 영향을 끼친 사람"은 바로 간디였다고 말했다.

인도의 독립 후 최초의 보건 장관이 된 암릿 카우르에게 간디는 이런 편지를 보냈다. "인간애를 결코 잃어서는 안 됩니다. 인간애란 바다와 같습니다. 바다의 몇 방울이 더럽다고 해서 바다 전체가 더러워지지는 않습니다." 간디는 그렇게 카우르에게 용기를 주면서 자기 자신도 돌아보았다.

간디의 철학에는 다른 사람을 향한 선량함이 있다. 간디는 그 누구와도 소통하지 못할 사람이 없었고, 어느 누구도 이해받지 못할 사람이 없다고 여겼다. 비폭력 운동은 바로 이런 철학에 바탕을 둔 저항이었다. 또한 이런 간디의 철학은 영국인들에게 효과가 있었다. 이들은 대영제국이 식민주의 건설로 거둬들인 그 모든 부와 자신의 행동을 되돌아보고 그들 자신의 탐욕과 잔혹함에 부끄러워했기 때문이다. 그리고 부끄러움을 충분히 깨달은 영국인들은 변화했다. 무엇보다 더 좋은 사람이 되려고 노력했다.

간디가 인간에 대한 믿음을 잃을 이유는 수없이 많았다. 시민권운동가와 여성참정권 운동가도 모두 마찬가지다. 그들은 날마다 최악의 사람을 목격했다. 그러나 그들은 그런 일을 그냥 넘겼다. 자신의 대의를 이루는 데 집중하고 상대의 인류애에 계속 호소하며 믿음을 잃지 않았다. 그래서 다른 많은 사람이 상대의 인류애를 꽤 그럴듯한 이유를 대며 포기할 동안 이들은 그러지 않았다.

이 운동가들의 인류애에 대한 믿음은 긍정적인 시선과 용기 있는 저항을 통해 계속 이어졌다. 그리고 이들은 자신들의 진심을 전하여 잔인한 압제자에게서 인류애를 끌어내기도 했다. 우리는 다른 사람의 선량함을 그냥 기대하지 말고 찾아내야 한다. 그 선량함은 아무리 가려져 있어도 누구에게든 존재하기 때문이다. 마르쿠스 아우렐리우스가 설명했듯이 잘못을 저지른 사람이든, 낯선 사람이든, 그들은 모두 우리와 마찬가지로 비슷한 본성이 있다. 그리고 모두 우리와 마찬가지로 삶에서 중요한 역할을 하는 선량함이 있다.

마르쿠스는 오랜 친구인 카시우스가 자신을 배신한 경험을 자신이 지도자로서 성장할 기회로 품위 있게 활용했다. 우리 모두는 머지않아 죽을 존재이지만, 그 누구도 우리에게 상처를 주지 못하며 정의와 선을 추구하는 능력을 바꾸지 못한다고 마르쿠스는 스스로 깨우쳤다.

미키 슈워너는 흑인 유권자 등록을 촉진하기 위한 '프리덤 서머 운동' 기간에 미국 남부로 갔던 유대인 출신의 젊은이였다. 교사였던 슈워너는 흑인 유권자들을 등록시키고 그들에게 직업을 구해주려고 했다. 이런 이유로 슈워너는 경찰에게 짐승 취급을 당했고 결국 납치되어 총으로 위협받는 채로 어두운 시골길로 끌려갔다. 슈워너는 고문과 죽음에 직면하며 세상의 마지막 순간을 맞았다. 그때 한 납치범이 슈워너를 붙잡고 물었다. "흑인을 두둔한 게 맞지?" 그러자 슈워너는 그의 눈을 똑바로 쳐다보며 마지막 말을 던졌다. "당신의 심정을 알 것 같군요." 그 살인자들은 슈워너를 선동가이고, 인종 반역자이고, 공산주의자이며, 또한 삶의 방식을 파괴하려 하고 신을 믿지 않는 이단자라고 중얼거렸다.

그 후 미국의 작가 윌리엄 브래드퍼드 휴이는 슈워너를 살해한 남자 한 명과 대면한 적이 있었다. 살해범들은 슈워너와 다른 두 명의 운동가들을 살해하고 절대 발견되지 않도록 한 제방 안에 시신들을 묻었다. 휴이는 설명했다. "사실 슈워너는 자신을 무신론자라고 칭했습니다." 살해범이 물었다. "그가 그랬나요? 그가 아무것도 믿지 않았다고요?" 그러자 휴이는 이렇게 대답했다. "아니요, 그는 무언가를 믿었어요. 독실하게 믿었죠." "그는 무엇을 믿었습니까?" 살해범의 물음에 휴이는 이렇게 대답했다. "그는 당신을 믿었어요." 당황한 살해범이 말했다. "나를 믿었다니! 도대체 무슨 말을 하는 거요?" 휴이는 이렇게 설명했다. "네, 슈워너는 당신을 믿었어요. 그는 사랑이 증오를 이길 것이라고 믿었어요. 그는 사랑이 당신도 바꿀 수 있다고 믿었어요. 그는 당신이 가망이 없다고 생각하지 않았어요. 그래서 그가 죽임을 당한 겁니다."

대부분의 시간을 실망과 좌절로 보내는 사람이 많다. 그래서 하비 밀크가 죽임을 당한 것이다. 한 사람에게 찾아낸 선량함이 그와 함께 존재하는 어둠이나 잔혹성에 비하면 흐릿할 때도 있다. 그래서 선한 일을 행하는 사람은 용서와 희망으로 고통을 받을 수도 있다. 좋은 결과로 이어지는 보상이 없더라도 선의의 이해와 용서와 희망의 끈을 놓지 말고 계속 가져가야 한다. 사람들이 변하지 않으리라는 생각은 부질없다. 과거의 잘못을 떠올리며 그 사람이 나쁘다고 단정할 필요도 없다. 그런 생각은 우리가 더 이상 노력하지 않는다는 의미이기 때문이다. 또한 변화란 불가능하고 정의가 더 이상 실현되지 않는다는 의미이기 때문이다. 〈놀라운 은총(Amazing Grace)〉이라는 찬송가를 한번 살펴보자.

놀라운 은총이여, 그 소리 얼마나 감미로운가!
나 같은 몹쓸 놈을 구하여 낸 그 소리
나 한때 길을 잃었으나 이제는 찾았고,
한때 눈이 멀었으나 이제는 볼 수 있게 되었네

이 찬송가를 지은 존 뉴턴은 상처도 많고 결점도 많은 사람이었다. 뉴턴은 자신의 의지와 관계없이 영국 해군으로 징집되었고 그곳에서 뉴턴은 구타와 채찍질을 당하는 등 학대를 받았다. 그로 인해 잔인한 징집자가 된 뉴턴은 끊임없이 항해하는 노예선의 선장이 되어 이런 학대를 되갚는 삶을 살았다.

구제할 수 없을 정도로 의지가 무너졌거나 악랄한 이라는 꼬리표가 붙는 등 어떤 사람을 포기할 이유는 많다. 그러나 뉴턴은 결국 열성적인 노예제도 폐지론자가 되었다. 토머스 클라크슨이 주도한 노예제도 폐지 운동의 주요 일원이 된 뉴턴은 실질적 변화를 끌어냈을 정도로 중요한 협력자로 헌신했다.

세상 사람들은 우리가 예상하는 것보다 더 나쁘다. 그런 한편으로 우리가 이해할 수 있는 것보다 더 선하다. 그런 이유로 위험을 무릅쓰고라도, 우리는 댄 화이트 같은 사람을 포기할 수 없다. 효과가 없더라도 말이다. 아니, 효과가 있는 그 시기를 잃고 싶지 않기 때문에 포기하지 않는다. 희망과 인내와 신념으로 우리는 더욱 선한 사람이 될 수 있기 때문이다.

11

마지막까지 최선을 다해

레굴루스는 스스로 다시 포로가 되어 카르타고로 돌아갔다. 수년 만에 사랑하는 조국의 땅을 밟은 레굴루스는 겨우 며칠만 머물다가 슬퍼하는 가족을 두고 적국으로 다시 돌아간 것이다. 그러나 카르타고는 약속을 지킨 레굴루스의 경탄할 만한 신념을 존경하기는커녕 관대하게 대우하지도 않았다. 그들은 레굴루스를 죽을 때까지 고문했다.

레굴루스는 그들이 그렇게 하리란 걸 알고 있었다. 레굴루스의 처형에 관한 가장 인도적인 이야기는 십자가에 못 박히는 형벌을 당했다는 것이었다. 그리고 최악인 버전은 레굴루스가 정신을 잃을 때까지 잠을 잘 수 없게 했는데, 코끼리에게 짓밟혀 죽고 나서야 그 고통이 끝이 났다는 이야기였다.

레굴루스는 기꺼이 카르타고로 돌아갔을 때 이런 '명백한 파멸'이 자신을 기다리고 있다는 사실을 확신했다. 그럼에도 레굴루스는 약속을 지켰다. 간디가 사랑하는 아내의 장례를 치르기 위해 일주일을 보낸 후 다시 감옥으로 돌아간 이유와 같다. 물론 이들은 도망갈 수도 있었다. 그랬다면 더 좋았을 수도 있다. 그러나 그렇기 때문에 이들은 도망가지 않았다.

로마를 대표했던 레굴루스의 약속은 자신의 문제로 끝나는 일이 아니었다. 그는 이런 말을 남겼다. "이런 행동에 대한 이유는 다양하오. 그러나 가장 중요한 이유는 내가 약속을 지키면 나 혼자만 화를 입을 테지만, 내가 약속을 어기면 로마 전체가 곤란해지기 때문이오." 레굴루스는 그 대가를 후대의 로마인에게 넘기지 않고 기꺼이 고통을 짊어지기로 했다.

여성참정권 운동가 에밀리 데이비슨은 투옥을 견디며 거의 죽을 정도로 이어진 단식투쟁을 감행했고, 급기야 여성참정권 확보의 절박함을 알리기 위해 국왕 소유의 말에 뛰어드는 정치적 희생을 마지막으로 사망했다. 데이비슨은 이렇게 설명한 적이 있었다. "나는 신중하게, 그러나 내 모든 힘을 다해 투쟁했습니다. 인간의 생명을 희생하는 것으로 국가가 우리 여성들이 직면하는 끔찍한 고문을 깨닫게 되리라 생각했기 때문입니다."

미국의 제38대 대통령 제럴드 포드는 재선의 기회를 망치기를 바라지 않았으나 관용과 화해의 원칙으로 워터게이트사건에 책임을 지고 물러난 리처드 닉슨을 사면해야 한다는 사명감을 느꼈다. 닉슨이 특별히 고마워하지도 않았고 유권자가 그런 희생을 특별히 이해하지도 않았다. 그러나 포드는 희생을 치렀다. 포드의 결정은 후임자인 지미 카터가 대통령 직권으로 베트남전 징집 거부 기소자를 사면했던 일과 마찬가지로 희생을 치르는 은총의 순간이었다.

미국의 건국자 중 한 사람인 토머스 넬슨 지휘관은 1781년 요크타운에서 영국 침략자들이 가까이 오는 모습을 확인했다. 사격 명령이 떨어지자 넬슨은 망설이지 않고 포수들에게 해안가 근처의 위풍당당한 저택을 조준하라고 지시했다. 그리고 목표물을 명중시키는 사람에게 5기니를 보상으로 제시했다. 그러나 포병들 중 그 누구도 지휘관이 사실상 자기 저택을 조준하고 파괴하라고 명령했다는 사실을 아는 사람은 없었다.

조금의 희생이, 때로는 많은 희생이, 어떤 경우에는 모든 것의 희생이 필요할 때도 있다. 북극성이 있다면 우리가 무엇을 해야 하는지 명확해진다. 자아가 강하면 이타심을 발휘할 수 있다. 고통이나 희생이 뒤따르더라도 말이다. 물론 자아가 명확하다고 해서 그런 희생을 쉽게 할 수 있는 건 아니다.

인간이라면 누구나 그렇듯 레굴루스도 자신을 의심했을 것이다. 극심한 고문의 고통에 시달릴 때나 고통스러운 운명을 안고 적국으로 돌아가는, 길고 외로운 여정만을 뜻하는 게 아니다. 누구에게나 있을 수 있는 상충하는 의무들과 씨름하면서 사색하는 고통스러운 순간 속에서도 스스로를 확신하지 못했을 것이다. 일과 가족과 조국과 명예가 늘 일치하지는 않기 때문이다.

레굴루스는 로마로 돌아온 후 처음 며칠 동안은 아내를 만나지 않기로 맹세했을 정도로 모질고 독했다. 자신이 사랑을 의무보다 더 중요하게 생각할 것을 알았기 때문이다. 자식들이 그의 다리에 매달렸을 때, 친구들이 조국에 머무른다고 비난할 사람이 아무도 없으니 적국으로 돌아갈 필요가 없다고 말했을 때 레굴루스의 심정은 어땠을까?

그러나 어쨌든 레굴루스는 떠났다. 세네카의 말처럼, 그 끔찍한 죽음 이후에도 기회가 주어진다면 레굴루스는 똑같은 행동을 했을 것이다. 어쩌면 카터와 포드와 킹과 간디도 그랬을 것이다. 세네카는 레굴루스를 비참하지 않을 뿐 아니라, 행복한 사람이라고 칭하며 이렇게 말했다. "레굴루스가 그런 대가를 치르며 미덕을 행한 일을 정말 후회하지 않는지 알고 싶은가? 레굴루스를 십자가에서 풀어주고 원로원으로 다시 보낸다고 하더라도 그는 똑같은 행동을 할 것이다." 마틴 루서 킹은 자신의 헌신에 대해 이렇게 설명했다. "나는 내 목숨을 끊지 않을 테지만 내가 옳다고 생각하는 일을 위해서는 내 삶을 기꺼이 바칠 것입니다."

용기 있게 나서는 내부 고발자는 대부분 그 혜택을 누리지 못한다. 오히려 이들은 소송비용으로 많은 돈을 지불하고 직업을 잃고 수년 동안의 삶을 소모한다. 레굴루스는 자신이 헌신한 과업의 혜택을 누리려고 하지 않았으나 그의 동포들은 몇 세대에 걸쳐 그 혜택을 누렸다. 레굴루스의 적들도 그 혜택을 경험했다. '로마인의 목숨을 건 약속은 믿을 수 있다'라는 표현은 사람들에게 그냥 전해지는 말이 아닐 것이다.

영국은 노예제도를 폐지한 후 그다음 반세기 동안 국내총생산의 약 2퍼센트라는 대가를 치렀다고 한다. 그 규모는 최대 수조 달러에 상당하는 수치였고 영국 정부는 2015년 말까지 계속 대가를 지불하고 있었다. 그러나 돌이켜 보면 대가를 치를 다른 방도가 있었을까? 다른 방도가 있다고 할지라도 그 방법은 주의해야 할 대가였을 것이다. 오스카 와일드는 『도리언 그레이의 초상』에서 이기심의 대가에 관해 우리에게 이렇게 일깨우고 있다. "회한이나, 고통 그리고…. 그래, 타락에 대한 자각으로 대가를 치를 걸세."

우리의 선행, 우리가 치르는 희생은 인정받을 수도 있다. 아니면 인정받지 못할 수도 있다. 어쩌면 사람들이 그런 희생을 이해할 수도 있고, 이해하지 못할 수도 있다. 그러나 우리가 행하는 선행이나 희생은 인정받기 위해, 이해받기 위해 하는 일이 아니다. 그저 우리에게 의존하는 사람들을 위해 하는 일이다.

우리는 보상을 추구하는 것이 아니다. 사람들이 깨달았을 때 우리가 곁에 없을 수도 있다. 우리가 선행을 실천한다는 그 자체만이 중요할 뿐이다.

하비 밀크의 이타심은 사람들에게 희망을 주려고 노력한 것에 그치지 않았다. 물론 밀크가 죽음에 기꺼이 마주한 것도 세상을 위한 일이었지만 말이다. 밀크의 마지막 선택은 이타적으로 베푸는 행동이었다. 밀크는 사망했을 때 자신의 요청대로 장기를 기증했다. 이런 장기기증은 우리 모두가 실천할 수 있는 실현 가능한 일이고 우리가 죽어서까지 베푸는 기회가 되는 일이다.

밀크가 은둔하는 동성애자들을 밖으로 나오게 하여 자살에서 구원하지 않았더라도, 또한 밀크가 근본적으로 다른 생활 방식과 신념들 사이에서 평화와 조화를 이루기 위해 노력하지 않았더라도, 이 마지막 선택만으로도 밀크는 여전히 영웅이며 희망과 행복을 주는 사람이다.

크고 작은 일에 선행을 베풀고 우리가 할 수 있는 일에 헌신한다면 우리는 자신보다 다른 사람들을 더 소중하게 여기며 살아갈 수 있다. 우리 삶보다 옳은 일을 더욱 소중히 여기는 일, 마지막까지 최선을 다해 헌신하는 일, 그것이 바로 우리가 추구하는 사명이고 그것이 바로 정의다.

12

사랑만이 늘 승리한다

미국의 급진파 흑인 해방운동가인 맬컴 엑스는 늘 화난 사람 같았다. 신문 기사에서는 맬컴 엑스를 미국에서 가장 화난 사람이라고 비평했고 맬컴 엑스도 그런 비평을 부인하지 않았다. 그가 항상 화난 사람 같았던 이유는 그의 삶 속에서 완벽하게 이해할 수 있다. 맬컴 엑스는 당시 미국의 끔찍한 인종차별을 직접 느끼기 전부터 가난 속에서 태어난 사람이다. 맬컴이 겨우 여섯 살 때 아버지는 잔인하게 사망했다. 그 후 범죄자들의 암흑가로 빠져든 맬컴은 축축하고 어두운 감옥에서 여러 해를 보냈다.

인종차별은 늘 존재하는 일이었다. 그가 열세 살이었던 8학년 때 담임 교사가 맬컴에게 살면서 무슨 일을 하기를 원하느냐고 물었다. 영리하고 말솜씨가 좋았던 맬컴은 교사에게 변호사가 되기를 원한다고 대답했다. 교사는 맬컴에게 이렇게 말했다. "넌 깜둥이라는 사실을 현실적으로 받아들일 자세가 필요해. 깜둥이에게 변호사는 실현 가능한 목표가 아니야." 맬컴이 존경했던 이 교사는 맬컴의 열정을 가슴 아프게 꺾어버렸다.

불행과 잔혹함에 시달리는 삶을 상상해 보라. 수많은 굴욕과 실망을 안고 살아가는 삶을, 합법적인 이류 시민으로 부당한 대우를 받는 세상을, 늘 존재하는 폭력과 죽음이 위협하여 모든 일을 강요받는 세상을 상상해 보라. 그래서 맬컴은 화가 났다. 그래서 증오가 생길 수밖에 없었다. 오스카 와일드는 어두운 감방에서 이런 글을 쓴 적이 있었다. "가장 끔찍한 일은 감옥이 사람의 마음을 아프게 하는 것이 아니라, 마음을 돌로 만든다는 것이다." 맬컴이 감옥에서 깨달았던 사실도 이와 다르지 않았다. 마음은 아프기 마련이었다. 맬컴 역시 "부당한 침해로 인한 정말 끔찍한 일은 마음을 돌로 만드는 것이다"라고 말했다.

맬컴은 감옥에서 책을 읽기 시작했다. 철학과 역사 분야의 책을 읽은 맬컴은 영국에서 공부한 간디처럼 지식을 모두 흡수했다. 그러나 간디도 알고 있었듯이 이런 모든 배움에는 위험이 잠재되어 있었다. 사람들이 지식을 습득할 때 갖고 있던 어떤 환상이 깨질 수 있기 때문이다. 간디는 삶에서 무엇이 가장 걱정되느냐는 질문을 받았을 때 "교육받은 사람들의 냉정한 마음"이라고 간결하게 대답했다. 맬컴은 책을 통해 사람들이 수백

년 동안 그의 동포에게 무슨 짓을 해왔는지를 깨닫게 되었고 정확히 그 냉정한 마음을 갖게 되었다.

맬컴은 흑인의 우월성을 주장하는 과격파 흑인 무슬림 단체인 '네이션 오브 이슬람'의 일원이 되었다. 이 단체가 내세우는 '백인은 악마다'라는 주장은 그가 겪은 모든 경험과 그가 습득한 모든 지식에서 진실처럼 느껴졌다. 맬컴이 이후에 회고했듯이, 그는 그 개념에 감응하여 12년 동안 흑인들에게 그 말을 전파하는 데 헌신했다. 감옥에서 출소한 맬컴은 네이션 오브 이슬람에서 빠르게 지위가 올랐고, 당대의 가장 도발적이고 열정적인 연설자 중 한 명이 되었다. 그러나 마틴 루서 킹과 달리 맬컴의 메시지는 폭력적이고 매우 신랄했으며, 희망이 아닌 분노에 이끌린 것이었다.

1961년 맬컴은 최악의 상황에 부딪혔다. 맬컴은 네이션 오브 이슬람이 지도자인 일라이자 무하마드의 명으로 백인우월주의 비밀결사 단체 KKK와 협력을 논의하고 있다는 사실을 알게 되었다. 말하자면 근본적으로 다른 두 개의 세계관이 말굽의 편자 양 끝에 각각 위치한 듯 놀라울 만큼 가까워진 것이다. 문제는 그 일로 맬컴이 이러지도 저러지도 못하는 곤란한 상황에 빠져버린 것이다. 맬컴은 자신의 증오에 서서히 먹혀들었을 뿐 아니라 그 증오로 인해 네이션 오브 이슬람 활동도 무력해졌다. 물론 네이션 오브 이슬람은 당시 미국의 인종차별정책에 맞서 설득력 있는 주장을 하며 나섰다. 그러나 이들은 인종차별정책에 맞서 백인 전용 간이 식당에 앉아 연좌시위도 벌이지 않았다. 그들은 강력히 대항할 것이라는 주장에도 불구하고 실제로는 투쟁이나 전쟁을 벌이지 않았다. 그들의 정의로운 분노는 사리사욕을 채우고 여자 꽁무니만 쫓아다니는 일라이자 무하마드에게 배반당했다.

마르쿠스 아우렐리우스는 『명상록』에서 이런 글을 남겼다. "빛을 받아들이지 못한다면 어둠만이 생겨난다." 사랑과 희망을 스스로 차단한다면 당연히 우리는 사랑과 희망을 경험하지 못한다. 성경에는 "마음이 완고한 자는 재앙에 빠지리라"라는 가르침이 있다. 증오로 마음을 굳힌다면 결국 자신의 어둠을 만들어낼 수밖에 없다.

맬컴 엑스는 스스로 덫에 빠져버렸다. 대부분 그보다 훨씬 덜 심각한 상황에 있어도 그와 똑같은 행동을 한다. 그러나 우리는 어둠을 밀어내고 사랑을 받아들일 수 있다. 간디가 삶이 끝날 무렵에 어디에 있었는지 생각해 보라. 거의 80년 동안 불의와 투쟁하고 마침내 인도의 독립을 이뤄냈을 때 간디는 자신이 상상조차 할 수 없었던 규모의 폭력을 알게 되었다. 간디의 오랜 협력자들은 인도의 승리를 안겨준 독립 세력을 포기하고 말았다. 간디의 동포들은 서로 부딪쳤고 말 그대로 간디의 집 앞까지 폭력을 끌고 왔다.

간디 또한 절망하고 포기할 이유가 충분히 있었을 것이다. 간디는 맬컴보다 더 화를 냈을 수도 있고 또 그래야 했을 수도 있다. 그러나 그는 대의를 지켰다. 그래서 간디의 삶에서 마지막 날들은 더욱 아름답고 완벽했다. 간디는 이런 글을 남겼다. "본질적으로 대의란 헛된 일로 평가될 수 없다." 간디는 계속 마음을 열고 사랑하고 베풀었다. 간디의 그 마지막 가르침은 가장 훌륭한 성취였다.

맬컴 엑스가 자신이 설파한 폭력으로 죽었다는 점을 고려하면 맬컴의 이야기는 비극으로 끝났거나 그가 냉정한 마음으로 이 세상을 떠났다고 오해할 수도 있다. 그러나 그 반대이다. 서른아홉의 나이로 네이션 오브 이슬람에서 탈퇴했으나 신념이 흔들리진 않았던 맬컴은 메카를 방문했다. 그곳에서 맬컴은 고통과 분노를 내려놓고 마음을 열었다. 그리고 세상에서 사라졌다고 생각했던 빛을 받아들였다.

맬컴은 세계 지도자들과 보통 사람을 똑같이 대했다. 맬컴은 기독교도와 이슬람교도를 만났고 그를 존중해 주는 백인도 만났고 같은 신념을 공유하는 사람도 만났다. 맬컴은 모두가 인종차별주의자가 아님을 처음으로 깨달았다. 또한 세상은 '만인의 만인에 대한 투쟁'이 이루어지는 곳이 아니라 대부분의 사람이 최선을 다해 노력하는 곳이고, 세상에는 그의 생각보다 더 많은 사랑이 있다는 사실도 처음으로 깨달았다.

맬컴은 집으로 이런 편지를 썼다. "다른 사람의 선전 운동은 이제 지긋지긋합니다. 나는 진실을 간절히 바랍니다. 누가 그 진실을 말하느냐는 중요하지 않습니다. 나는 정의를 간절히 바랍니다. 그 정의가 누구를 위한 것이고 또 누구에게 반하는 것인지는 상관이 없습니다. 나는 무엇보다 먼저 하나의 인간입니다. 그래서 인간을 위한 일이라면 누구든, 무엇이든 그것을 따를 것입니다." 맬컴은 메카에 다녀온 후 삶이 확장되었다. 친구의 범위도 기독교도, 유대인, 불교도, 힌두교도, 무신론자까지 포용할 정도로 넓어졌다. 맬컴은 이후 이렇게 회고했다. "진정한 이슬람교는 종교적, 정치적, 경제적, 심리적, 인종적 요소와 특성이 모두 인간의 가족과 사회를 완벽하게 만들기 위한 것임을 내게 가르쳤다."

맬컴은 이런 경험으로 더 넓어진 관점을 갖고 1964년에 할렘가로 돌아왔다. 처음에 범죄자로, 그 이후에는 분노의 설교자로 할렘가에 간 적이 있었다. 그가 사망하기 약 3개월 전이었던 마지막 날들은 맬컴의 메시지가 완전히 달랐다. 맬컴은 이렇게 말했다. "인류가 모든 것을 창조한 유일신에게 복종할 때에만 비로소 평화에 도달할 수 있습니다. 그토록 많은 말을 했으나 실천은 거의 찾아볼 수 없었던 그 평화 말입니다." 맬컴은 증오에서 걸어 나와 빛으로, 사랑으로 향했다. 그리고 맬컴은 인종 분리주의의 고통에서 벗어나 인권과 인간의 통합이라는 개념을 수용했다. 불의에 맞서 싸울 때 쉽게 마음이 냉정해지고 거칠어지며 무너질 수 있다. 니체도 괴물과 싸우는 사람은 스스로 괴물이 되지 않도록 조심해야 한다고 말했다.

맬컴은 완벽하지 않았다. 맬컴은 반유대주의 같은 오랜 신

넘을 모두 버릴 시간이 없었다. 그러나 악과 증오에 빠져 있던 맬컴이 모든 것을 목격하고 경험한 후 삶의 마지막에 가까스로 그 굴레에서 벗어났다는 사실은, 우리가 완벽한 인간이 아니어도 된다는 희망을 남긴다.

비열한 놈들이 우리를 비열한 놈으로 만들도록 내버려둘 수 없다. 비인간적 행위가 우리의 인간성을 앗아가도록 둘 수 없다. 어둠이 우리를 어둠으로 내몰도록 둘 수 없다. 우리가 늘 빛의 전달자로 열려 있지 않으면 세상은 매우 어두워질 것이고 우리도 어둠으로 물들게 될 것이다.

미국의 작가 제임스 볼드윈은 이렇게 썼다. "많은 것을 파괴할 수 있는 증오는 증오하는 자들을 망치는 데 실패한 적이 없다. 이 사실은 불변의 법칙이다." 한편 사랑은 지켜주고 신뢰하고 희망하며 인내한다. 그리고 실패하지 않는다. 사랑은 늘 승리한다. 사랑은 분명히 더 좋은 삶의 방식이다.

우리 마음은 성장하고 있는가, 퇴보하고 있는가? 타인을 위한 우리의 사랑과 동정심과 인간적 관계는, 더 나은 미래를 위한 우리의 희망은 성장하고 있는가, 퇴보하고 있는가? 마음은 근육과 같아서 단련하기만 하면 강하게 만들 수 있다. 차가워지지 않으며 그 어떤 상황에서도 모든 것과 모든 사람을 사랑할 정도로 강하게 만들 수 있다. 마음이 강할 때만 세상을 포용할 수 있다.

13

젊은이를 위해 다리를 놓는 일

미국의 흑인 작가 랠프 엘리슨은 어느 날 저녁 식사를 마친 후 하버드대학교의 한 건물 안을 걷고 있었다. 그러다가 우연히 위를 올려다보게 된 엘리슨은 대리석에 새겨진 긴 이름들을 발견했다. 엘리슨은 이렇게 말했다. "그 이름들의 중요성을 거의 깨닫지 못했지만, 그 충격은 어떤 번민을 불러일으켰습니다. 그 곤란함과 혼란함이 느껴지자 내 안의 무언가가 반발하며 '안 돼!'라고 외쳤습니다. 지금의 내가 자유로울 수 있도록 목숨을 바친 하버드대학생들 앞에 서 있다는 것을 깨달았기 때문입니다."

그가 있는 곳은 하버드 기념관이었다. 엘리슨이 본 이름은 모두 미국 남북전쟁에 참전하여 마지막까지 최선을 다해 헌신한 사람들이었다. 그들은 '모든 사람은 평등하다'라는 생각으로 꽃다운 청춘에 자신들을 희생시켜 엘리슨의 조부모를 비롯한 동포를 노예제도로부터 자유롭게 해주었다.

물론 노예제도 폐지를 위해 목숨을 바친 희생자의 중요성을 엘리슨이 인식하지 못했던 이유는 충분히 있었다. 엘리슨은 가난과 인종차별 속에서 태어났고 어린 시절에 인종 폭동이나 무차별 린치 등 흑인을 차별하던 시대에서 비롯된 끔찍한 부당함을 모두 경험했기 때문이다. 게다가 엘리슨은 자신의 방식대로 인종차별정책에 맞서 투쟁하고 문학의 위대함을 달성하며 열심히 자기 삶을 살아가고 있었다. 그래서 엘리슨이 그 기념관에서 얻은 깊은 충격은 이전에 미처 도달하지 못했던 역사에 대한 이해, 다시는 그를 떠나지 않을 '빚이 있다'는 사실을 깨달은 자의식이었다.

그들은 용감하게 대양을 건넜거나 옥고를 치렀거나 두려움에 떨면서도 기꺼이 거대한 전쟁터로 뛰어들었다. 또 그들은 때를 기다리고 받아들였으며 희망을 잃지 않고 인내했다. 그들 중 누군가는 사람들이 상실감에 빠지면 위로해 주었다. 또 누군가는 사람들이 약해지면 돌봐주었다. 그리고 누군가는 사람들을 지원해 주기 위해 오랜 시간을 헌신했다.

그들 중에는 길을 개척하거나 경제를 발전시킨 사람도 있었고, 전쟁 후 사람들을 살리기 위해 헌신하거나 불의에 맞서 저항한 사람도 있었다. 또 새로운 것을 창조해 내거나 법을 통과시키고 제도를 만들어낸 사람도 있었다. 이들은 모두 지금의 우리를 위해 그런 일을 했다.

누군가가 대가를 바라지 않고 건넨 선의로 우리는 선물을 받는다. 아무도 우리에게 그 은혜를 갚으라고 하지 않았기 때문에, 우리의 조상이 보상을 바라지 않고 베풀었기 때문에 그 은혜는 여전히 빚으로 남아 있다. 숭고한 정신이 담긴 정말 아름다운 빚이다.

미국의 정치인 태미 더크워스는 자신이 조종한 블랙 호크 헬리콥터가 로켓포에 격추되었을 때 두 다리를 잃었다. 더크워스의 생명을 구한 사람은 바로 그의 동료들, 부조종사 준위 댄 밀버그, 사수 커트 한네만, 병장 크리스 피어스였다. 이들은 자신들 또한 부상을 입었으면서도 더크워스의 몸을 헬기 잔해에서 빼내기 위해 갖은 애를 썼다. 서둘러 병원으로 수송된 더크워스는 생사의 고비를 넘나들며 며칠 동안 수술을 받았고 또 수년 동안 재활치료를 받아야 했다. 그리고 마침내 회복된 더크워스는 미국의 재향군인부에서 일하기 시작했고, 이후에는 미국의 상원의원이 되었다.

잃어버린 두 다리에서 때로는 통증이 느껴지는 듯 환각지에 시달리면서도 더크워스는 자신에게 빚이 하나 있다고 생각했다. 그는 그 빚을 이렇게 설명했다. "나는 매일 다짐합니다. 동료가 나의 목숨을 구한 사실을 후회하지 않는, 그런 삶을 살아가겠다고 말입니다."

"내가 죽은 뒤에 홍수가 나든 말든 무슨 상관인가"라는 말을 자기 삶의 태도로 표방했던 프랑스 왕이 있었다. 이런 표현은 오늘날 흔히 "나도 죽을 것이고 당신도 죽을 텐데, 왜 나중에 생길 일에 신경을 쓰는가?"라는 무책임한 말과 다름이 없다.

방관자나 무책임한 자로 살아가는 이유는 다른 누군가가 그 일을 떠맡으리라고 생각하기 때문일까? 그 일은 우리의 일이다. 과거로부터 받은 은혜를 갚고, 선행을 나누며 살아갈 시간이 우리에게 주어졌다. 오래전의 세대가 과거보다 더 나은 삶을 선사했듯 미래세대가 어떻게 살아갈지는 우리에게 달린 문제다. 다음 세대로 이어질 횃불의 행렬에 불을 밝히기 위해서 우리에게는 횃불을 전달할 임무가 있다.

정치가이자 스토아 철학자인 리로이 퍼시가 설명했듯이 우리는 세상을 더 살기 좋은 곳으로 만들 의무가 있지만 "그 결과는 무한히 미미할 것"이라는 점을 기억해야 한다. 간디는 살아생전에 영국이 인도에서 물러나는 것을 볼 것이라 확신하지 않았고, 사티아그라하가 개개인에게 성과를 거둘 것이라 기대하지도 않았다. 그러나 간디는 각자가 작은 돈을 모을 수 있고, 그 돈을 모두 합치면 더 나은 미래를 살 수 있다고 믿었다.

아이들은 우리가 심은 나무 그늘에서 쉴 수 있고, 그 나무의 과일을 먹을 수 있으며 나무가 내뿜는 신선한 공기를 마실 수 있다. 처음으로 시민권운동에 나왔다고 말하는, 한쪽 다리를 저는 78세의 한 시위자는 이렇게 말했다. "내 아버지가 이런 일을 했더라면 나에게 훨씬 좋은 세상이 되었을 겁니다." 우리에게는 다음 세대가 이런 말을 하지 않아도 되는 세상을 만들 힘과 시간이 있다. 미래세대가 실망하지 않도록 말이다. 독일의 신학자 디트리히 본회퍼는 이렇게 썼다. "한 사회의 도덕성은 그 사회가 아이들에게 무엇을 해주는가를 보면 알 수 있다."

세상을 더 좋은 곳으로 만들기 위해 거대한 운동을 이끄는 지도자가 될 필요는 없다. 한 사람을 돕는 일, 관대하고 충실하게 사는 일, 약속을 지키는 일, 절망한 사람도 포기하지 않고 지원해 주는 일, 협력하고 용서하는 일은 사회적 지위가 높아야만 가능한 것이 아니다. 두 번째 산을 선택할 수 있다. 초심을 잃지 않고 끊임없이 다시 시작하여 큰 문제를 해결할 수 있다.

마지막 여행길에 오른 한 노인에 관한 시가 있다. 노인은 거친 물살을 헤쳐 가까스로 다른 편에 도달한다. 그러나 노인은 가던 길을 계속 가지 않고 멈춘다. 그리고 그곳에서 다리를 만들기 위해 열심히 노력한다. 근처에 있던 또 다른 여행자가 노인에게 이렇게 물었다. "당신은 왜 이곳에서 다리를 놓느라 힘을 낭비하고 있는 겁니까? 당신은 이미 다리를 건너지 않았소." 다리를 놓던 백발노인이 고개를 들어 이렇게 말했다.

좋은 친구여, 내가 건너온 이 길에
지금 내 뒤를 따르는 이가 저기 있잖소.
저 젊은이의 발길이 이 길을 건너야만 하지요.

나에겐 별거 아니었던 이 협곡이

저 소중한 젊은이에게는 예기치 않은 위험이 될 수 있소.

그도 어스름한 어둠 속에서 건너야 하오.

좋은 친구여, 나는 그 젊은이를 위해 다리를 놓고 있다오.

어쩌면 그 다리는 우리가 살아 있는 동안에 완성되지 않을 수도 있다. 그 다리는 간디를 위한 것도 아니었고, 킹을 위한 것도 아니었다. 트루먼은 자신의 명성이 다시 높아질 것이라고 전혀 생각하지 못했을 것이다. 밀크도 마찬가지로 정말 많은 사람이 그의 자리를 대신하리라고 예측하지 못했을 것이다.

그러나 이런 평생의 과업은 삶에 의미를 주는 일이다. 선의의 빛으로 덮여 있는 그런 과업은 타인을 빛나게 하는 우리의 기쁨이다. 우리는 매우 많은 선의의 은혜를 입었고, 또 그 선의를 다른 사람과 나눌 수 있다. 희망이 가득한 미래는 그런 선의를 나누는 행동에 달려 있다.

지금 당장 옳은 일을 하라

지금보다 더 젊을 때에는 정의에 관한 책을 쓸 수 없었을 것이다. 더 정확하게 말하자면, 충분히 관심을 기울이고 정성 들여 썼을지 잘 모르겠다. 『정의 수업』은 스토아철학이 내 삶에 깊게 뿌리내린 지금에야 쓸 수 있는 책이라 생각한다.

처음 스토아철학에 이끌렸을 때 나는 일찍 일어나서 조깅하고, 잠재력을 실현하고, 자신의 감정을 통제하고, 자제력이나 불굴의 의지나 기개를 단련하는 일처럼 신체를 엄격하게 다뤄 정신을 수양하는 스토아철학의 실천법에 빠져들었다. 자신과 상관없는 일은 무시하고 평정심을 위해 애쓰며 나아가야 한다는, 내면의 성장을 이루는 주제에 깊이 파고들었다. 합법적으로 술을 마실 수 있는 나이가 된 후에 바로 상장회사의 마케팅 이사가 된 나는 회사의 비도덕적인 사람들을 위해 일하다가 25살에 『나는 미디어 조작자다』라는 책을 출간하여 그런 사람들을 폭로하는 길을 선택하게 되었다. 이때는 외골수의 성실함, 분주함, 야심, 투지 등 이 모든 것이 그야말로 혼연일체가 된 자기본위의 삶이었다.

더 좋은 사람이 되도록 가르치는 스토아철학을 알고 있었기에 나는 참 운이 좋았다. 스토아철학 덕분에 모진 풍파를 겪으면서도 나는 평온을 유지할 수 있었다. 세월이 흐르면서 나는 스토아철학의 더 깊은 교훈에 빠져들게 되었다. 모난 이야기를 쏟아내며 돋보이려는 마케팅에서 손을 뗀 것도, 스토아철학을 통해 내가 그런 일을 할 사람이 아니라고 명확하게 깨달았기 때문이다. 나를 아무리 부유하게, 그리고 영향력 있게 만들어준다 해도 이전의 길은 삶에 좋은 방향이 아니었다.

우리는 마르쿠스 아우렐리우스가 '공동선'을 중요하게 언급한다는 걸 알고 있다. 스토아 철학자의 실제 삶을 살펴보면 네로와 율리우스 카이사르와 다른 부패한 여러 황제들의 압제와 불의에 맞선 철학자들의 삶에서 정의라는 주제가 얼마나 강력했는지 알 수 있다.

스토아철학은 고대 그리스에서 고대 로마를 거치며 혼자 사색하는 철학자부터 시민의 지도자에 이르기까지, 다양한 계층이 발전시켜 많은 변화를 겪었다. 어떤 학자는 이런 변화를 두고 스토아철학이 강경한 가르침에서 세상과 타협하는 태도로 바뀌어간다고 설명했으나 이는 잘못된 해석이다. 스토아학파는 여러 세대를 거치면서 더욱 열려 있고, 더욱 공동체 의식을 지향하며, 더욱 품위 있고 더욱 관대해졌다. 그들은 사회의 버팀목이자 지도자이자 영웅이 되었고 그 이타심과 용기와 도덕적 원칙의 본보기는 수천 년 동안 이어졌다.

　나 자신에 대해 이렇게 평가하기가 좀 뭣하지만 나는 분명히 예전보다 지금 더 나은 사람이 되었다. 아버지께 이런 말을 들은 기억이 난다. "젊어서 자유주의자가 아닌 사람은 심장이 없는 사람이고, 늙어서 보수주의자가 아닌 사람은 머리가 없는 사람이다." 이 말은 한 라디오의 토론 프로그램에서 나온 말이었다. 나는 이런 편견이 매우 안타깝다. 정반대가 되어야 하지 않을까? 젊었을 때는 자신의 필요성에 대해 주로 생각한다. 그러나 나이가 들고 경험이 많아지고 사람을 더 많이 만날수록, 열린 마음으로 변화를 받아들이고 사람들에게 관심을 기울이고 기꺼이 도움을 주어야 하지 않을까? 물론 냉혹한 세상에 직면하면 이상주의를 유지하기란 어려울 수 있다. 그러나 점점 더 이기적이고 냉정해진다면 도대체 우리는 어떤 삶을 살아간다는 의미일까?

　스토아학파 철학자는 자신의 철학을 밀고 나가며 이상주의를 실현하는 삶으로 향했다. 로마제국의 황제 하드리아누스는 젊은 마르쿠스 아우렐리우스의 잠재력을 일찍이 알아보았지만, 그렇더라도 열정적인 청년에서 수백만 명의 자애로운 지도자로 발전한 아우렐리우스의 모습에 놀랐을 것이다. 마르쿠스는 『명상록』에서 성찰했듯이 부와 권력에 절여진 카이사르의 모습에서 벗어난 지도자가 되었다.

냉소와 이기심을 넘어서는 삶의 여정으로 우리는 나아갈 수 있다. 시간이 지나고 경험이 많아질수록 더욱 관대해지지 않는다면, 타인 혹은 타인의 요구에 더욱 휘둘린다면, 마음을 더욱 열지 못한다면 우리는 어떤 삶을 살고 있다고 말할 수 있을까? 그런 삶은 감옥, 악당이 퍼붓는 저주, 영혼을 팔고 치르는 대가와 같을 것이다.

나는 잘 알려져 있지 않은 고대 철학 학파에 관한 서적을 저술할 때만 해도 내가 데일리 스토익(Daily Stoic)이라는 회사를 설립하고 그 회사가 출판사·미디어 회사·전자상거래 업체·텍사스에 위치한 작은 서점으로 성장할 줄은 몰랐다. 데일리 스토익은 매일 겨우 예닐곱 명이 일하는 작은 사업체이지만, 그 수익과 영향력의 범위를 고려하면 사실 전혀 작지 않은 규모다. 지금은 매달 수천만 명의 사람들이 이용할 정도로 인지도가 높다.

회사가 외주나 하청을 주는 이유는 비용이 적게 들기 때문만이 아니다. 눈에서 멀어지면 마음에서도 멀어지기 때문이다. 다시 말하면 자신의 사업이 진정 무엇을 하고 있고 또 누구에게 영향을 주는지에 대해 깊이 고민하고 싶지 않기 때문이다.

사업을 시작하면서 스토아학파가 끊임없이 고민했던 문제를 스스로에게도 던져보았다. 어떡해야 원칙을 명확하게 세우고 구체적으로 실현하며 다음 세대로 이어지게 할 수 있을까 하는 고민에 빠져들었다.

데일리 스토익에서는 철학 개념에 영감을 받은 '죽음을 기억하라(Memento Mori)', 또는 '운명을 사랑하라(Amor Fati)' 등을 새긴 기념주화를 판매하고 있다. 이 기념주화는 많은 독자가 스토아철학을 일상에서 실천하는 중요한 물품이 되고 있다. 여러 곳에서 견적을 받았는데 기념주화를 제조하는 비용이 미국보다 중국이 상당히 저렴하다는 것을 알게 되었다. 하지만 곧 중국의 강제수용소에서 위구르족의 노역 탄압이 일어나고 있다는 사실을 알게 되었다. 그리고 태평양을 건너 선박으로 운송하는 일도 불필요했고, 환경에도 좋지 않았다.

결국 나는 미국의 큰 회사 웬들스에 주화 제작을 의뢰하기로 결정했다. 1882년부터 미네소타에서 운영되어 온 웬들스는 제조 비용이 저렴하지는 않았으나 물품이 더 깔끔했고 수익성도 좋았다. 이리하여 두 업체는 각자의 이익을 추구하면서 경제학의 아버지 애덤 스미스도 흡족해할 성공을 하고 있다. 갑자기 애덤 스미스를 언급한 이유가 있다. 흥미로운 사실이라 간략하게 언급하는데, 애덤 스미스는 자본주의를 분석하기 전에 스토아철학을 연구했다. 『도덕감정론』에서 그는 우리 각자에게 내가 내린 결정을 지켜보고 판단하는 마음속의 공평한 관찰자가 있다는 공감의 원리로 도덕을 설명하기도 했다.

고전 경제학자도 공감을 주요 주제로 삼을 만큼 도덕은 중요하지만, 안타깝게도 이 세상에서는 옳은 일을 한다고 누구도 환영해 주지 않는다. 인과응보는 우리가 바라는 만큼 충분히, 바라는 방식 그대로 돌아오지 않는다. 내가 삶에서 겪은 흥미로운 일화가 있다. 나의 이상한 취미 중 하나는 쓰레기를 줍는 일이다. 자루 하나와 갈고리가 달린 막대기 하나를 들고 내가 살고 있는 시골 동네 길을 오르내리며 쓰레기를 줍는다. 나는 수년 동안 엄청난 양의 쓰레기들을 처분했다. 그중에서 가장 곤혹스러웠던 쓰레기는 투견장에서 버려진 개 사체와 밀렵으로 버려진 동물 사체였다. 경찰도 이웃도 누구도 그런 문제에 신경을 쓰지 않는 듯 보였다. 바닥에 있는 못을 아무리 많이 제거해도 나는 내 타이어에 펑크가 나는 것을 막지 못한다.

· 우리는 인정받으려고 그런 선행을 하는 것이 아니다. 그런 선행을 하지 않으면 아무도 하지 않을 거라는 생각으로 한다. 그리고 선한 일은 작은 일부터 점점 쌓여간다. 웬들스는 기념주화를 수축포장 방식으로 하나씩 포장했다. 웬들스는 그 방식이 비용을 낮출 수 있다고 설명했으나 그런 이유로 세계의 95퍼센트가 과대 포장을 한다는 확신이 들었다. 나는 그렇게 하지 않기로 단 한 번의 결정을 내려서 평생 쓰레기를 치우는 것보다 더 큰 영향을 미쳤다.

푸틴의 탱크가 벨라루스의 대통령 알렉산드르 루카셴코의 지원으로 우크라이나로 밀고 들어온 후 나는 내 책을 가죽 양장판으로 맞춤 제작하는 일을 다시 생각해 보게 되었다. 벨라루스에서 일하는 것은 불법이 아니었지만, 벨라루스에서 했던 일을 대신할 영국 공급업체를 찾아보니 두 배의 비용이 들었다. '어떤 원칙이 그만큼의 값을 해내지 못하면 더 이상 원칙일 수 없다'라는 말이 있다. 사업이 수백만 달러 규모였다면 나는 그런 결정을 내릴 수 있었을까? 솔직히 잘 모르겠다. 그런 선택에 직면하는 최고경영자들에게 동정을 표하고 싶을 뿐이다. 그러나 나는 값비싼 결정을 내리는 데 능숙해졌다. 고객들이 요청하더라도 불충분하며 잘 사용하지 않는 물건을 판매하지 않기로 결정한 것이다. 또한 술을 팔거나 마리화나를 팔거나 도박을 조장하는 광고주를 받아들이지 않기로 했다. 그리고 블랙프라이데이처럼 소비를 촉진하는 상스러움에 기여하지 않기로 결정을 내리는 대신에 그런 판촉 기간 동안 식량을 기부하는 운동을 벌였다. 지금까지 모인 금액은 62만 7000달러로 이는 약 620만 명분의 식사 분량에 해당한다.

중요한 결정은 작은 결정에서 시작된다. 보는 사람이 없더라도, 누구도 관심을 기울이는 사람이 없더라도 그렇게 한다. 스토아철학을 만들어낸 사람은 아니지만 나는 많은 사람이 스토아철학에 빠져들 수 있도록 안내하는 일에 전념했다. 내 북극성이 된 사명은 책상 옆 메모지에 쓰여 있는 바로 이 구절이다. "나는 스토아철학의 좋은 안내자가 되고 있는가?"

데일리 스토익 이메일 구독 서비스를 취소한 통계를 살펴보면, 인종차별이나 소득불평등과 같은 쟁점에 대해 조금만 언급해도 독자와 고객을 잃는다. 어떤 사람은 이런 식으로 분노의 메일을 보낸다. "당신이 스토아철학을 이용해서 정치적 발언을 하면 세네카가 뭐라고 하겠습니까?" 그런데 이들은 세네카가 고대 로마의 정치 고문으로 일했을 뿐 아니라, 스토아철학에서는 철학자가 정치적 삶에 참여해야 한다고 말했다는 사실을 잊고 있다. 사실 대부분의 스토아학파는 말 그대로 정치인들이었다. 또 하나 기억해야 할 건 우리는 우리가 원하는 것만을 보여주는 알고리즘 속 세상에서 살고 있다는 사실이다. 우리는 끊임없이 이 질문을 던져야 한다. 사람들이 듣기를 바라는 것을 들려주고 있는가? 아니면 우리는 꼭 해야 한다고 생각하는 것을 말하고 행동하는가? 보고 싶고 듣고 싶은 것만을 취하고 있지는 않은가?

스토아철학은 특히 인생의 목적과 방향을 위해 분투하는 젊은이의 흥미를 끈다. 나도 한때 그들 중 한 명이었기 때문에 그 사실을 잘 알고 있다. 나는 아버지와 여러 문제가 있었다. 나는 어떤 집단에도 속하지 않았고, 나 자신을 입증할 투쟁을 한 적도 없었으며, 내게 힘을 실어줄 형제도 없었다. 모든 세대는 사회에서 자신의 위치가 불안정하다고 생각한다. 그러나 한 세대 동안 젊은이들은 불황과 테러, 정치적 불안과 제도의 실패에 직면했을 뿐 아니라 미래에 대한 믿음을 잃어버릴 정도로 반복되는 충격에 시달렸다.

오늘날에도 삶의 길을 잃은 한 세대의 젊은 남자들이 있다.

통계에 따르면 같은 세대의 여성들은 학교와 직장에서 고무적인 영향력을 발휘하는 반면, 미국을 포함해 세계 여러 나라의 젊은 남성은 일종의 악순환에 놓여 있는 듯하다. 이들은 투쟁하고 분노한다. 자신들만의 투쟁 외에도 여러 이유로 투쟁하는 다른 사람에게 신경을 써야 한다는 사실에 분노한다. 또한 그들은 자신들이 다루는 불의 외에도 다른 불의, 즉 다른 사람들의 불리한 상황을 고려해야 한다는 사실에 분노한다.

이런 틈을 타 발을 들여놓는 선동가들과 사기꾼들은 사람들에게 불안감을 조장하고 잘못된 방향을 제시한다. 그들은 스토아철학의 여러 원칙을 취사선택하여 왜곡하고 폭력적인 남성성과 원한을 섞은 뒤 극우주의의 요점들을 빨아들임으로써 오늘날의 '무지주의'를 대중화했다. 대규모 온라인 청중들이 문제적인 인물을 따라다니는 현상을 보면 알 수 있듯이 이런 일은 명백히 좋은 돈벌이다. 그들은 무시당하고 학대당한다고 느끼는 사람들에게 호소한다. 또 누군가는 이런 요구를 충족시키려고 불가피하게 개입한다. 분명한 사실은 나는 그런 사람들에 속하지 않을 것이라는 점이다. 뉴스레터 구독이 취소되고 내가 과하게 정의롭다고 비난받을 때마다, 이에 대항하는 이야기를 하려는 마음이 점점 커진다.

지난 몇 년 동안 나와 내 가족은 비방 댓글을 다는 사람들과 극단주의자들로부터 끊임없는 괴롭힘에 시달렸다. 그 이유는 우리가 검열에 반대하는 입장을 취했기 때문이고 성소수자의 권리와 여성의 권리를 지지했기 때문이었고 백신 접종 진료소에서 자원봉사를 했기 때문이며 또한 우리 마을에서 남부연합의 기념물을 없애는 데 노력했기 때문이었다. 그러나 나는 두 아들이 있고 가족에 대한 책임이 있다. 그래서 전혀 다른 길을 보여주어야 한다는 생각이 든다. 나는 내가 받은 은혜의 빚이 있으며, 좋은 아버지와 좋은 시민이 되는 것으로 그 빚을 갚아야 한다.

그런 행동은 잔인함과 무관심에 맞서기 위해 미덕을 과시하는 일이 아니다. 또한 친절함과 공정함과 빼앗을 수 없는 권리에 대해 큰 소리만 내는 사회적 '정의의 사도'가 되는 일도 아니다. 그렇더라도 정의의 사도가 되거나 미덕을 과시하는 일이 나쁘지만은 않을 것이다. 이런 일조차 반대한다면 도대체 우리는 무슨 이야기를 해야 할까?

역사를 공부하며 나는 인류의 내면에 일종의 어두운 물질이 있다고 확신하게 되었다. 이 물질은 물론 누구에게나 있을 수 있는 악함과는 다르다. 그러나 문제마다 시대마다 상반되는 어두운 에너지다. 또한 이 어두운 물질은 사리사욕, 자기 보호, 두려움에 근거를 두고 있을 뿐 아니라 불편을 겪고 싶지 않거나 변화하고 싶지 않거나 관여할 필요가 없기를 바라는 마음에서 솟아난다. 이 어두운 물질은 수천 가지의 모습으로 나타나지만 우리가 알아보는 방법을 안다면 어디에서나 확인이 가능하다.

이 어두운 물질은 역사 속의 크고 작은 사건을 통해 살펴볼 수 있다. 예컨대 소크라테스 재판, 본디오 빌라도의 잔혹한 재판, 종교 재판, 남부연합의 노예제, 착취하는 식민주의, 남북 전쟁 후 나라를 재건하며 겪어야 했던 좌절, 비시프랑스의 나치 정권과의 협력, 흑인 루비 브리지스가 백인만 입학이 가능하던 학교로 걸어가며 받아야 했던 야유와 조소 등이 있었다. 또한 어두운 물질은 현대에서도 여러 작은 사건으로 나타나고 있다. 예컨대 한 시의회 회의에서 여전히 문제를 일으키는 지역 이기주의, 직무에 충실한 도서관 사서들이 당하는 괴롭힘, 일상이 된 총기 난사와 기후변화의 가속화, 성소수자가 겪는 부모와의 의절, 파괴적이며 치사율이 높은 바이러스를 풍토병 취급하며 대처하는 어리석음 등이 있다. 우리는 각자 내면에 이런 어두운 에너지를 갖고 있으나 더 좋은 천사의 본능도 간직하고 있다. 둘 중 우리의 어느 측면이 이길까?

매우 파괴적인 전염병이 퍼졌던 시기에 마르쿠스 아우렐리우스가 남긴 글을 살펴보자. 마르쿠스는 두 가지 종류의 역병이 있다고 말했다. 하나는 목숨을 빼앗을 수 있는 역병이지만, 걱정해야 할 또 다른 하나는 자신의 품성을 파괴할 수 있는 역병이라고 말이다. 마르쿠스를 떠올릴 때 가장 잊을 수 없는 모습 중하나가 당시 퍼진 전염병으로 목숨을 잃은 수많은 희생자로 인해 감정을 주체하지 못하고 슬퍼하는 모습이다. 그리고 마르쿠스는 틀림없이 자신이 잘 안다고 생각한 사람들의 잔인함과 무관심 때문에 좌절을 겪었을 것이고, 옳은 일을 하려고 노력하는 행위가 얼마나 어려운지를 깨달았을 것이다.

카이사르와 네로와 도미티아누스 등의 전제정치를 맹렬하게 공격했던 스토아학파처럼, 약자나 보호받아야 할 사람을 지지하는 철학이 아니라 오히려 그들을 배제하고 비판하고 공격하는 철학, 사랑 대신 분노를 종용하고 다른 사람의 역경에 무감각하게 반응하는 철학이 있는가? 이런 철학이 우리 시대의 역병이다.

내가 이 책에서 충분히 다루지 못한 한 가지는 사랑과 인간관계에 대한 주제였다. 나는 스토아학파가 우정과 사랑을 정의라는 미덕과 연결하여 다루지 못했다는 점을 늘 아쉽게 생각한다. 스토아철학 중 '용기'의 미덕을 다룬 이전 책 『브레이브』에 넣고 싶었던 샤를 드골에 관한 이야기가 하나 있었다. 이 책에서도 적절한 부분을 찾지 못하다가 마침내 이곳에서 그 이야기를 꺼내본다. 1928년에 드골과 그의 아내 사이에는 안이라는 딸이 있었다. 안은 다운증후군을 앓았다. 다운증후군이라는 말은 오늘날의 전문 의학용어라서 당시 사람들은 훨씬 덜 친절한 용어를 사용했다. 안타깝지만 다운증후군을 앓는 환자의 가족은 대부분 그런 아이를 시설로 보냈다. 나는 드골이 프랑스와 세계를 위해 이뤄낸 일들 가운데 딸에 대한 사랑이 가장 인상적이라고 생각한다.

드골은 이런 말을 했다. "안은 세상에 태어날 것을 요청하지 않았습니다. 우리는 그를 행복하게 해주기 위해 무엇이든 할 겁니다." 드골이 안을 위해 한 일은 결국 안이 드골을 위해 한 일이 되었다. 안은 드골을 더욱 온화하게 해주었고 마음을 더 열게 해주었고 더 좋은 사람으로 만들게 해주었다. 드골의 막역한 친구 한 명은 이렇게 말했다. "드골은 런던에서 딸의 손을 잡고 걸을 때 생각에 깊게 잠기곤 했습니다. 그들이 고통과 마주할 운명이 아니었더라면 드골이 사색에 빠질 때의 분위기는 다소 달랐을 겁니다." 이렇듯 사랑을 실천하는 일은 타인뿐 아니라 자신을 위한 길이다.

궁극적으로는 우리가 어떤 종류의 일을 하는지, 무엇을 성취 하는지는 중요하지 않다. 결국 우리는 자신과 가장 가까운 사람을 어떻게 대하는지에 따라 평가된다.

예술가들은 자신의 작품에 전념하며 모든 에너지를 쏟아붓기 때문에 그 외의 다른 모든 일을 다음 순위로 제쳐둔다. 그런 점에서 그들은 대단히 이기적이라 할 수 있다. 라이트 톰프슨은 이런 문제를 『이런 꿈들의 대가(The Cost of These Dreams)』라는 자신의 저서에서 언급했다. 톰프슨은 마이클 조던, 타이거 우즈, 무하마드 알리, 테드 윌리엄스 등에 관한 기사를 쓴 스포츠 기자였다. 톰슨에 따르면 사람은 자신이 하는 일에 열중하면 지치기 마련이지만 또한 주변 사람들까지도 지치게 만든다고 한다. 이를테면 배우자, 자녀, 직원, 경쟁자, 길에서 마주치는 낯선 사람에게까지 영향을 미칠 수 있다. 성공의 대가는 우리 스스로가 아니라 주로 우리를 사랑하는 사람, 우리를 지지하는 사람, 우리를 위해 지칠 줄 모르고 일하는 사람, 보수를 잘 받더라도 마땅히 받아야 할 칭찬을 받지 못하는 사람들이 지불하곤 한다.

스토아철학 중 '절제'의 미덕을 다룬 이전 책『절제 수업』의 마치는 글에서 나는 넘을 수 없는 벽에 부딪혀 출판사에 마감 기한을 연장해 달라고 요청했던 일화를 얘기한 적이 있었다. 그 글은 내가 바로 이 책을 쓰며 겪은 일이었다. 마감 기한을 연장해야 하는 매우 다양한 이유가 있었는데, 나는 더 좋은 아빠와 남편과 사장과 한 명의 인간이 되기 위해 이 책의 완성을 일 년 뒤로 미루기로 결심했다.

주변 사람에게 자신의 존재가 미치는 영향력은 나에게 하나의 선물인 동시에 또한 하나의 도전이었다. 그리고 혼자 감당할 수 없는 매우 바쁜 일까지 모두 다루며 살아갈 필요가 없다는 것을 다시 깨닫게 되었다. 나는 다른 사람이 나를 위해 짊어지고 있었던 짐과 그들이 나를 위해 했던 희생을, 그래서 내가 계속 나의 꿈을 추구할 수 있었음을 이제는 잘 안다. 나는 지금껏 그 수년 동안 함께했던 결혼 생활은 어떤지, 날마다 나와 같이 사는 삶이 어떤지 충분히 생각한 적이 없었다. 나는 이제 그런 삶이 아내에게는 정말 쉽지 않았다는 것을 깨닫게 되었다. 그 세월을 보상하려고 노력하는 과정은 힘들다. 그러나 우리가 과거를 바라볼 수 없다면, 우리의 실수를 직시할 수 없다면 우리는 계속해서 실수를 저지르게 된다.

그렇게 삶을 재정비하고 책을 다시 쓰기 시작하면서 나는 완전히 새로운 절제력을 실천해야 했다. 무엇보다 삶의 균형에 더욱 집중하고 다른 사람과 그들의 필요에 우선순위를 두었다. 그리고 업무를 삶의 다음 순위로 놓는, 어쩌면 두려웠던 결정을 내린 후 나는 예상치 못한 선물을 받았다. 이번에 작업한 최종 저작물이 더 좋은 결실을 거둔 것이다. 나는 더 행복해지고 가정은 더욱 평온해졌다. 이 책은 그 에너지를 다시 세상으로 꺼내려고 노력한 결과물이다.

그런데 얼마 전 나의 철학적 결심이 다시 한번 시험대 위에 올랐다. 가장 아끼던 직원들이 회사의 돈을 사적으로 이용한 사실을 알게 된 것이다. 그들은 따로 회사를 하나 만들어 부풀린 계약을 수주했고 하도급을 준 일로부터 수만 달러를 챙기고 있었다. 나는 매우 화가 났다. 정말 너무 화가 났다.

이 일은 그들에게도, 나에게도 인생의 갈림길을 마주하는 순간이었다. 만약 내가 더 어렸다면 무력을 쓰거나 적어도 내가 그런 일을 함부로 당할 사람이 아니란 것을 몸소 보여주었을 것이다. 그런데 이번엔 달랐다. 나는 '온화한 철학의 차분한 빛'으로 그 문제를 생각하려고 했고 내가 글로 쓰고 있었던 미덕을 실천하려고 했다.

『레 미제라블』에 등장하는 미리엘 주교는 도둑 장발장이 훔친 물건을 정직한 사람이 되는 데 사용하기를 바라며 그냥 가져가도록 내버려둔다. 주교의 행동은 나의 현실과 거리가 먼 이상향처럼 보였다. 그래서 우리는 그들이 부정하게 얻은 이익을 모두 개위 내기로 합의를 보았다. 놀랍게도 그들은 지금의 직업을 유지하길 원했다. 그때 나는 그들과 계속 일하면서 나에게 그런 부당한 일이 발생하지 않은 척하고 싶은, 나약한 이면이 있음을 느꼈다. 그러나 그렇게 되면 회사의 다른 모든 이들에게 공평하지 않았다. 트루먼이 말했듯이, "정의를 실현하려면 끔찍한 폭군과 같은 기질도 필요하다." 적어도 나는 그들이 품위와 앞으로의 미래를 지키도록 할 수 있었다. 그들은 어디에 있든 이번 일에서 배우고 성장할 수 있을 것이다.

내가 이 일을 후회하게 될까? 어쩌면 그럴 수도 있다. 어쩌면 그들의 품성은 이미 굳어져 변화하기에는 너무 늦어버렸을지도 모른다. 그러나 나는 내 품성이 여전히 온전하고 공감 능력이 이런 과정을 통해 더욱 커졌다는 사실을 알게 되어 기분이 좋았다. 용서는 우리가 자신에게 주는 선물이다. 나는 내가 괴로움, 편집증, 분노, 혼란, 죄책감을 겪지 않기를 바랐다. 또한 후회할 그 어떤 일도 하고 싶지 않았고 소중한 시간과 에너지와 돈을 정의의 탈을 쓴 복수나 처벌에 쏟아붓고 싶지 않았다. 스토아철학은 문제가 있는 사람이 우리에게 문제를 일으키더라도 그 사람에게 동등한 기회를 주어야 한다고 일깨운다. 물론 유쾌한 경험이진 않았지만 나는 이번 경험을 통해 이 책이 궁극적으로 도달해야 할 지향점을 구체적으로 그려볼 수 있었다.

우리 아이들은 여느 아이들이 그렇듯 나의 일에 딱히 관심이 없다. 이 마치는 글을 쓰고 있는데 장남이 『데일리 필로소

피』를 집으며 이렇게 말했다. "오, 이건 아빠 책 '데일리 똥'이네요." 무슨 일이든 언제나 겸허하게 받아들이는 일은 어렵지만 좋은 행동일 것이다….

이 책이 스토아철학 4부작 시리즈의 베스트셀러가 되리라고는 생각하지 않는다. 다만 만일 내 아이들이 언젠가 읽었으면 하는 책이 있다면 바로 이 책이다. 나는 아이들을 위해 도덕적인 신념으로 이 책을 집필했기 때문이다.

앞에도 말했듯이 스토아철학에 처음 끌린 이유는 스토아철학이 내 삶에 도움이 되었기 때문이다. 삶이 선사하는 역경과 고난 앞에서도 묵묵히 살아가며, 그 어느 때보다 나는 스토아철학이 안내하는 길을 선택하는 것이 어떤 책임을 받아들이는 것과 같다는 확신이 든다. 다시 말해 스토아철학을 선택하는 건 삶을 살아가면서 어떤 확실한 책무를 갖는다는 뜻이다.

그 누구보다 훌륭한 사람도 스토아철학의 신념에 따라 살기 위해 분투할 것이다. 훌륭한 사람은 아니어도 우리는 스토아철학을 선택하고 분투하며 살아가는 편이 좋다. 그런 과정에서 우리는 고통스럽거나 체면이 깎이거나 난처한 일도 겪을 것이다. 그러나 그 일은 지금까지 살면서 가장 의미 있고 보람 있는 행위가 될 것이다.

인생이 끝날 무렵에 주변 사람들이 내가 스토아철학에 따르느라 너무 힘들게 살았다고 안타까워해도 그리 신경 쓰지 않을 것 같다. 내가 살면서 받아들인 위험이 언젠가 성공적인 결과를 가져왔더라도 그 또한 크게 신경 쓰지 않을 것이다. 다만 이런 평가를 받기를 간절히 원한다. "정말 선량한 사람이었어요. 정직하고 품위 있고 너그럽고 충실하고 친절했어요. 세상을 더 나은 곳으로 만들었어요."

인생은 짧다. 그러니 선량한 사람이 되고 선한 일을 하자. 사랑하고 사랑받는 사람이 되자. 이 세상을 우리가 알고 있던 세상보다 더 좋게 만들고 떠나기 위해 노력하자. 옳은 일을 하자. 지금 당장.

플로리다의 미라마르 해변에서
라이언 홀리데이

옮긴이 이경희
고려대학교 대학원에서 영어번역학을 전공하고 글밥 아카데미에서 출판번역 과정을 마친 후, 현재 바른번역 소속 번역가로 활동하고 있다. 옮긴 책으로는 『DK 지도로 보는 세계사』, 『소크라테스 카페』, 『인생이 막막할 땐 스토아철학』, 『발견자들 1, 2, 3』, 『상실을 이겨내는 기술』, 『철학의 책』, 『심리의 책』 등이 있다.

삶에서 무엇을 지켜낼 것인가

정의 수업

초판 1쇄 발행 2024년 12월 11일
초판 2쇄 발행 2025년 1월 6일

지은이 라이언 홀리데이
옮긴이 이경희
펴낸이 김선식

부사장 김은영
콘텐츠사업본부장 박현미
책임편집 옥다애 **디자인** 황정민 **책임마케터** 오서영
콘텐츠사업4팀장 임소연 **콘텐츠사업4팀** 황정민, 박윤아, 옥다애, 백지윤
마케팅본부장 권장규 **마케팅1팀** 박태준, 권오권, 오서영, 문서희
미디어홍보본부장 정명찬 **브랜드관리팀** 오수미, 김은지, 이소영, 박장미, 박주현, 서가을
뉴미디어팀 김민정, 고나연, 정세림, 홍수경, 변승주 **지식교양팀** 이수인, 염아라, 석찬미, 김혜원, 이지연
편집관리팀 조세현, 김호주, 백설희 **저작권팀** 성민경, 이슬, 윤제희
재무관리팀 하미선, 임혜정, 이슬기, 김주영, 오지수
인사총무팀 강미숙, 이정환, 김혜진, 황종원
제작관리팀 이소현, 김소영, 김진경, 최완규, 이지우, 박예찬
물류관리팀 김형기, 김선진, 주정훈, 한유현, 양문현, 채원석, 박재연, 이준희, 이민운

펴낸곳 다산북스 **출판등록** 2005년 12월 23일 제313-2005-00277호
주소 경기도 파주시 회동길 490 다산북스 파주사옥 3층
전화 02-702-1724 **팩스** 02-703-2219 **이메일** dasanbooks@dasanbooks.com
홈페이지 www.dasanbooks.com **블로그** blog.naver.com/dasan_books
용지 한솔피엔에스 **인쇄** 북토리 **코팅 및 후가공** 평창피앤지 **제본** 다온바이텍

ISBN 979-11-306-6080-6(03100)

· 책값은 뒤표지에 있습니다.
· 파본은 구입하신 서점에서 교환해드립니다.
· 이 책은 저작권법에 의하여 보호를 받는 저작물이므로 무단 전재와 복제를 금합니다.

다산북스(DASANBOOKS)는 독자 여러분의 책에 관한 아이디어와 원고 투고를 기쁜 마음으로 기다리고 있습니다. 책 출간을 원하는 아이디어가 있으신 분은 다산북스 홈페이지 '원고투고'란으로 간단한 개요와 취지, 연락처 등을 보내주세요. 머뭇거리지 말고 문을 두드리세요.